Winfried Ulrich

Der Witz im Deutschunterricht

westermann

© Georg Westermann Verlag
Druckerei und Kartographische Anstalt GmbH & Co.
Braunschweig 1980
1. Auflage 1980
Verlagslektor: Heiko Judith
Lektoratsassistentinnen: Renate Empacher, Christel Odloschinski
Herstellung: Hermann Brinker
Einbandgestaltung: Gerd Gücker
Gesamtherstellung: westermann druck, Braunschweig 1980

CIP-Kurztitelaufnahme der Deutschen Bibliothek

Ulrich, Winfried:
Der Witz im Deutschunterricht / Winfried Ulrich.
Braunschweig: Westermann, 1980.
  (Erziehung und Didaktik)
  ISBN 3-14-16 7199-0

ISBN 3-14-**16 7199-0**

Inhaltsverzeichnis

Vorwort 5

1 Theorie des Witzes 7
1.1 Pointenbildung 7
1.2 Komik 12
1.3 Abgrenzungen 18
1.4 Textstruktur und Textrezeption 27
1.5 Witztypen 47
1.6 Funktionen des Witzes 62

**2 Der Witz als Sprech- und Schreibimpuls
(Lernbereiche: Mündliche und schriftliche
Kommunikation)** 70
2.1 Erzählübungen 71
2.2 Interpretationen 75
2.3 Versprachlichung von Bildwitzen/Bildgeschichten 96
2.4 Witze als Spielanleitung 116
2.5 Rechtschreibwitze 128

**3 Strukturen des Witzes
(Lernbereich: Reflexion über Sprache/Grammatik)** ... 132
3.1 Kommunikationsanalyse 133
3.2 Mißverständniswitze 141
3.3 Anspielungswitze 165
3.4 Wortbildungswitze 176

**4 Witzrezeption und Witzproduktion
(Lernbereich: Umgang mit Texten/Lese- und
Literaturunterricht)** 193
4.1 Literarische Verstehenslehre 195
4.2 Wirkungsanalyse und Ideologiekritik 199

Anhang 205

Anmerkungen 244

Quellenverzeichnis 247

Literaturverzeichnis 251

Vorwort

„Was wir lachend lernen, lernen wir gut."

Martin Grotjahn

In Lehrplänen, Lehrbüchern, Lehrerhandreichungen zum Deutschunterricht spielt der Witz bisher eine sehr bescheidene Rolle. Er wird zwar hier und da als Beispiel kurz erwähnt [1], in den meisten Richtlinien aber nicht einmal das. Er taucht neuerdings auch vereinzelt oder locker gruppiert in Lesebüchern auf [2]. Auch einige fachdidaktische Aufsätze [3] und Unterrichtsmodelle [4] sind in Zeitschriften für den Deutschunterricht veröffentlicht worden. Insgesamt aber steht die seltene Behandlung des Witzes im Unterricht in deutlichem Gegensatz zu der Tatsache, daß der Witz in unserer gegenwärtigen Gesellschaft „die wichtigste und am meisten lebendige Gattung der Volkserzählung" ist, „vielleicht die einzig wirklich lebendige, die nicht vom Aussterben bedroht ist, sondern in immer neuen Ansätzen aufblüht" [5]. Diese Lebendigkeit, die große Beliebtheit des Witzes auch bei Kindern und Jugendlichen belegen eindeutig die Witzecken und Witzseiten in Zeitungen, Illustrierten, Kinderzeitschriften, obwohl der Witz eigentlich nicht gelesen, sondern erzählt und gehört werden will, eine vor allem mündlich überlieferte Textsorte darstellt.

Die festzustellende Diskrepanz zwischen tatsächlicher Bedeutung des Witzes in der außerschulischen Lebenswirklichkeit und seiner geringen Beachtung in Fachwissenschaft (vor allem Literatur- und Sprachwissenschaft), Fachdidaktik und Schulpraxis hängt sicher damit zusammen, daß der Witz vielen Wissenschaftlern und Lehrern lange Zeit als zu flüchtig und unscheinbar, zu wenig seriös, zu trivial erschien (und erscheint?). So sieht *Helmers* im Witz eine Verbindung von Poetischem und „Vorpoetischem" [6], empfiehlt ihn gleichwohl für den Unterricht. Auch die Entdeckung der „minderwertigen" Literatur für einen am realen Leserverhalten und an den Lesebedürfnissen orientierten Unterricht, die vor wenigen Jahren geradezu zu einem Boom an Literatur über „Trivialliteratur" geführt hat, ist an dem Witz weitgehend vorübergegangen. *Hassenstein* stellt fest, daß der Witz wie andere kurze, meist mündlich tradierte, triviale Erzählformen über den epischen Langformen in Forschung und Unterricht vernachlässigt wird [7].

Nachdem dieser Zustand sich im Bereich fachwissenschaftlicher Forschung gerade zu ändern beginnt [8], soll das vorliegende Buch im Bereich der Didaktik deutscher Sprache und Literatur einen kleinen Beitrag zur Entdeckung und Aufwertung des Witzes als Unterrichtsgegenstand leisten. Es soll gezeigt werden, wie das dem Witz innewohnende Motivationspotential bei Lehr- und Lernprozessen in den verschiedenen Teilbereichen des Deutschunterrichts besser genutzt werden kann als bisher.

So werden im folgenden verschiedene Vorschläge gemacht und einige Unterrichtssequenzen skizziert, wie man Bild- und Sprachwitze als Impulse im Bereich mündlicher und schriftlicher Kommunikation einsetzen kann, wie man mit Rechtschreibwitzen den Rechtschreibunterricht auflockern und bereichern kann, wie man mit Hilfe von Dialogwitzen Kommunikationsanalyse betreiben und so einen modernen Grammatikunterricht durchführen kann, wie man im Bereich Umgang mit Texten über Technik und Tendenz von Witzen nachdenken und Rezeptionsweisen analysieren und erproben kann.

Dabei liegt es in der Absicht des Verfassers, mit diesem Buch nicht nur Grundgedanken einer Witz-Didaktik zur Diskussion zu stellen, sondern zugleich auch dem Lehrer Material anzubieten, das er in seinem Unterricht einsetzen kann. Das vorliegende Buch ist also zu einem wesentlichen Teil eine nach didaktischen Gesichtspunkten geordnete Sammlung von Witzen für den Unterricht. Möge es dem Leser Spaß machen, im vorliegenden Band zu blättern! Möge es den Schülern Spaß machen, ausgewählten Witzen dieser Sammlung im Unterricht zu begegnen!

Gomaringen, im März 1979 *Winfried Ulrich*

1 Theorie des Witzes

*„Witz ist ein schelmischer Pfaff, der keck zu täuschendem Eh'bund
Zwei Gedanken, die nie früher sich kannten, vereint;
Aber der nächste Moment schon zeigt dir im Hader die Gatten,
Und vor dem schreienden Zwist stehst du betroffen und – lachst."*

Emanuel Geibel

1.1 Pointenbildung

Was ist eigentlich ein Witz? Welche wesentlichen Merkmale sind in jedem Witz anzutreffen, so daß sie zur Definition der Erscheinung, zur Begriffsbestimmung dienen können? Worin liegen die Ursachen für die besondere Wirkung des Witzes, nämlich das Lachen, Lächeln oder Schmunzeln?

Diesen Fragen sind in der Vergangenheit vor allem Philosophen (*Immanuel Kant*[1], *Arthur Schopenhauer*[2]) und Ästhetiker (*Jean Paul*[3], *Friedrich Theodor Vischer*[4], *Sophus Hochfeld*[5]), Psychologen (*Sigmund Freud*[6], *Albert Wellek*[7]) und Anthropologen (*Helmuth Plessner*[8]) nachgegangen, in jüngerer Zeit auch Volkskundler (*Hermann Bausinger*[9], *Lutz Röhrich*[10]) und schließlich Literaturwissenschaftler (*Wolfgang Preisendanz*[11]) und Sprachwissenschaftler (*Willy Sanders*[12]). Die Ergebnisse ihrer Überlegungen und Untersuchungen gehen in verschiedene Richtungen, berühren sich hier und da, weisen aber auch Widersprüche auf. Eine umfassende Gesamtdarstellung gibt es nicht.

Geht man dagegen von einem ganz naiven, vorwissenschaftlichen Verständnis aus, so erscheint Witz etwa als „scherzhafte Äußerung, die zum Lachen reizt". Dabei hat „Witz" in der Bedeutung „scherzhafte Äußerung" durchaus etwas mit „Witz" in der Bedeutung „geistige Fähigkeit" zu tun, wie er noch in den Wörtern „Mutterwitz" und „gewitzt" erscheint. Das mit „wissen" verwandte mittelhochdeutsche Wort „witze" bedeutete „Verstand"; und noch im 18. Jahrhundert war es so gebräuchlich. In dieser Zeit geriet es aber auch unter den Einfluß des französischen „esprit" und nahm das Bedeutungsmerkmal „geistreich" auf. So bezeichnet Witz heute (allmählich veraltend) teils noch eine geistige Fähigkeit („er hat Witz"), insbesondere die Gabe, überraschende Einfälle zu haben, Lustiges treffend zu erzählen, etwas schlagfertig zu entgegnen, überwiegend aber die Äußerung solcher Fähigkeit („ein guter oder schlechter Witz").

Die Wörter „Äußerung" und „Lachen" in der vorläufigen Umschreibung der Bedeutung „Witz" verweisen auf die beiden beteiligten Personen, die zu jedem Witz gehören. Jemand äußert etwas, bringt eine Mitteilung hervor, sei es, daß er sie selbst erfindet, sei es, daß er sie nur so weitergibt, wie er sie selbst vorher vernommen hat. Wir nennen diese Person den *Witzproduzenten,* auch wenn er nur Reproduzent ist, also nur wiederholt, was er gehört oder gelesen hat. Die Bezeichnung hat im Unterschied zum Ausdruck „Witzerzähler" den Vorteil, daß sie auch für den schriftlich fixierten, den gedruckten Witz gilt, ja sogar für den Bildwitz, die Möglichkeit für den Zeichner oder Fotographen, sich auszudrücken, sich anderen verständlich zu machen.

Nun ist es eine bekannte Tatsache, „daß niemand sich begnügen kann, einen Witz für sich allein gemacht zu haben" [13], daß der „Drang zur Mitteilung des Witzes" [14] eines seiner konstitutiven Bestandteile ist. Der Witz ist an Adressaten gerichtet, soll bei wenigstens einer Person „ankommen" und Heiterkeit hervorrufen. Diese Person(en) nennen wir *Witzrezipient(en).*

Damit soll der Witz als ein *kommunikatives Ereignis* zwischen einem Produzenten und einem Rezipienten verstanden werden, das sich in einer bestimmten Situation vollzieht (erzählen – zuhören – zeichnen – betrachten – verstehen – akzeptieren): Der Witz ereignet sich als ein zwischenmenschliches Geschehen. Zugleich wird der Witz aber auch als Mittel einer kommunikativen Handlung bestimmt, als die *zum Text oder Bild geronnene Aussage:* Man kann den Witz „festhalten", über den Augenblick hinaus konservieren, z. B. drucken, über räumliche und zeitliche Distanz hinweg verbreiten, kommentieren usw. Jedenfalls ist Witz immer ein intentionales (Produzent beabsichtigt etwas), soziales (es findet Interaktion zwischen Partnern statt) und durch Zeichen (Sprachzeichen, Bilder oder beides) vermitteltes Geschehen.

Als Text oder Bild kann ein Witz mehr oder weniger gut gemacht sein (Technik des Witzes), eine mehr oder weniger treffende und zutreffende Aussage enthalten (Tendenz des Witzes). Seine Qualität läßt sich also durch Strukturanalyse beschreiben. Als kommunikatives Ereignis kann der Witz dagegen gelingen oder mißlingen. Es hängt entscheidend von der Kommunikationssituation ab, ob ein Witz vom Rezipienten verstanden oder nicht verstanden, angenommen und mit Lachen quittiert oder zurückgewiesen und mit eisigem Schweigen übergangen oder empört abgelehnt wird, ob also die vom Produzenten beabsichtigte Wirkung mit der tatsächlich erzielten Wirkung übereinstimmt.

Qualität und Wirkung des Witzes sind also nicht das gleiche. Freilich ist die Wirkung nicht nur von den näheren Umständen der Situation abhängig, sondern auch von der Qualität der Äußerung. So mißlingt ein Witz nicht nur, wenn er schon bekannt ist, also „einen Bart hat" (der Witz lebt also von der Überraschung), oder wenn die Rezipienten für das Verständnis notwendige Vorkenntnisse nicht haben (z. B. Fachterminus bei einem Medizinerwitz), gerade nicht aufnahmebereit für einen Witz sind (z. B. bei einer Trauerfeier) oder sich durch die Aussage eines Witzes verletzt fühlen (z. B. Ostfriese hört einen Ostfriesenwitz, Studentin protestiert gegen frauenfeindlichen Witz). Er kann auch mißlingen, wenn er objektiv nach Technik und/oder Tendenz unter dem Anspruchsniveau der Rezipienten bleibt, also ein fauler, platter, blöder Witz, ein Kalauer ist. Er kann aber auch mißlingen, wenn der Witzreproduzent aus subjektivem Unvermögen die Idealform des Witzes verfehlt, ihn durch überflüssige Bemerkungen oder weitschweifiges Erzählen verwässert (also gegen die Forderung nach Kürze und Prägnanz verstößt) oder gar die Pointe verpatzt.

Nicht jeder kann Witze gut erzählen. Ein Witz soll geschickt formuliert (bzw. gezeichnet), soll geistreich, treffend sein. Nicht immer gelingt es, sich die Idealform gut zu merken, den kunstvollen Aufbau richtig wiederzugeben. Es sind meist nur geringfügige Abweichungen erlaubt, wenn die Pointe „sitzen" soll. Anderenfalls wird der Erzähler zum „Pointenkiller", der erreicht, daß die Hörer über ihn statt über seine Witze schmunzeln.

Die *Pointe* ist das erste notwendige Merkmal jedes wirklichen Witzes [15]. Sie ist Mittel- und Angelpunkt der kunstvollen Komposition sprachlicher wie bildlicher Aussagen. Formal gesehen, von der Aussageweise und Bautechnik des Witzes her, ist die Pointe die Überlagerungsstelle zweier Bedeutungen, zweier Sachverhalte, zweier Vorstellungsbereiche, zweier Denk- und Äußerungsebenen. Inhaltlich gesehen, von der Tendenz des Witzes her, zielt die Pointe als „Spitze" auf einen Gegenstand oder Sachverhalt und „trifft" ihn; inhaltlich wird dem gelingenden Witz ein „wahrer Kern", ein richtiger Gedanke zuerkannt.

„Nun, wie war es denn gestern abend?" fragt die Mutter beim Frühstück. „Schrecklich! Ich war im Kino und mußte viermal den Platz wechseln", antwortet gähnend die Tochter. „Hat dich ein Mann belästigt?" – „Ja; der fünfte."

Für beide Sinnzusammenhänge dieses Witzes sind drei Aussagen wichtig: 1. Ein junges Mädchen geht ins Kino. 2. Es wechselt viermal den Platz. 3. Es wird belästigt. In der Vorstellung der Mutter wie in der des Witzrezipienten ergibt sich zwischen zweiter und dritter Aussage ein anderes Reihenfolge- und Kausalverhältnis als in der Vorstellung der Tochter: In der Gesamtaussage A wechselt die Tochter den Platz, weil und nachdem sie belästigt wurde. In der Gesamtaussage B wechselt sie den Platz, damit sie endlich „belästigt" wird. Mutter und Rezipient können zuerst nur die Aussage A erfassen, zumal „belästigen" in der Regel zur Bezeichnung eines als unangenehm empfundenen, gemiedenen und nicht gesuchten Geschehens verwendet wird. Auch andere Kontextwörter wie „schrecklich", „mußte" und der Regelfall der Erfahrung (junge Mädchen weichen den Belästigungen durch Männer aus) sprechen für diese Lesart des Witzes. Der Umschwung erfolgt erst in der Schlußbemerkung der Tochter: Der fünfte Mann (erst!) hat sie belästigt. Daraus ist zu schließen: Die vier ersten Nachbarn haben es zur Enttäuschung der Tochter nicht getan. Von der Pointe des Schlußsatzes her erscheint der ganze vorausgehende Text in neuem Licht; es ergibt sich die Lesart B nun auch für Mutter und Rezipient.

Beamte werden neuerdings nicht mehr versetzt, sondern umgebettet.

„Jemand versetzen" heißt, ihn an einen anderen Ort bringen, damit er dort seiner Berufstätigkeit nachgehen kann. Das Verb „umbetten" wird dagegen in der Regel nur verwendet, wenn Bettlägerige, Kranke an einen anderen Ort gebracht, nämlich in ein anderes Bett gelegt oder Tote in ein anderes Grab gelegt werden. „Versetzen" und „umbetten" stehen also üblicherweise in zwei verschiedenen Sinn- und Assoziationszusammenhängen. Die Parallelführung der Verben im Witz führt zu einem Wortspiel, bei dem das zweite Verb die pointierte Aussage enthält. In der Pointe konkurrieren sozusagen zwei Kontexte (nämlich: Berufstätige an einen anderen Ort bringen – Bettlägerige an einen anderen Ort bringen), laufen zusammen und streiten um Geltung. Im Rückblick von Lesart B auf Lesart A ergibt sich dann auch die Vereinbarkeit beider und die dadurch zustandekommende inhaltliche Zuspitzung: Beamte „schlafen" an ihrem Arbeitsplatz; sie brauchen also nicht Stuhl und Schreibtisch, sondern ein neues Bett am Platz ihrer Tätigkeit. Jeder Rezipient, der sich über Bürokratie und schleppende Bearbeitung von Anträgen in Behörden geärgert hat, stimmt dieser zugespitzt bis überspitzt formulierten Aussage freudig zu. Die Pointe „sitzt" nicht nur, sie „trifft" auch.

Sie ist das leichtsinnigste, aber auch dünnste Mädchen der Stadt. Sie ist so dünn, daß jedesmal, wenn sie eine Olive verschluckt, vier Männer die Stadt verlassen.

Die Aussage erscheint eindeutig und klar, wenn auch nicht sehr plausibel (Wieso eigentlich „so dünn, daß"? Was haben das dünne Mädchen und die verschluckte Olive damit zu tun, daß vier Männer die Stadt verlassen?). Die Pointe ist zunächst nicht zu erkennen. Die zweite Textaussage, die zweite Lesart ist zunächst verborgen, muß erst gefunden werden. Sonst bleibt der Text unverstanden, wird nicht zum Witz. „Witz" als geistige Fähigkeit ist hier nicht nur zur Pointenbildung, zur Witzproduktion erforderlich, sondern auch zur Pointenfindung und Witzrezeption. Man muß als Hörer oder Leser, bei diesem Beispiel besonders, die Fähigkeit haben, überraschende Zusammenhänge herzustellen, verschlungenen Gedankenfaden zu folgen, indirekte Aussagen zu verstehen, Mitgemeintes zu erschließen. Bei einem so übertrieben dünnen Mädchen ist eine verschluckte Olive mit einer Schwangerschaft zu verwechseln. Diese Lesart wird durch die vier überstürzt abreisenden Männer und die bekannte Leichtsinnigkeit des Mädchens gestützt. Also auch hier erscheint der Kontext der Textaussage A in neuem Licht, sobald Aussage B (durch die Olive erscheint das Mädchen schwanger) und ihr Situationskontext (die Liebhaber fliehen, bevor sie Vaterpflichten übernehmen müssen) erfaßt worden ist. Dabei läßt sich die Pointe hier nicht so eindeutig lokalisieren, jedenfalls nicht an einem Einzelwort festmachen. Es ist eigentlich der ganze zweite Satz, und damit mehr als die Hälfte des Witzumfangs, der die Pointe aufbaut.

Halten wir also als bisheriges Zwischenergebnis fest: Jeder Witz hat eine Pointe. Sie ist die plötzlich auftauchende, überraschende Verbindung zweier miteinander konkurrierender Vorstellungen, Sinnzusammenhänge, Textaussagen, die scharfsinnig und in geistreich zugespitzter Formulierung Sinn ergibt, auf etwas zielt und es trifft.

1.2 Komik

Nicht jede geistreiche Äußerung, nicht jede pointierte Aussage erregt Heiterkeit. *Goethes* Aphorismus:
  Unsere Eigenschaften müssen wir kultivieren, nicht unsere Eigenheiten
ist pointiert, und man kann den Ausspruch als treffend und brillant formuliert genießen. Ihn witzig finden und über ihn lachen wird man nicht. Es muß also zur Pointe ein weiteres Wesensmerkmal des Witzes hinzukommen, das speziell für die Wirkung des Lachens verantwortlich ist. Was eine witzige Äußerung „scherzhaft" oder lustig macht, ist das Komische. *Komik* ist der zweite notwendige Bestandteil jedes Witzes.

Das Komische besteht aus der „Kollision mit irgendeiner Norm" [16], Komik ist „Unverhältnis gegenüber der Norm" [17]. So wirkt der extrem dicke Mensch (wie der hagere) allein durch seine vom Normalfall abweichende körperliche Erscheinung komisch (Dick und Doof), ebenso wie der eine Treppe nicht herabsteigende, sondern herunterpurzelnde Mensch, besonders wenn er ansonsten eine recht würdige Erscheinung ist.

Aber es ist nicht das Unverhältnis, das bis zum Widerspruch gehen kann, die Unangemessenheit für sich allein, die lächerlich wirkt und das Komische ausmacht. Im Unterschied zum tragischen Konflikt hat der komische Konflikt es stets mit etwas Unbedeutendem, Geringfügigem, Kleinem zu tun, muß nicht ernst genommen, sondern kann leicht genommen werden. Komik ist die Regelwidrigkeit in kleinen Dingen, der Verstoß gegen die Norm, der nicht Schmerz, Furcht, Abscheu, unangenehme Gefühle hervorruft [18]. Das Leben steht unter dem ständigen Druck des Willens (Interessen, Furcht und Hoffnung), des Verstandes (logische Welterfahrung und Erfahrungsordnung), des Gewissens (ethische Forderungen und Gesetze). Komik ist die für einen Augenblick gültige

Befreiung vom Druck dieser Normen, ihre momentane Außerkraftsetzung, und wird als Sprung aus der Welt des Ernstes in die des Unernstes, Spaßes lustvoll empfunden.

Dabei ist der Kontrast zwischen Gewohnheit/Erfahrung und ihrem Widerspruch noch aus einem zweiten Grunde unernst: Der komische Konflikt mit der Norm bedeutet nicht nur ihre Bestreitung, sondern zugleich auch ihre Bestätigung. „Um zu erheitern, muß die Normwidrigkeit irgendwie auch wieder paralysiert sein. Die Hemmung für die Verwirklichung des Wertes muß zugleich den Triumph des Wertes herbeiführen und bezeugen ... Die Bestreitung und Verleugnung der Norm muß unterliegen, der Effekt des Konfliktes zum Aufwand oder zur Sinnfälligkeit der Herausforderung in offensichtlichem Mißverhältnis stehen" [19].

Schließlich ist ein Normverstoß nur komisch, wenn man ihn mit Abstand erfaßt und erlebt. Wenn jemand auf einer Bananenschale ausrutscht und sich durch den Sturz schmerzhafte Prellungen zuzieht, so ist das unter Umständen für den Betrachter komisch, der Gestürzte kann dagegen kaum lachen. Bleibt einem der Normverstoß nicht in erheblichem Maße gleichgültig, geht er einem „zu nahe", ist man gar selbst „betroffen", so ist die Sache nicht komisch, sondern peinlich, unangenehm. Das gilt auch für den Fall, daß jemand Tabus verletzt, die für den anderen noch bestehen und nicht bestritten werden sollen.

Wieso aber ruft Komik als ungewichtiges und abständiges Unverhältnis gegenüber der Norm *Lachen* hervor? *Henri Bergson* interpretiert das Lachen als sozialen Tadel, als Auslachen normabweichenden Verhaltens. Für ihn wirkt alles komisch, was bei einer lebendigen Person an einen unbelebten Mechanismus erinnert („mécanisation de la vie"). Für ihn ist das Komische als Automatik und Starre/Steifheit ein Verstoß gegen das Grundprinzip menschlichen Zusammenlebens: sei elastisch und flexibel, passe dich allen Lebenssituationen an! Lachen ist stets Lachen einer Gruppe. Mit ihrem Lachen korrigiert und warnt sie, stellt die Lebendigkeit wieder her. So werden auch Geizhals und eingebildeter Kranker durch Lachen geheilt.

Plessner deutet das Lachen anders. Für ihn ist es nicht Warnsignal und Strafe, sondern „eine elementare Reaktion gegen das Bedrängende des komischen Konflikts" [20]. Lachen erscheint nicht als Verlachen oder Auslachen, sondern eher als hilfloses

Verlegenheitslachen: Man kann eine Sache nicht wie sonst verstehen und mit ihr umgehen, sondern die an sich „unmögliche" Erscheinung (der paradoxe Zusammenfall von Erfahrung und Widerspruch) existiert gleichwohl, zwingt zu ambivalenter Stellungnahme zwischen Ja und Nein, Anziehung und Abstoßung. Man nimmt die Erscheinung hin, aber überläßt sie sich selber, nimmt sie nicht ernst: man lacht.

Wie erscheint nun das Komische im Witz? Welches Verhältnis gehen Komik und Pointe zueinander ein? Mit *Wellek* können wir sagen: „Witz ist vergeistigte Komik" [21].

Hat die Pointe es mit zwei aufeinander bezogenen Aussagen, Sinnzusammenhängen zu tun, so beschreibt die Komik das Verhältnis zwischen beiden: Sie stehen zueinander in komischem Konflikt.

Da sag einer noch, wir zwei würden nicht zusammenpassen.

Der Text dieses Bild-Wort-Witzes ist auf die Illustration angewiesen, ohne sie unverständlich. Das Bild dagegen ist bereits für sich genommen komisch: Der komische Konflikt liegt in dem Kontrast zwischen totaler Andersartigkeit der beiden dargestellten Personen (die stattliche, vornehme Dame in festlichem Abendkleid und mit Sektglas gegenüber dem kleinen, unrasierten, schmutzigen, verlumpten Landstreicher) und der einen, zunächst verborgenen Gemeinsamkeit (ihre Körperprofile passen wie zwei Kärtchen beim Puzzle genau zusammen). Die Gemeinsamkeit ist die überraschende zweite Aussage der Zeichnung, ihre Pointe: Mit *Bergson* können wir hier den „Verfall der Lebendigkeit ins mechanisch Erstarrte" feststellen: die beiden Personen werden zur Sache, sie werden nicht in ihrer geistigen Natur, sondern nur in ihrer körperlichen in Betracht gezogen.

Die hinzukommende Aussage des Landstreichers unterstützt und verstärkt die Gesamtaussage des Witzes, seine Pointe und Komik. Mit dem Wort „zusammenpassen" wird die entscheidende Bildaussage auf den Begriff gebracht. Die schelmisch zweideutige Rede leugnet zwar nicht den gewaltigen Unterschied zwischen den Personen, achtet ihn aber gering im Vergleich mit der frappierenden Profil-Gemeinschaft. Die Pointe spielt mit den beiden Bedeutungen des Wortes „zusammenpassen" (geistig-seelisch miteinander harmonieren – wie zwei Werkstücke einander äußerlich angemessen sein), die Komik mit der Infragestellung geistig-sittlicher Natur des Menschen durch seine bloße Körperlichkeit und Gegenständlichkeit.

Ein Mann ist gestorben, der in seinem Leben sehr faul gewesen ist. „Bestattung oder Einäscherung?" fragt der Beerdigungsunternehmer. „Verbrennung", antwortet die Witwe, „und schicken Sie mir die Asche bitte ins Haus." Als sie die Asche ihres Mannes erhält, füllt sie sie in die Eieruhr und sagt: „So, jetzt arbeite!"

Der komische Normverstoß liegt in dem ungewöhnlichen, pietätlosen Handeln der Witwe. Die Pointe als Überlagerungsstelle und die zwei in Spannung stehenden Sinnzusammenhänge sind hier nicht schwer auszumachen: A Einäscherung eines Verstorbenen, B Einfüllen der Asche in eine Eieruhr. Zugespitzt wird die Pointe aber erst durch den Zusammenhang von früherer Faulheit, gegen die die Frau wohl nichts ausrichten konnte, und der jetzigen „Zwangsarbeit". Ist die Verwendung der Asche eines Verstorbenen in der Eieruhr an sich schon ein Normverstoß, so wird er verständlich und verzeihlich, damit auch „unbedeutender" und eher zum Lachen reizend, wenn er durch die Pointe als wohlverdiente Strafe erscheint. Der Hörer/Leser hat auch die nötige Distanz. Er könnte wohl nicht lachen, wenn er Sohn oder Tochter des Verstorbenen wäre.

Ein Geflügelzüchter schreibt an eine landwirtschaftliche Forschungsstelle: „Es geht um meine Hühner. Jeden Tag finde ich einige von ihnen mit dem Kopf im Sand und mit den Beinen nach oben. Was ist mit ihnen los?" Vierzehn Tage später kommt die Antwort: „Ihre Hühner sind tot."

Ist schon die Vorstellung von Hühnern in der beschriebenen Körperhaltung komisch bis grotesk, so ist die eigentliche Komik auch dieses Witzes mit der Pointe verknüpft. Normabweichend ist die Antwort der Forschungsstelle: Es handelt sich hier um ein Unverhältnis zwischen legitimer Erwartung des Züchters und dem tatsächlich eintretenden Erfolg seiner Anfrage. Natürlich zielt die Frage „Was ist mit ihnen los?" auf eine Auskunft über die Todesursache (Aussage A), nicht auf eine Beschreibung ihres derzeitigen Zustandes (Aussage B). Die Frage wird also mißverstanden, ist anders gemeint als die naiven Forscher glauben, obwohl sie nach den Regeln sprachlichen Verhaltens hier eigentlich nicht mißverstanden werden dürfte. Man kann also über die Blödheit der Forscher lachen, die ein wenig an die sprichwörtliche Zerstreutheit des Professors erinnert. Die Komik verbindet sich also mit einer „treffenden" Pointe.

Tritt das Komische dagegen allein auf, ohne in einer Pointe zugespitzt zu werden, ohne daß sich aus dem Unsinn ein Sinn ergibt, so kann man wohl lachen, erhält aber keinen Witz:

Überhaupt tendiert der reine Bildwitz mehr zur Situationskomik, lebt mehr von visueller Verzerrung und Überraschung, ist oft weniger geistvoll als der Sprachwitz. Damit er überhaupt zum Witz wird, benötigt er wenigstens eine bescheidene Pointe:

Die Normabweichung ist nicht sehr auffällig. Zwei der olympischen Ringe auf der linken Tür enthalten einen Punkt, was eine Ähnlichkeit mit weiblichen Brüsten hervorruft und so komisch wirkt. Verstärkt wird die Komik durch die Pointe, die sich daraus ergibt, daß sich aus der Veränderung ein zusätzlicher Sinn ergibt: Damentoilette oder Damenumkleideraum!

Ein solcher zusätzlicher Sinn darf freilich nicht fehlen, will man wirklich von einer Pointe und damit von einem Witz (im Unterschied zur bloßen Darstellung einer komischen Situation) sprechen (siehe Abbildung auf S. 17). Normabweichend ist das Kitzeln in dieser Situation. Sinnvoll wird es, wenn man nach den Gründen sucht und den situativen Kontext erschließt: Vermutlich handelt es sich um ein älteres Ehepaar. Er ist ihrer schon lange überdrüssig und sieht hier eine günstige Gelegenheit, sie durch ein wenig Nachhilfe loszuwerden (komisch ist auch der Widerspruch zwischen sonst angenehm empfundenen und hier tödlichem Gekitzeltwerden, zwischen Todesgefahr und lautem Lachen der Frau).

Erfüllt der Konflikt aber hier noch die Bedingung des Unernstes, ist er noch komisch? Wie bei makabren Witzen überhaupt heißt Unernst nicht Aussparung ernster Thematik. Es kommt auf den Einfall und seine Gestaltung an. Niemand muß das Geschehen im Witz als ein reales Ereignis annehmen. Es ist bloße Fiktion, erdacht und konstruiert, so daß man sich auf die Vorstellung einlassen und sich über sie amüsieren kann, auch wenn man das reale Geschehen verurteilen würde. Es bleibt allerdings in der gelungenen Pointe bei aller Übertreibung ein Rest, den man billigt: so hier vielleicht die ersehnte Möglichkeit des „Pantoffelhelden", sich von seinem „Hausdrachen" zu befreien.

1.3 Abgrenzungen

Wir haben den Witz als ein zum Text geronnenes kommunikatives Ereignis besonderer Art bestimmt. Als Text bezeichnen wir nicht nur jedes mündliche und schriftliche Sprachgebilde, das in einer Kommunikationssituation als Verständigungsmittel funktioniert, sondern auch das entsprechende Bild, die Zeichnung oder das Foto mit oder ohne Sprache, in Funktion.

Von der Menge möglicher Texte hebt sich die Textsorte Witz durch die beiden Elemente Pointe und Komik ab. Die Pointe, soll sie überraschend und prägnant sein, fordert ihrerseits eine gewisse Kürze des sprachlichen Witzes, schließt epische Breite und Entfaltung der Situation aus. Kürze ist dabei nicht nur eine quantitative, sondern auch eine qualitative Angabe: Die Pointe ist eine indirekte Form der Aussage; sie spricht durch Verschweigen.

Der Rezipient muß einiges hinzutun, Zusammenhänge erschließen, Andeutungen erfassen, implizierte Aussagen explizit machen. „Der Witz sagt, was er sagt, nicht immer in wenig, aber immer in zu wenig Worten, d. h. in Worten, die nach strenger Logik oder gemeiner Denk- und Redeweise dazu nicht genügen" [22].

Was ist paradox? – Wenn ein dicker Mann eine dünne Frau dick macht und sich selbst dann dünn macht.

Ein Mann, ein Wort – eine Frau, ein Wörterbuch.

Definitionswitze und Scherzfragen sind besonders kurz; sie zeigen auch, daß Witze nicht immer Erzählungen sein müssen, obwohl weitaus die meisten Beispiele epischen Charakter haben. Jedenfalls dürfen bei aller Kürze weder Pointe noch Komik fehlen. Der Satz: „Ein Bayer ist ein Bierfaß!" läßt vor unseren Augen das komische Bild eines Menschen entstehen, dessen vom vielen Biertrinken aufgeschwemmter Leib eine gewisse Ähnlichkeit mit einem Faß aufweist.

Geistvoll, pointiert ist die Formulierung gewiß nicht, im Unterschied zu folgender:

Ein Bayer ist ein Bierfaß, wenn er aufsteht, ein Faß Bier, wenn er sich niederlegt.

Es gibt neben der Vielzahl der kurzen auch einige längere Witze, nämlich dann, wenn eine etwas längere Vorgeschichte, mehr Information nötig ist, damit die Pointe sitzt. Aber selbst in diesen Fällen verschweigt der Witz oft mehr, als er direkt aussagt:

Ein Ehepaar hatte eine sechsjährige Tochter, die die seltsame Gabe besaß, die Zukunft vorauszusehen. Und sie irrte sich nie. Große Unruhe gab es im Haus, als das Mädchen eines Tages ganz ernsthaft prophezeite: „Morgen, Punkt neun Uhr, wird mein Vater sterben." Für den Hausherrn folgte eine schlaflose Nacht, dann endlich kam der Morgen. Es klingelte. Der Vater öffnete – der Briefträger stand vor der Tür. In diesem Augenblick schlug die Uhr neunmal. Da brach der Briefträger tot zusammen. Herzschlag. Der Hausherr atmete auf. „Gott sei Dank!" rief er. „Diesmal hat sich unsere Kleine geirrt."

Etwas breiter als sonst ausgestaltet wird hier nur die Einleitung, die „Vorgeschichte". Die Pointe kommt ganz knapp im letzten Satz. Daß der Hausherr damit seine Naivität offenbart, seinen Irrtum und seine Dummheit: das alles muß der Rezipient selbst kombinatorisch erschließen.

Andere längere Beispiele sind die sogenannten Überbietungswitze, die mehrere Pointen in sich vereinen, in denen gleichsam ein Witz an den anderen anknüpft und ihn zu übertreffen sucht:

Eine Luxuslimousine, die mit enormer Geschwindigkeit über die Autobahn rast, wird von einem Streifenwagen überholt und gestoppt. „Ich gratuliere", sagt der Polizist, „Sie haben 1000 Mark gewonnen, weil Sie der tausendste Autofahrer sind, der diesen neuen Autobahnabschnitt benutzt. Haben Sie schon eine Ahnung, was Sie mit dem Geld machen werden?" „Ich werde Fahrstunden nehmen, um meinen Führerschein zu machen", antwortet der Fahrer. „Hören Sie nicht auf ihn", mischt sich die Ehefrau ein. „Er ist nämlich völlig betrunken." Noch bevor sich der Polizist von dem Schock erholt hat, kommt vom Rücksitz des Wagens die brüchige Stimme des schwerhörigen Großvaters der Familie: „Ich habe euch ja gleich gesagt, daß wir mit einem gestohlenen Auto nicht weit kommen werden."

In einigen Fassungen des Witzes folgt noch eine vierte Aussage, die aber die Qualität des Witzes wohl eher mindert:

Da hört man aus dem Kofferraum jemand rufen: „Sind wir denn nun auf der anderen Seite der Grenze?"

Der Witz als relativ kurze, komische und pointierte Sprach-, Bild- oder Bild-Sprach-Textsorte hat gemeinsame Merkmale mit einigen anderen Textsorten, von denen er abzugrenzen ist.

Kurz und pointiert ist auch der *Aphorismus*, der geistreiche Einfall mit gedanklicher Tiefe und ideenhafter Weite, das „verbalisierte Gedankenspiel" [23]:

Die Abgeordneten glauben ihre Pflicht schon dann erfüllt zu haben, wenn sie sich gewählt ausdrücken.
(Bert Berkensträter)
Ein guter Satz hat viele Fenster.
(F. G. Jünger)
Wer tiefer irrt, der wird auch tiefer weise.
(Gerhart Hauptmann)
Der Witz ist das Epigramm auf den Tod eines Gefühls.
(Friedrich Nietzsche)

Dem Aphorismus fehlt in der Regel das Komische und der heitere Unernst; er löst kein Lachen aus, sondern intellektuelles

Vergnügen. Er fordert den Leser zu eigener gedanklicher Auseinandersetzung heraus. Freilich wird das ausgesprochene Urteil oft bewußt subjektiv überspitzt begründet. Dann kann es zu komischen Ansätzen und damit zu einer Annäherung an den Witz kommen:

Vox populi – vox Dei – das wollen wir Gott denn doch nicht antun.
(Friedrich Nietzsche)
Wenn ein Buch und ein Kopf zusammenstoßen und es klingt hohl, ist das allemal im Buch?

(Georg Christoph Lichtenberg)

Pointiert und oft schwer vom Aphorismus zu trennen ist auch das *Bonmot*, der geistreiche, treffende Ausspruch, der von Mund zu Mund geht, dessen Verfasser meist unbekannt ist. Er ist mehr ein leichter Augenblickseinfall, nicht zu gewichtig, so gedankenschwer und philosophisch wie der Aphorismus, ebenfalls in der Regel nicht komisch, wenn aber doch, dann schwer vom Witz zu unterscheiden:
Alle großen Verführer wissen, daß man Frauen erst die Augen öffnen muß, bevor sie sie schließen.
Liebe deinen Nächsten wie dich selbst; denn jeder ist sich selbst der Nächste.
(Karl Kraus)
Ihr einziger Reiz ist ihr Hustenreiz.

Aphorismus und Bonmot sind wie der Witz kurze Textsorten. Sie haben beide die Form einer Sentenz. Diesen Spruchcharakter teilen nur wenige Witze mit ihnen, nämlich die Scherzfragen oder Scherzrätsel:
Wußten Sie schon, daß Staubsauger viel rentabler sind als Klopfsauger? Staub kommt nämlich häufig vor, während Klöpfe relativ selten sind.
Was ist der Unterschied zwischen Kapitalismus und Sozialismus? Im Kapitalismus wird der Mensch vom Menschen ausgebeutet. Im Sozialismus ist es umgekehrt.

die Definitionswitze:
Was ist Konsequenz? Heute so, morgen so!
Was ist Inkonsequenz? Heute so, morgen so!

die witzigen Umformungen von Sprichwörtern:
Lieber eine Taube im Bett als eine Schwerhörige auf dem Dach.

Paradoxie-Witze und ähnliches:
Drei Haare auf dem Kopf sind relativ wenig, drei Haare in der Suppe sind relativ viel.
Paradox ist, wenn man einen Betrunkenen nicht für voll nimmt.

Die überwältigende Mehrheit der Witze haben epischen Charakter, sind in ein erzähltes Geschehen eingebettet. So werden oft selbst Scherzfragen und Spruchwitze nicht isoliert weitergegeben, sondern in ein Erzählgerüst eingebaut. Statt der üblichen Einleitungsformel „Was ist der Unterschied zwischen konkret und abstrakt?" heißt es nun:
Die Lehrerin will den Kindern die Begriffe abstrakt und konkret erklären: „Abstrakt ist, was man nicht sieht, konkret ist, was man sieht. Wer nennt mir Beispiele?" Darauf Fritz: „Meine Hosen sind konkret, und Ihre Hosen sind abstrakt."
Offenbar begünstigt die Erzählstruktur der meisten Witze den progressiven Aufbau eines Textinhalts, einer bestimmten Hörererwartung, vergrößert die Überraschung durch die plötzliche Wende in der Pointe.

Das *Wortspiel* wird zwar hier und da wie eine selbständige Textsorte behandelt [24], ist aber eigentlich nur ein Darstellungsmittel, eine Technik sprachlichen Ausdrucks, ein Spielen mit Klang und Bedeutung von Wörtern, das zur Pointenbildung dient, Komik enthalten kann, aber nicht muß. Zwei oder mehr gleich oder ähnlich klingende Wörter werden einander gegenübergestellt oder angeglichen, wobei sich außer der gewohnten Bedeutung eine neue ergibt. Oder die Mehrdeutigkeit eines sprachlichen Ausdrucks wird in zwei verschiedenen Sinnrichtungen zugleich aktualisiert, so daß sich ein geistreiches Gedankenspiel ergibt.
Beide Möglichkeiten des Wortspiels erscheinen in sehr verschiedenen Textsorten, ohne Komik z. B. im Aphorismus:

Unsere Eigenschaften müssen wir kultivieren,
nicht unsere Eigenheiten.

(Goethe)

Nicht jeder große Mann ist ein großer Mensch.
(M. v. Ebner-Eschenbach)

Komische Wortspiele erscheinen im Witz:
„Gestatten Sie, mein Name ist Rainer Hohn!" – „Na, nehmen Sie es nicht so tragisch, junger Mann! Wie heißen Sie denn?"
„Kommen Sie doch herein, Herr Schulze." – „Ach nein, ich habe so schmutzige Füße." – „Das macht doch nichts. Sie können ja die Schuhe anbehalten."

Pointiert ist als weitere epische Kurzform die *Anekdote*. Mittel der Pointenbildung kann auch hier das Wortspiel sein:
Bei einem Festessen hatte Bismarck die Gattin eines ausländischen Diplomaten als Tischdame. Die etwas arrogante Dame bemängelte an der deutschen Sprache, daß sie oft mehrere Ausdrücke für dieselbe Sache enthalte. Darauf Bismarck: „Verzeihen Sie, Gnädigste, daß ich anderer Meinung bin. So ist z. B. Ihr Gemahl ein Gesandter, aber kein geschickter."

Im Unterschied zum Witz ist die Anekdote durch den Zitatcharakter der Aussage gekennzeichnet. Sie knüpft an historisch Verbürgtes an und soll die besondere Eigenart einer bekannten Persönlichkeit, einer Gesellschaftsschicht, Zeitepoche oder Geistesrichtung an einer typischen Einzelbegebenheit erhellen.

Dem Witz fehlt in der Regel der konkrete historische Hintergrund (mit Ausnahme des politischen Witzes, der aber weniger Personen und Epochen kennzeichnen, sie eher lächerlich machen soll); er will nicht historisch sein. Er ist deshalb meist auch kürzer als die Anekdote, die erst den zeitgeschichtlichen Kontext aufbauen muß, in den die pointierte Aussage so gut hineinpaßt, daß sie authentisch sein könnte, auch wenn sie nur erfunden ist.

Allerdings ist auch die Grenze zwischen Witz und Anekdote nicht immer eindeutig auszumachen. Es gibt Witze, die historischen Persönlichkeiten in den Mund gelegt werden, die sowohl Komik wie Pointe enthalten. Soll man diese Mischformen als witzige Anekdoten oder als anekdotische Witze bezeichnen?
Als jemand Bernard Shaw erzählte, ein bekannter Dramatiker habe sich eine besonders attraktive Freundin zugelegt, winkte GBS ab: „Ausgeschlossen, bei dem schläft doch höchstens das Publikum."

War der Berührungspunkt zwischen den bisher genannten Textsorten und dem Witz die Pointe, so hat der Witz mit der epischen Kurzform *Schwank*, der Erzählung eines Streiches, das Element des Komischen gemeinsam. Oft handelt es sich um reine Situations- oder Typenkomik, um eine komische Begebenheit aufgrund eines lustigen, neckischen Einfalls mit derbem bis obszönem Inhalt (Motive: ertappter oder betrogener Betrüger, eheliche Untreue, Verspottung des Dummen durch den Gerissenen). Der Schwank ist breiter angelegt als der Witz, tendiert zum Episch-Bildhaften, das zu einer Fülle von Variationen ausgeweitet werden kann (Motive und Szenen wiederholbar). Deshalb kommt es auch auf die genaue Formulierung, auf die prägnante wörtliche Aussage nicht an. Dies wiederum verhindert die Pointe, die deshalb meist fehlt. Enthält ein Schwank dennoch eine Pointe oder auch mehrere, so sind diese nicht notwendiger Bestandteil der Textsorte, sondern zusätzliche Elemente. Sie entwickeln sich dann aus anschaulichen Bildern, sind deshalb meistens leicht faßbar, oft ein wenig „billig". Die „Geistigkeit" des Schwankes ist ähnlich wie beim Kalauer oder der primitiven Zote gering entwickelt.

Zwey Studenten wetteten umb eine Zech Bier der eine sagte/er wolte dem andern zwischen Nasen und Mund einer Erbse groß scheissen/der ander widerstritte dasselbige/daß er es nicht thun könte. Es kam zum Versuch/der so es widerstritte/gieng auff die Erde liegen/der ander nicht unbehend/strich die Hosen herrunter und begunte zu scheissen/und beschisse sein Gesicht über und über. Der so auff der Erden lag/sprang auff und rieff: Gewonnen/gewonnen/der ander lachte darüber und sagte: Ich bekenne/daß ich die Zeche Bier verlohren habe [25].

Manche Witze erscheinen auf den ersten Blick wie verkürzte Schwänke. Das Skatologische findet sich in den besonders bei Kindern beliebten Fäkalwitzen wieder:

Zwei in Streit geratene Straßenjungen haben sich ausgiebig beschimpft und dann mit Dreck beworfen. Als der eine keinen Dreck mehr fand, griff er einen Roßapfel von der Straße und traf damit so glücklich in den schon wieder zu einem Redeschwall geöffneten Mund des Gegners, daß die weiteren Beschimpfungen darin erstickt wurden. Aber so viel konnte er durch den schmalen Spalt neben dem Roßapfel doch noch vernehmen lassen: „Der bleibt drin, bis d' Polizei kommt!"

Auch Ehebruchsgeschichten sind in beiden Textsorten sehr häufig anzutreffen:

Zwanzig Jahre sind sie verheiratet. Jetzt wollen sie sich scheiden lassen. „Hör mal", sagt der Mann, „jetzt, wo wir uns trennen, möchte ich dich etwas fragen. Aber sei ehrlich: Unsere ersten drei Kinder haben dunkle Haare und braune Augen, unser jüngstes ist blond und hat blaue Augen. Was ich wissen möchte: ist das Jüngste wirklich von mir?" – „Also gut, wenn du es unbedingt hören willst: das Jüngste ist wirklich von dir . . ."

Stets wird der gehörnte Ehemann zusätzlich verspottet. Der Unterschied: der Schwank lebt mehr vom Stoff, von der anschaulichen, derb-drastischen Szene; der Witz lebt mehr vom Sprachlichen, von der Zuspitzung in der Pointe, der Witz ist mehr im Geistigen verankert.

Ähnlich wie der Schwank bezieht auch der Bildwitz im Vergleich mit dem Sprachwitz einen Großteil seiner Wirkung aus der anschaulichen Komik. Es handelt sich dabei aber nur um eine Akzentverlagerung. Auch der Bildwitz benötigt außer der Situationskomik die Pointe. Wie ist nun das Verhältnis zwischen Bildwitz und *Karikatur* zu beschreiben?

Die Karikatur ist komisch durch das Unverhältnis zwischen tatsächlicher Person oder Institution und ihrer verzerrten Darstellung. Die Karikatur ist geprägt durch Übertreibung, Überzeichnung einzelner, dennoch erkennbar bleibender charakteristischer Merkmale des Gemeinten. So dient sie der scharfen Charakterisierung wie auch dem Spott und der Kritik, besonders bei politischer Auseinandersetzung, will Eigenschaften deutlich herausstellen, Schwächen aufzeigen und lächerlich machen oder dämonisieren und Furcht einflößen (Ausdruckssteigerung durch Überbetonung).

In der Karikatur auf S. 26 verleihen die zur Grimasse verzerrten Gesichtszüge Breschnews, besonders die buschigen, schwarzen Augenbrauen, dem Politiker einen finsteren und bedrohlichen Ausdruck, der hier für die Bedrohung Berlins und des Westens durch die Sowjetunion stehen soll.

„... in meiner Suppe ein Haar von Ihrem Herrn Stobbe."

Der Bildwitz ist der Karikatur gegenüber in seiner Aussage weniger aktuell und zeitgebunden, greift überindividuelle und überzeitliche Themen auf. Die Überzeichnung ist aber auch bei ihm ein wesentliches, der Verdeutlichung und Veranschaulichung der Aussage dienendes, Darstellungsmittel. So wird nicht eine Einzelperson, sondern ein ganzer Berufsstand durch Überzeichnung einer Eigenschaft karikiert:

Praktischer Arzt

Überfüllte Wartezimmer, Fünfminutenbehandlung der Patienten und gut entwickeltes Erwerbsstreben der Mediziner sind die oft kritisierten Merkmale der Krankenversorgung. Der überzeichnende Bildwitz hat karikierende Züge, unterscheidet sich aber von der bloßen Karikatur durch die hinzukommende Pointe: Der Arzt ist nicht nur „praktischer Arzt", weil er in Allgemeinmedizin praktiziert, sondern auch weil er einen Sinn für das Praktische, das Zweckdienliche, für Arbeitsökonomie und Leistungssteigerung hat.

Eine solche Standes-Karikatur ist auch im Sprachwitz möglich:
Der berühmte Arzt zum Patienten: „Also, ehe wir überhaupt anfangen – eine Konsultation kostet bei mir 100 Mark. Dafür dürfen Sie zwei Fragen stellen. Ist das klar?"
Patient: „Ja. Aber, Herr Doktor, finden Sie das nicht ein bißchen teuer, 100 Mark für zwei Fragen?"
Arzt: „Nein, und jetzt Ihre zweite Frage, bitte!"

Mit der verzerrenden Karikatur, die allein bereits komisch wirkt, ist im Witz aber stets eine Pointe verbunden.

1.4 Textstruktur und Textrezeption

Pointe und Komik als die beiden Grundelemente des Witzes sind durch ihre Bauweise der Doppeldeutigkeit und Gegensinnigkeit miteinander verwandt. Sie verstärken sich in ihrer Wirkung und gestalten das Kommunikationsereignis Witz nicht gerade einfach und unkompliziert, führen vielmehr zu typischen inhaltlichen Verwirrungen, zu semantischen Turbulenzen. Umso wichtiger ist es, daß das Kommunikationsmittel Witz einen klaren Aufbau besitzt, daß der Witzproduzent sich streng an textsortenspezifische Formen hält, wenn er sich dem Rezipienten wirklich verständlich machen will.

Wie sind nun sprachlicher Text aufgebaut und Bildwitz komponiert? Wie wird ein Witz „gemacht", vermittelt und verstanden?

Der Angestellte rennt im Büro auf und ab und jammert: „O Gott! Diese Kopfschmerzen! Ich verliere noch meinen Verstand!" Der Chef: „Wenn Sie krank sind, gehen Sie nach Hause. Aber hören Sie auf, hier herumzurennen und zu prahlen!"

Die Aufmerksamkeit des Hörers/Lesers wird durch eine knappe Einleitung (Exposition) erregt:

Zwei Personen werden nacheinander eingeführt, ihre Sozialbeziehung wird durch die Berufsbezeichnung Angestellter und Chef beschrieben, der Ort der Handlung angegeben: im Büro. Wichtig für den Textbau ist, daß zunächst nur der Angestellte auftritt. Zwei Aussagen werden über ihn gemacht: Er rennt herum und jammert. Die Neugier des Rezipienten wird auf den Grund seines Verhaltens gelenkt und damit auf die Worte der Witzfigur: Er hat Kopfschmerzen, die so stark sind, daß er fürchtet, den Verstand zu verlieren. Unvermittelt tritt jetzt der Chef auf und geht auf die Worte seines Angestellten ein, zunächst durchaus der aufgebauten Erwartungshaltung des Rezipienten, wohl auch des Angestellten, entsprechend: Beurlaubung des Erkrankten. Auch die Zusatzbemerkung fügt sich in ihrem ersten Teil durchaus in konventionelle Verhaltensschemata ein und kommt nicht unerwartet. Wäre nach ,,herumzurennen" der Ausspruch zu Ende, so würde niemand den Text als pointiert, komisch, als einen Witz bezeichnen. Selbst das angefügte ,,und" harmoniert noch mit der aufgebauten Erwartung. Man ist versucht, den Text mit ,,jammern", ,,schreien", ,,stören" oder ähnlichem abzuschließen. Der vorausgehende Kontext fordert gleichsam für die durch ,,und" geöffnete Leerstelle im Text ein solches Verb. Die Witz-Exposition hat die Vorstellungen des Hörers/Lesers auf bestimmte Bahnen gelenkt, drängt ihm jetzt ein inhaltlich passendes Wort auf.

Um so deutlicher ist der Bruch im Textaufbau, der Verstoß gegen das Prinzip der Text-Kohärenz (inhaltliche Verflechtung der einzelnen Textaussagen zu einem geschlossenen Textinhalt), wenn nun zur Verblüffung des Rezipienten das doch ganz und gar unpassende, hier unverständliche Wort ,,prahlen" auftaucht. Der aufgebaute Sinnzusammenhang stößt hier ohne Vorbereitung des Rezipienten mit einem anderen, zweiten zusammen, der durch die Bedeutungsmerkmale von ,,prahlen" angedeutet wird. Zwei Aussagenkomplexe, ein ausgeführter und ein nur angedeuteter Kontext konkurrieren plötzlich miteinander. Der Rezipient ist überrascht, vielleicht ein wenig enttäuscht, daß seine Erwartung sich nicht erfüllt hat, fühlt sich hereingelegt.

In diesem Augenblick der Textrezeption entscheidet sich, ob der Rezipient den Witz versteht oder nicht. Aufbau und Zusammenbruch eines Erwartungsschemas bilden nur die Grundlage eines Witzes, den Hintergrund der Pointe. Der Rezipient soll nicht auf der Stufe verständnislosen Achselzuckens stehenbleiben, sondern zur „Erleuchtung" kommen, erfassen, daß die beiden hart aufeinanderprallenden Aussageinhalte eben doch nicht so unvereinbar sind, wie es zunächst schien. Der eine Sinnzusammenhang läßt sich in ungewöhnlicher, aber geistreicher Weise auf einer dritten Ebene mit dem anderen zusammenschließen: Die Worte „Ich verliere noch meinen Verstand" können dann tatsächlich als Prahlerei angesehen werden, wenn man davon ausgeht, daß der Sprecher gar keinen Verstand hat, den er verlieren könnte. So bekommt das letzte Wort im Witzbeispiel einen besonderen Sinn, läßt auf den milden Tadel eine scharfe Attacke gegen den Angesprochenen folgen, blamiert ihn vor möglichen Zuhörern. Solche Augen- und Ohrenzeugen der Witzentstehung wie auch spätere Rezipienten des Witzes überwinden ihre momentane Verwirrung in dem Augenblick, in dem sie die „Spitze" der Aussage erfassen, das scheinbar nicht Zusammenpassende als wohlgefügt erkennen. Befriedigt über die „Lösung des Rätsels", die ihnen gelungen ist, den überraschenden Einfall und die raffinierte sprachliche Gestaltung ästhetisch genießend, eventuell auch voller Schadenfreude gegenüber einem Wehleidigen reagieren sie auf den Witz mit Lachen oder Schmunzeln.

Ein Jesuit und ein evangelischer Pastor disputieren miteinander über die Vorzüge ihrer Bekenntnisse. Nach einiger Zeit sagt der Jesuit: „Lassen wir doch diesen unnützen Streit. Schließlich dienen wir doch beide demselben Herrn, Sie auf Ihre Art und ich auf die Seine."

Der Aufbau einer bestimmten Erwartung beim Hörer/Leser geht auch hier so weit, daß bis auf das letzte Wort alles „stimmt". Man erwartet sogar ein ganz bestimmtes, vom Kontext gefordertes Wort als Abschluß: Die Redewendung „Jeder auf seine Art" läßt den Text auf das Wort „meine" zulaufen. Ein solcher Text wäre stimmig, ohne Bruch, aber auch ohne Pointe und damit kein Witz.

Das Wort „Seine" dagegen sprengt den Rahmen des Textes und beseitigt die innere Stimmigkeit, führt zum Bruch. Erst nach einigem Nachdenken ergibt sich, daß das „unpassende" Wort dort nicht einfach unsinnig ist, sondern zu einer neuen, zusätzlichen Aussage des Textes führt. Aus dem vermeintlichen Unsinn entsteht plötzlich Sinn. Aus dem unpassenden wird ein auf höherer

Ebene in den Kontext passendes Wort. Entweder handelt es sich um eine *Freudsche* Fehlleistung, einen „Versprecher", der die wahre Einstellung des Jesuiten aufdeckt, oder der Jesuit benutzt bewußt dieses Sprachspiel, um den Pastor zu ärgern. Jedenfalls entpuppt sich seine vermeintliche Toleranz, Bescheidenheit plötzlich als geistliche Arroganz und Rechthaberei: Der Pastor dient auf seine menschliche, unvollkommene, mit Irrtümern behafteten Art, der Jesuit dagegen auf die Art des Herrn, auf vollkommene, rechtgläubige Art, auf die einzig Gott angemessene Art.

Der Kohärenzverstoß, der Bruch und Pointe lokalisiert, ereignet sich aber nicht immer im letzten Wort eines Witzes, überhaupt durchaus nicht immer in einem einzelnen Wort:
Ein junger Mann geht in einem Tanzlokal auf eine schon etwas ältere Dame zu und fordert sie zum Tanz auf. Die Dame erwidert seine Aufforderung mit einem eiskalten Blick und sagt: „Ich tanze nicht mit einem Kind." – „Oh, Verzeihung", kontert der junge Mann, „ich wußte nicht, daß Sie in gesegneten Umständen sind."

Die Exposition des Textes erläutert den Sachverhalt: Die Dame weist die Aufforderung des jungen Mannes unter Hinweis auf den großen Altersunterschied zurück, tut das mit einer ungewöhnlichen, unhöflichen, ja beleidigenden Schärfe. Der Hörer/Leser erwartet entweder ein verschüchtertes Resignieren und Zurückweichen des jungen Mannes (die Fortsetzung „Oh, Verzeihung" scheint in diese Richtung zu gehen) oder eine empörte Zurückweisung der Behauptung, er sei noch ein Kind (das Verb „kontern" deutet in diese Richtung.)

Durch den Schlußsatz des Textes werden nun allerdings beide Erwartungen enttäuscht. Der Satz stellt einen deutlichen Bruch im bisherigen Textaufbau dar, führt zur Verblüffung, läßt den Hörer/Leser einen Augenblick lang nicht recht verstehen, welcher Sinnzusammenhang zwischen dem letzten Satz und dem vorausgehenden Text besteht. Es muß ihm aufgehen, daß der Satz „Ich tanze nicht mit einem Kind" mehrdeutig ist und daß dieser Satz vom Schlußsatz her anders zu verstehen ist (aus der Perspektive des jungen Mannes) als von der Witzeinleitung her (aus der Perspektive der Dame). Die Erleuchtung, daß die Dame mit dem Satz etwas anderes sagen will als der junge Mann versteht (oder zu verstehen vorgibt), daß man die zweite Bedeutung des Satzes zunächst überhört/überlesen, nun aber doch entdeckt und damit das „Rätsel" des Witzes gelöst hat, verschafft Befriedigung. Die aufgestaute Spannung löst sich in einem befreienden Lachen oder Schmunzeln, mit dem zugleich dem jungen Mann für seine Schlagfertigkeit Anerkennung und Beifall gezollt wird. Er hat die Lacher auf seiner Seite; sie lachen auf Kosten der unhöflichen Dame, der man die verdiente Peinlichkeit der Situation wohl gönnt. Anerkennung und Schadenfreude werden dadurch noch gesteigert, daß der junge Mann mit der Doppeldeutigkeit des Satzes spielt: Es ist zwar sehr unwahrscheinlich, daß er die Worte der Dame wirklich mißverstanden hat, zumal die Dame schon etwas älter und damit wohl jenseits des gebärfähigen Alters ist, doch kann er – wegen Unhöflichkeit zur Rede gestellt – sich stets auf seine, an sich mögliche „Lesart" der Äußerung beziehen und ein Mißverständnis (augenzwinkernd) vortäuschen. Für den Hörer/Leser des Witzes macht das Wort „kontert" eindeutig klar, daß nur ein vorgetäuschtes Mißverständnis vorliegt, kein wirkliches.

Die beschriebene Textstruktur ist für den Witz überhaupt typisch und entspricht psychologisch drei Phasen der Textrezeption, der verstehenden Aufnahme durch Hörer/Leser:

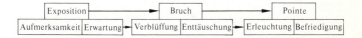

Die einzelnen Textkonstituenten sind dabei vom Umfang her recht ungleich: Die Exposition bildet in der Regel den Hauptteil des Sprachwitzes, der Bruch läßt sich meist gar nicht als Textsegment isolieren, sondern markiert die Textstelle, an der die beiden Sinnzusammenhänge sich in der Pointe überlagern. Trotzdem erscheint es richtig, von einer Dreigliedrigkeit des Witzes auszugehen, da bei der Dekodierung der Textaussage zunächst der Kohärenzverstoß und erst danach die neue Kohärenzbildung entdeckt werden. Entsprechend sind als Funktionsphasen dieser Textelemente je zwei anzusetzen: *A*ufmerksamkeit erregen und *E*rwartung aufbauen (AE), *V*erblüffung erzeugen und *E*nttäuschung über die zerstörte Erwartung bereiten (VE), *E*rleuchtung ermöglichen und *B*efriedigung herstellen (EB).

Bruch und Pointe sind gelegentlich an verschiedenen Stellen des Textes lokalisiert:

Drei Männer spielen Skat: „Schach!" sagte der eine und legt den Kreuzbuben auf den Tisch. „Moment mal", sagt der zweite, „seit wann gibt es denn beim Halma Elfmeter?"

Bereits der Ausspruch „Schach!" verletzt die Kohärenzregel, da vorher von Skatspiel die Rede ist. Bis dahin ist die Textaussage aber nur gestört, der Ausdruck unpassend und unsinnig, keinen neuen Pointen-Sinn ergebend. Erst durch das Eingreifen des zweiten Spielers und durch die zunächst ebenfalls unpassenden Ausdrücke „Halma" und „Elfmeter" ergibt sich eine neue Sinnebene von Wörtern mit gleichen semantischen Merkmalen, die Isotopie-Ebenen „Spiele" und „spielentscheidende Angriffssituation". Zur ersten Ebene gehören: Skat, Schach, Halma, Fußball (als impliziter Ausdruck), zur zweiten Ebene: Schach!, Kreuzbube auf den Tisch, Elfmeter.

Je nachdem, welche geistigen Fähigkeiten man den drei Spielern zubilligt, ist ihr Verhalten verschieden zu interpretieren. Sind alle „normal", so kann der erste Sprecher auf Grund der eindeutigen Spielhandlung (Kreuzbuben auf den Tisch legen) mit Verständnis der Mitspieler rechnen, auch wenn er spaßeshalber, gleichsam „metaphorisch" den Angriffsterminus des Schachspiels zitiert. Der dann ebenfalls scherzhafte Tadel geht auf das „Fehlverhalten" ein, indem er es überbietet.

Vielfach wird aber dieser Witz als Irrenwitz überliefert, das Skatspiel in den Warteraum des Psychiaters verlegt. Dann ist das Geschehen ganz anders zu beurteilen: Der erste Spieler vergreift sich tatsächlich im Ausdruck, vermischt Spielregeln verschiedener Spiele. Der zweite Spieler kann nun, sofern er dem ersten geistig überlegen ist, diesen auf seinen Fehler aufmerksam machen und ihn korrigieren, indem er dessen Verhalten durch Übersteigerung ad absurdum führt. Andernfalls versteht er nicht, was der erste meint, glaubt seinerseits, Halma zu spielen, bringt dabei den Ausdruck „Schach!" fälschlicherweise in Zusammenhang mit „Elfmeter" und Fußball.

Die lachenden Hörer/Leser des Witzes haben in diesem Fall also viel Interpretationsspielraum und unter Umständen verschiedene Gründe zu lachen: Einer lacht über die Torheit der Spieler (Komik), ein anderer über das gelungene Spiel indirekter Fehlerkorrektur oder metaphorischer Überbietung.

Wie steht es mit der Rezeption des Bild-Witzes durch den Betrachter? Das Bild wird anders als der sprachliche Text nicht in einem zeitlichen Nacheinander von Wörtern und Sätzen, also einzelnen Sinnträgern, sondern in einem räumlichen Nebeneinander von Bildelementen aufgebaut und vom Rezipienten erfaßt. Der Betrachter läßt den Blick über das ganze Bild schweifen, erfaßt gleichsam simultan viele Einzelheiten, vergleicht sie mit seiner Wirklichkeitserfahrung und versucht, sie zu einer Bild-Gesamtaussage zusammenzuschließen.

So erkennt der Betrachter mühelos einen überladenen Büchertisch, der als freier Verkaufsstand eingerichtet ist, daneben zwei Männer, sehr wahrscheinlich den Verkäufer und einen an den Büchern Interessierten, einen möglichen Kunden. Eine Bildaussage dieser Art kann den Betrachter aber nicht befriedigen. Er sucht nach einer besonderen Aussageabsicht des Zeichners, die zur Bündelung der Einzelheiten, zur Zuspitzung auf eine besondere Mitteilung führt. Also muß er genauer hinschauen, nach weiteren Zusammenhängen zwischen den Bildelementen Ausschau halten.

Der genaue Beobachter erkennt äußere Anzeichen, die auf inneres, psychisches Geschehen hinweisen: Der potentielle Käufer bückt sich langsam und demonstrativ (damit auch provokativ) gerade an der Stelle, wo er mit deutlichem Interesse den Buchrücken gerade des Buches mustern kann, auf dem der vierte Fuß des Tisches und damit der ganze Berg aufgestapelter Bücher ruht. In dem Zusammenhang wird eine andere Bildaussage wichtig: Wie der Bildbetrachter hat sicher auch der Kunde das Verkaufsangebot auf dem Schild gelesen: „*Jedes* Buch 1,–". Der Verkäufer ahnt das drohende Unheil. Finster blickt er auf den Kunden, schlägt betont souverän ein Bein über das andere, trommelt dabei aber nervös und gereizt mit den Fingern auf die Tischplatte. Man spürt, wie er gespannt auf die Bemerkung des Kunden wartet: „Ach bitte, zeigen Sie mir doch mal das Buch dort unten!" Eine solche Aufforderung wird sicher zum Auslöser einer wütenden Schimpfaktion, in der sich aufgestauter Grimm entlädt.

Zeichnung: Hans-Georg Rauch

Die bloße Wahrnehmung der vordergründigen Bildinformation läßt den Betrachter meist unbefriedigt. Dadurch erhält die Zeichnung Rätselcharakter. Man sucht nach der Hintergrundinformation. So erscheinen zehn Männer, die am äußersten Ende von vier Windmühlenflügeln hängen, nur komisch. Die Entdeckung der Komik allein genügt dem Betrachter nicht, der den Zeichner verstehen möchte. Der Bildproduzent hat sicher mehr als reine Komik darstellen wollen. So sucht man nach einer Begründung für das seltsame, komische Verhalten und rekonstruiert den Hergang des Geschehens, soweit es dem Bildausschnitt vorgelagert ist: neun Polizisten (Uniformen!) verfolgen einen Gauner (Augenklappe!), der sich geistesgegenwärtig an den sich drehenden Mühlenflügel hängt. Die Pointe des Bildwitzes ergibt sich aus dem Verhalten der Polizisten, mit deren Dummheit der Gauner wohl gerechnet hat: Statt zu warten, bis der Flügel den Verfolgten zur Erde zurückbringt, und ihn dann entgegenzunehmen, stürzen alle neun in blindem Eifer dem Verfolgten nach und ermöglichen ihm die weitere Flucht, eventuell Entkommen. Erst diese gedankliche Kombination ist Lösung des „Bildwitz-Rätsels", bedeutet Entdeckung der Pointe und damit die befriedigende Gewißheit für den Rezipienten, die nicht sofort wahrzunehmende, pointierte Aussage des Zeichners entschlüsselt und damit die Zeichnung verstanden zu haben.

Oft genug muß ein Bild eingefangener Handlungsausschnitt in die Vergangenheit oder Zukunft verlängert, vorausgegangenes Geschehen aus den Bildinformationen rekonstruiert, folgendes Geschehen antizipiert werden, damit sich über die Vordergrundinformation hinaus als mehr oder weniger überraschende Aussage die Pointe ergibt: gut geplanter und vorbereiteter Aprilscherz der auf den ersten Blick (des heimkehrenden Gatten) untreuen Ehefrau oder sicher zu erwartender „Ausrutscher" des Bewachers auf der Bananenschale (Komik) und die sich dann mit physikalischer Zwangsläufigkeit ergebende „Schleuderbefreiung" des Häftlings:

Die Beschränkung der Bildaussage auf einen einzigen Geschehensausschnitt wird durch Bildsequenzen wenigstens teilweise aufgehoben. Es sind jetzt wenigstens zwei Phasen dargestellt, so daß sich der Ablauf in der Zeit (ähnlich wie beim Sprachwitz) deutlicher erkennen läßt und Abweichungen zwischen den Bildern auf Vorgänge, überraschende Veränderungen, Wenden und dergleichen hindeuten.

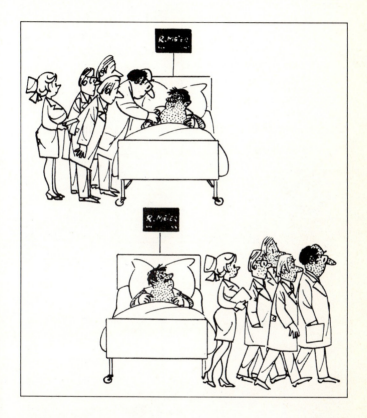

Zwischen beiden Bildern erfolgt die Massenansteckung des Krankenhauspersonals, erkennbar an den Krankheitssymptomen in den Gesichtern nach der Chefvisite.

Manchmal ist die Andeutung der eigentlichen Bildaussage noch knapper, die Pointe noch schwerer zu entdecken, besonders wenn sie auf inneres Geschehen, Handlungsmotive oder psychische Beteiligung der Personen hinweist.

Die drei Szenen am Straßenrand geben ein vorgetäuschtes Mißverständnis wieder: Konventionellerweise bedeutet der vorgestreckte Hut des Bettlers: „Ich bitte um eine Gabe, die in den Hut geworfen werden kann." Der Passant im Regen, mit hochgeschlagenem Mantelkragen, aber ohne Kopfbedeckung, ergreift geistesgegenwärtig seine Chance, funktioniert die gestische Bitte in ein Angebot um, ergreift den Hut und zieht mit Kopfbedeckung von dannen. Auch hier unterstreicht die Mimik auf dem dritten Bild sehr deutlich, mit welcher Seelenverfassung beider Personen das Geschehen endet.

Kirschenessen und Kuß vertragen sich eigentlich miteinander. Erst wenn man entdeckt, daß nur er Kirschen ißt (vor dem Kuß) und sie (nach dem Kuß) einen Kirschkern ausspuckt, wird der Ablauf des Ereignisses deutlich und der Gesichtsausdruck beider Personen in Phase 3 verständlich: bei ihr Empörung, bei ihm zufriedenes Grinsen über den gelungenen Streich.

Der kombinierte Bild-Wort-Witz hat seine eigene Aussagetechnik und Rezeptionsstruktur. Es kommt besonders auf das Verhältnis von Bildteil und Sprachteil an. Nicht gelungen ist die Verbindung, wenn einer von beiden autonom ist, auch für sich genommen bereits einen Witz darstellt. So könnte der sprachliche Text im folgenden Beispiel fehlen, ohne daß der eigentlich witzige Effekt der Aussage beeinträchtigt wäre:

Ein Kavalier meistert auch die heikelste Situation

In anderen Fällen ist die Zeichnung unnötige Illustration dessen, was der Sprachwitz allein schon aussagt. Die Veranschaulichung sagt nichts Neues, engt eher den Vorstellungsraum des Rezipienten ein:

*Irren ist menschlich, sagte der Igel,
da sprang er von der Kleiderbürste*

Bei den besseren Bild-Wort-Witzen ist eine Verschränkung beider Medien erreicht, in der Bild- wie Sprachhälfte allein nicht witzig sind, eine auf die andere angewiesen ist, auf sie als Teil der Gesamtaussage verweist. Dabei findet eine Aufgabenverteilung statt, bei der die Bildhälfte rasch über die Situation informiert (also die Exposition des Sprachwitzes vertritt) und dabei meist schon normabweichende Komik konstituiert. Das Bild erregt die Aufmerksamkeit des Betrachters und veranschaulicht eine komische Situation:

„Ooh, Verzeihung, mein Herr!"

Der blinde Mann mit der tastenden Hand am Busen der Dame: das ist für sich genommen schon eine komische Begebenheit. Sie wird aber erst zugespitzt durch den sprachlichen Zusatz, der nicht nur auf den Begriff bringt, was das Bild auf seine Weise aussagt („Verzeihung"), sondern eine zusätzliche, in deutlichem Widerspruch zum Bild stehende Aussage macht („mein Herr" als Anrede für die Frau). Daß die Berührung gerade *dieses* Körperteils zur Verwechslung von Frau und Mann führt, ist seinerseits komisch. Die Pointe wird aber erst bei genauerem Hinsehen deutlich: Der „Blinde" kann so blind gar nicht sein, denn seine Tastbewegung erscheint nicht zufällig, sondern absichtlich und gezielt. Er kann sich diese Unverschämtheit aber nur erlauben, wenn er seine Blindheit und damit sein „Versehen" glaubwürdig macht. Das gelingt natürlich besonders gut, wenn er die Dame als einen männlichen Passanten wahrzunehmen scheint. So entsteht die Pointe des Witzes erst aus dem Textteil und seiner Beziehung zum Bildteil. Sprache ist in der Regel stärker vergeistigt als das Bild, liefert die Pointe, während das Bild die Komik bereitstellt.

Das läßt sich an einem motivverwandten Sprachwitz beobachten, der nicht nur mit relativ viel Worten die komische Situation schaffen, sondern die Pointe durch das Mittel der Überbietung erheblich verstärken muß:

Jeder weiß, daß es Geistesgegenwart ist, wenn ein Kellner im Hotel sich in der Tür irrt, plötzlich einer Dame in der Badewanne gegenübersteht und mit den Worten umkehrt: „Entschuldigen Sie, mein Herr!" Aber Mut ist es, wenn er ein zweites Mal die gleiche Tür öffnet und zu der Dame sagt: „Ich möchte den Herrn für meinen Irrtum nochmals ausdrücklichst um Verzeihung bitten."

Bildfolgen mit Sprech- und Gedankenblasen im Comic-Stil vereinigen in sich die Vorzüge der visuellen Anschaulichkeit und Situationskomik mit den Vorzügen eines kontinuierlichen Handlungsablaufs und den Vorzügen vergeistigter Zuspitzung und Treffsicherheit durch sprachliche Begrifflichkeit. So ist es gewiß kein Zufall, daß die größten Cartoonisten unserer Zeit recht häufig zu diesem medienmischenden Ausdrucksmittel greifen.

Das Prinzip der Wiederholung beherrscht den Aufbau der Bildfolge wie den des Dialogs. Die Bilder zeigen durchgehend eine Figur, die bereits durch ihre grotesk verzerrte Nase zur komischen

Figur wird, indem die Ereignisse diese Nase immer weiter zu Boden ziehen, aber auch zur mitleiderregenden Figur. Die Dialoge mit fünf verschiedenen Bezugspersonen verstärken durch ihre Gleichförmigkeit und den stets negativen Ausgang den Eindruck der ständigen Wiederkehr des Gleichen und der ständigen Nichtbetroffenheit und „Nichtigkeit" des „Helden". Viermal muß er auf die Anerkennung zollende Frage „Ist das Ihr . . .?" eine negative Antwort geben und sich klein und unbedeutend vorkommen. Erst im fünften Dialog schlägt die Situation plötzlich um: Hier ist er der Betroffene, hier darf er mit „ja" antworten, hier wird ihm aber auch kein das Selbstbewußtsein erhöhendes Kompliment zuteil, sondern – grausame Ironie, das Schicksal wirkt hier pointenbildend! – ein Strafzettel für falsches Parken!

Ist dies gezeichnete Psychodrama in seiner Aussage nicht viel zu melancholisch und pessimistisch für einen Witz? Humor ist, wenn man trotzdem lacht! Der befreiende Sprung aus der Welt des Ernstes in die des Unernstes bedeutet nicht immer oberflächlich seichte Fröhlichkeit und lustige Thematik. Der komische Konflikt ist mit dem tragischen Konflikt verwandt und kommt ihm in seinem Grenzbereich nahe. Der Nasenmann im Cartoon bringt als unmittelbar Betroffener höchstens ein bitteres Lachen hervor. Der Witzrezipient hat mehr Distanz zum dargestellten Geschehen und kann über die Pointe lachen, über die überraschende Wende des Geschehens, die dann – zweite Überraschung! – inhaltlich gar keine Wende ist, sondern Fortsetzung der enttäuschenden und deprimierenden Erlebnisse des Unglücksrabens.

Damit ist die für das Verständnis der Witzrezeption sehr wichtige Frage bereits angesprochen, auf welchem Wege die Pointe vom Produzenten zum Rezipienten gelangt und welche Rolle dabei eventuell vorhandene Witzfiguren spielen.

Zunächst ist festzustellen, daß das Witz-Ereignis auf zwei verschiedenen Kommunikationsebenen stattfinden kann. Die erste Ebene ist die schon mehrfach erwähnte: jemand produziert oder reproduziert einen Witz (Witz-Produzent – W_P) und wendet sich dabei an Adressaten (Witz-Rezipient – W_R), die verstehen, akzeptieren und mit Heiterkeit antworten sollen:

$$W_P \longrightarrow W_R$$

Diese einfache Kommunikationsform (über den Witz, mit Hilfe des Witzes) finden wir in Texten, in denen ein Sachverhalt beschrieben, ein Geschehen erzählt wird:
35 000 Zuschauer machten ihrem Ärger Luft – allerdings am verkehrten Ende.

In anderen Witzen wird der Kommunikationsrahmen, der Kontakt zwischen Sprecher/Schreiber und Hörer/Leser hergestellt, z. B. durch direkte Anrede und die Form der Frage und Antwort:
Wußten Sie schon, daß eine Haftpflicht bei Zahnprothesen nicht besteht?
Was ist paradox? – Wenn ein Angeklagter sitzen muß, weil er gestanden hat.
Der Fragesatz steht hier freilich nicht für eine echte Fragehandlung. Der Sprecher will nicht wirklich eine Antwort haben, sondern Aufmerksamkeit auf sich lenken, Kontakt herstellen, das Thema angeben, unter Umständen sogar die Gedanken des Partners auf eine falsche Fährte schicken, damit die Antwort, die er selbst bereithält, um so überraschender wirkt:
Auf welche Weise ist der Kupferdraht entstanden? – Dadurch, daß zwei Schotten sich gleichzeitig nach einem Pfennig gebückt haben.

Die sogenannten Scherzfragen fordern bisweilen den Hörer durch ihren Rätselcharakter dazu auf, nach bizarren Lösungen zu suchen. Doch sind die in der Pointe hergestellten Zusammenhänge meist so willkürlich und überraschend, daß der einleitende Fragesatz nur als Aufforderungshandlung „Hör mal zu!" verstanden werden kann, ähnlich wie die generelle Aufforderungsformel „Kennst du den schon?":
Welcher Unterschied besteht zwischen einem Pfarrer und einem Wegweiser? – Keiner, beide zeigen den Weg an und gehen ihn nicht.
Es ist eigentlich weniger nach einem Unterschied, sondern nach dem schwer zu findenden Vergleichspunkt zu suchen. Die ungewöhnliche Perspektive, aus der bekannte Erscheinungen gesehen werden, deren Verfremdung tragen wesentlich zur Pointenbildung bei. Selbst die direkte Anrede des Zuhörers ändert bei solchen Texten nichts daran, daß die gestellten Fragen Scheinfragen sind, daß kein Dialog gesucht, nicht um Information gebeten, sondern Aufnahmebereitschaft für einen Witz hergestellt werden soll.

Im Witz können nun aber auch Witzfiguren als Rollenträger und Sprecher auftreten. Bleibt es bei einer einzigen Figur, so kann diese allenfalls einen Monolog führen, und das beschriebene Kommunikationsschema verändert sich nicht wesentlich:

Ein Junggeselle seufzt: „Wenn ihr Frauen nur wäret wie die Sterne! Die kommen am Abend und verschwinden am Morgen."

An sich ähnelt die Struktur dieses Witzes jener der Scherzfragen: „Welcher Unterschied besteht zwischen Frauen und Sternen? ..." Der eingeführte Junggeselle, sein Stoßseufzer und der Irrealis seines ersten Satzes schaffen einen Rahmen, in dem die Pointe noch besser sitzt und mehr Wirkung zu erzielen verspricht.

Zwischen Erzähler und Hörer ist also eine Person (Witzfigur = W_F) eingesetzt, über die der Erzähler seinen Witz besser anbringen, durch die er zum Hörer sprechen kann:

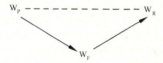

Komplizierter wird die Analyse des Kommunikationsgeschehens, wenn eine zweite Witzfigur auftritt und Verständigung nicht nur *über* den Witz, sondern auch in Form eines Dialogs *im* Witz gesucht wird:

Der Arzt hat lange den alten Tippelbruder untersucht. Nun wendet er sich mit ernster Miene an ihn: „Tscha, mein Lieber, es gibt keinen Zweifel, Sie haben die Wassersucht." Der Alte starrt den Arzt ungläubig an: „Doktorchen, keine Witze!"

Eine Witzfigur versteht die Worte der anderen falsch. In der Terminologie der Medizin wird „Sucht" vor allem als Verbalableitung zu „siechen" (= krank sein) verwendet und ist in dieser Bedeutung „Krankheit" Bestandteil vieler Zusammensetzungen wie „Bleichsucht, Gelbsucht, Schwindsucht" und auch „Wassersucht", der „krankhaften Ansammlung von wasserähnlicher, aus dem Blut stammender Flüssigkeit in Körperhöhlen, Gewebsspalten oder Zellen" [26]. Wer wie der Tippelbruder diese Krankheitsbezeichnungen nicht kennt, wird bei „Wassersucht" eher an Wörter wie „Tobsucht, Selbstsucht, Herrschsucht, Eifersucht, Sehnsucht" erinnert, in denen das Grundwort „Sucht" in der Bedeutung „krankhaftes Verlangen" erscheint, oder an die medizinische Verwendung des selbständigen Wortes „Sucht" in der Bedeutung „krankhaftes Verlangen nach Rauschgiften" (wie in „süchtig"). In diesem Sinne erwartet der Tippelbruder vom Arzt wohl eher die Diagnose „Alkoholsucht" als Wassersucht in der Bedeutung „krankhaftes Verlangen, Wasser zu trinken"! So können die Worte des Arztes dem Alten nur als schlechter Scherz, als nicht ernst gemeint, als „Witz" erscheinen, über den er gar nicht lachen, sondern sich nur wundern kann. Mit seiner Antwort „Doktorchen, keine Witze!" aber offenbart er sowohl dem Arzt wie auch dem Rezipienten gegenüber sein Mißverständnis, schafft er als Witzfigur die Pointe des Witzes. Hier ereignet sich also, nicht für den Alten, aber doch für den Arzt verständlich, der Witz schon im Witz, auf der zweiten Kommunikationsebene.

In anderen Fällen begreifen beide Witzfiguren die Pointe:
Herr Zeske ist passionierter Jäger. Als sein Tasso eingeht, kauft er sich einen neuen Schweißhund. Herr Schindler, der Verkäufer, versichert Zeske, es handele sich um einen absolut spurensicheren Jagdhund. Deshalb erscheint Zeske der ziemlich hohe Preis annehmbar. Zwei Wochen später jedoch schreibt Herr Zeske Herrn Schindler einen Brief: „Werter Herr Schindler, das W, das in Ihrem Namen fehlt, hat Ihr Schweißhund zuviel!"

Auch in diesem Fall muß freilich zwischen Gesamtwitz und Binnenwitz unterschieden werden. Der jeweilige Witzproduzent hat es mit verschiedenen Partnern zu tun (Herr Zeske mit Herrn Schindler, der kaum Freude an der Pointe haben wird – der Witzerzähler mit Zuhörern, die dem Wortspiel persönlich unbeteiligt gegenüberstehen). Auch übt der Erzähler über den Kontext, in den er den Binnenwitz einbettet, oft Einfluß auf die Wirkung des Witzes aus: Herr Schindler wird als Betrüger dargestellt, mit dem sich der Witzhörer schon deshalb nicht gern identifiziert. Lieber sympathisiert er mit Herrn Zeske und freut sich über dessen gelungene Rache, lacht den Herrn Schindler aus. In anderen Fällen, etwa bei unfreiwilligen Witzen, identifiziert sich der Hörer dagegen nicht mit dem Produzenten des Binnenwitzes, sondern lacht auf dessen Kosten zusammen mit den Rezipienten-Witzfiguren:

Dr. Stock hatte sich etwas verspätet, und die Unterrichtsstunde begann nicht pünktlich. Er glaubte, sich entschuldigen zu müssen: „Es kann ja auch mir mal was passieren..." Lächeln in der Klasse. *„...ich bin nämlich abgehalten worden..."* Lachen. *Jetzt wurde Dr. Stock wütend: „Wie die kleinen Kinder!"* Brüllendes Gelächter.

Bei der Analyse des Kommunikationsereignisses Witz müssen wir also grundsätzlich zwischen zwei Kommunikationsebenen unterscheiden, von denen K_2 in K_1 eingebettet ist und nicht nur herausgelöst, sondern besonders auch hinsichtlich ihrer Funktion für K_1 betrachtet werden muß: In welcher Weise wird die Verständigung zwischen Witzproduzent und Witzrezipient durch die dazwischentretenden Witzfiguren beeinflußt und gelenkt?

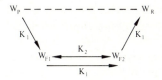

Die Textsorte Witz spiegelt einen komplexen kommunikativen Akt, der oft über die Vermittlung eines anderen kommunikativen Geschehens abläuft. Das Verhältnis zwischen beiden ist nähere Untersuchungen wert.

1.5 Witztypen

Eine Klassifizierung von Witzen ist nach sehr verschiedenen Gesichtspunkten möglich und gebräuchlich. Die verbreiteten Witzsammlungen in Buchform ordnen ihr Material meist inhaltlich, fassen Witze mit ähnlichen Motiven und Stoffen zu Gruppen zusammen.

So werden von der Thematik her oft sexuelle Witze, politische Witze, klerikale Witze, Mediziner-Witze in großen Kapiteln gemeinsam vorgestellt. Oder man stellt in kleineren Gruppen

Beispiele zusammen, die eine besonders geeignete Witz-Situation ausgestalten: Teppich-Witze, Nixen-Witze, Hochzeitsnacht-Witze, Insel-Witze, Potenz-Witze, Fernseh-Witze, Roboter-Witze usw.

Andere Anthologien sind nach verschiedenen Regionalwitzen und Lokalwitzen gegliedert: Schwabenwitze, Preußenwitze, sächsische Witze, Berliner Witze, Juden-Witze, Schottenwitze, Ostfriesenwitze. Dabei werden den Bewohnern dieser Regionen bestimmte Merkmale zugesprochen: dem Berliner die freche Schnauze, dem Schotten sein sprichwörtlicher Geiz, dem Ostfriesen seine Zurückgebliebenheit und Dummheit. Solche Witze sollen Lokalkolorit enthalten, den jeweiligen Stammesangehörigen charakterisieren, sind deshalb oft zugleich Dialektwitze. Stammeswitze werden meist über die Angehörigen eines Volksstammes gemacht, sie können aber auch von ihnen selbst gemacht sein.

Eine besondere Unterart bilden die regionalen Figurenwitze, bei denen sich die charakteristischen Merkmale auf eine bekannte Figur oder Figurengruppe konzentrieren: Klein Erna wie auch Hein und Fietje sprechen Plattdeutsch und vertreten den Hamburger Raum, Tünnes und Schäl die Stadt Köln, Graf Bobby das alte Wien der Jahrhundertwende.

Aber auch über Angehörige bestimmter Berufe, mit berufsspezifischen Klischees ausgestattet, wird so oft gelacht, daß sich ganze Witzsammlungen ergeben: Beamtenwitze (Faulheit), Professoren-Witze (Zerstreutheit), Arzt-Witze, Soldaten-Witze, Schüler-Witze, Pfarrer-Witze, Psychiater-Witze.

Über spezifische normabweichende Verhaltensweisen läßt sich natürlich nicht nur bei Angehörigen eines Berufsstandes lachen, sondern auch bei anderen sozialen Gruppen, besonders bei gesellschaftlichen Minderheiten: Irren-Witze, Behinderten-Witze, Neureichen-Witze, Nudisten-Witze, Homosexuellen-Witze.

Neben den mehr inhaltlichen Einteilungskategorien gibt es auch formale, die von Technik und Struktur der Witze abgeleitet sind: Bild-Witze, Sprach-Witze, Definitions-Witze, surrealistische Witze, absurde Witze, aber auch Kindermund-Witze (in denen Kindern etwas in den Mund gelegt wird, was ein Erwachsener sehr treffend findet, selbst aber nie sagen würde) und die große Gruppe der Tier-Witze (in denen menschliches Verhalten auf Tiere übertragen wird) mit ihren zahlreichen Unterarten, z. B. auch den

Häschen-Witzen, die Mitte der 70er Jahre plötzlich zu einer Modeerscheinung wurden.

Ebenfalls formal ist die alte, schon bei antiken Theoretikern übliche, aber auch umstrittene Einteilung der Witze in Sachwitze und Sprachwitze. Beim Sprachwitz soll die Pointe in der Form des Sagens, in der sprachlichen Ausdrucksweise, in der Formulierung begründet sein, so daß er nicht in eine andere Sprache übersetzt werden kann, ohne Entscheidendes zu verlieren:

Ein Schweizer, ein Schwabe und ein Berliner sitzen in einem Eisenbahnabteil. Der Schweizer wendet sich an den Berliner mit der freundlichen Frage: „Sind Sie schou z'Züri gsi?" Der Berliner kann mit dem letzten Wort nichts anfangen und fragt zurück: „Gsi?" Da greift der Schwabe hilfreich ein: „Er moint gwää."

Beim Sachwitz soll die Pointe im Inhaltlichen, im ausgesagten Sachverhalt liegen, nicht im Sprachlichen:

Ein Tourist fragt den Bürgermeister eines Dorfes: „Ist das Klima hier gesund?" „Und ob", versichert der Bürgermeister, „wir waren gezwungen, unseren ältesten Einwohner zu vergiften, um endlich den Friedhof einweihen zu können."

Für die sprachliche Formulierung des Sachwitzes oder Gedankenwitzes gibt es mehrere Möglichkeiten. Dieser Witztyp läßt sich auch leichter übersetzen. Freilich erfolgt die Unterscheidung nach dem simplen Schema von Form und Inhalt (man könnte den Sprachwitz auch Formwitz und den Sachwitz Inhaltswitz nennen), und es ist kritisch zu fragen, ob eine solche Trennung dem Witz als Textsorte angemessen ist und ob sie konsequent durchzuführen ist.

Einerseits ist Sprache nie inhaltsleer, sondern bezeichnet immer, auch noch beim billigsten Kalauer (= Wortverrenkung), einen Sachverhalt, eine Sache:

Stoßseufzer in einem katholischen Priesterseminar: „Die härteste Nuß ist doch die unbefleckte Empfängnuß!"

In der durch Klangassoziation hervorgerufenen Wortverdrehung wird ja ein gedanklicher Zusammenhang hergestellt: Man hat auch im geistig-geistlichen Bereich so manche harte Nuß zu knacken; große Schwierigkeiten bereitet dabei den intellektuell Redlichen das Dogma von der unbefleckten Empfängnis der Jungfrau Maria. Der Zusammenhang zwischen harter Baumfrucht und schwer zu glaubendem Lehrsatz wird durch das Wortspiel erst geschaffen. Dieser Gedanke, dieses Sachliche aber ist der Kern des „Sprachwitzes".

Andererseits ist jeder Witz, vom reinen Bildwitz abgesehen, auf Sprache angewiesen und an Sprache gebunden, sowohl als kommunikatives Ereignis wie auch als kommunikatives Mittel oder Ergebnis. Auch der „Sachwitz" ist in jedem Fall „das Resultat einer charakteristischen Sprachverwendung" [27]. Man kann Gedanken und Ausdruck nicht so trennen, daß man gedankengebundenen Witz vom sprachgebundenen abheben kann:

Ein Fremder bittet einen Berliner um Auskunft: „Ich möchte gern in den Zoo." – „Als wat?"

Kann man hier zur Not noch die Unterscheidung aufrecht erhalten, in dem man die Frage des Fremden als doppeldeutig auffaßt (Ich möchte den Zoo besuchen. – Ich möchte im Zoo auftreten, mich dort sehen lassen.) und den Witz dann als Sprachwitz klassifiziert, so ist in anderen Fällen eine Antwort auf die Frage schwer zu finden, ob es sich um einen Sach- oder Sprachwitz handelt:

Ein Pfarrer veranstaltet eine Sammlung zur Unterstützung eines Heimes für gefallene Mädchen. Doch eines seiner Gemeindeglieder weigert sich, etwas zu geben. „Wollen Sie wirklich nichts für die gefallenen Mädchen tun?" fragte der Pfarrer enttäuscht. „Doch, Hochwürden", sagt der Mann, „aber ich erledige das lieber direkt."

Der Sinn des Witzes erschließt sich erst über die besondere Aussage des Wortes „direkt". Das ist aber wohl kaum ein hinreichender Grund, hier von einem Sprachwitz zu reden. Allgemein gesagt: Die Pointe des Witzes ist an das Ausdrucksmittel gebunden. Als Text, als Sprachgebilde ist der Witz weniger durch den Gegenstand seiner Aussage, sondern durch die Art und Weise des Aussagens definiert: „zwischen der witzigen Denkstruktur und dem Adressaten, dem Hörer oder Leser, der den Witz erfassen soll, aktualisiert sich das Witzige durch eine spezifische Aussagetaktik" [28].

Eine wirklich sinnvolle und tragfähige Witz-Klassifikation sollte deshalb weder inhaltlichen noch äußerlich formalen Prinzipien folgen, sondern texttheoretischen und kommunikationstheoretischen. Wie ist die witzspezifische „Ausdruckstechnik des Verdeckens und verschwiegenen Zuverstehen-Gebens" [29] zu analysieren? Auf welche Weisen kann der Witz-Rezipient durch eine

Pointe auf eine zweite Sinnspur aufmerksam gemacht, auf einen zweiten Weg des Verstehens geschickt werden?

Einen Schritt in die richtige Richtung bedeutet *Sigmund Freuds* Einteilung. Er unterscheidet:

○ Witze mit sprachlicher „Verdichtung" [30], Verkürzung zweier Aussagen zu einer bei leichter Modifikation des Inhalts:

Wer im Glashaus sitzt, sollte nicht mit dem Zaunpfahl winken.

○ Witze mit „mehrfacher Verwendung des gleichen Materials" [31]:

Das Ehepaar X lebt auf ziemlich großem Fuß. Nach der Ansicht der einen soll der Mann viel verdient und sich dabei etwas zurückgelegt haben, nach anderen wieder soll sich die Frau etwas zurückgelegt und dabei viel verdient haben.

○ Witze mit „Unifizierung" [32], d. h. mit Herstellung eines engeren Zusammenhanges zwischen zwei Sachverhalten als gewöhnlich:

Serenissimus macht eine Reise durch seine Staaten und bemerkt in der Menge einen Mann, der seiner eigenen hohen Person auffällig ähnlich sieht. Er winkt ihn heran, um ihn zu fragen: „Hat Seine Mutter wohl einmal in der Residenz gedient?" „Nein, Durchlaucht", lautet die Antwort, „aber mein Vater."

○ Witze mit „Verschiebung" [33] des Akzentes auf ein anderes als das angefangene Thema:

Zwei Juden treffen in der Nähe des Badehauses zusammen: „Hast du genommen ein Bad?" fragt der eine. „Wieso?" fragt der andere dagegen, „fehlt eins?"

○ Witze mit der Technik des „Widersinns" [34], des Sinns im Unsinn:

Als dem Phokion einmal nach einer Rede Beifall geklatscht wurde, fragte er zu seinen Freunden gewendet: „Was habe ich denn Dummes gesagt?"

○ Witze mit „Darstellung durchs Gegenteil" [35], bei der ein „ja, aber" ein „nein" ersetzt:

„Er kann Geister beschwören?" – „Zu Befehl, aber sie kommen nicht."

○ Witze mit „Überbietung" [36], bei der sich ein vermeintlicher Widerspruch als Bestätigung erweist:

Ein Jude bemerkt Speisereste am Bart des anderen: „Ich kann dir sagen, was du gestern gegessen hast." – „Nun sag'!" – „Also Linsen." – „Gefehlt, vorgestern!"

○ Witze mit „Darstellung durch Zusammengehöriges oder Zusammenhängendes" [37], vom bloßen Anklang bis zur Gleichheit bis auf eine leichte Modifikation:
Wer schläft, kündigt nicht.

Die Systematik dieser Einteilung ist sicher nicht vollständig, auch in manchen Einzelheiten nicht ganz überzeugend. Schließlich darf man sogar bezweifeln, daß *Freud* damit, wie er selbst behauptet, „die häufigsten und wichtigsten technischen Mittel der Witzarbeit" [38] erfaßt hat. Immerhin hat er die Aussagetechnik als Einteilungsprinzip gewählt und geprüft, mit welchen Mitteln jeweils die Pointen aufgebaut werden. Die Entwicklung der Sprach- und Textwissenschaft erlaubt uns heute, nicht bei der Untersuchung sprachlicher Mittel stehenzubleiben, sondern zu fragen, welche Funktion diese Mittel übernehmen, in welchen Kommunikationshandlungen sie anzutreffen sind.

Wir haben den Witz als kommunikatives Ereignis zwischen Produzent und Rezipient wie auch als Textsorte in diesem Kommunikationsrahmen definiert. Welche Handlungen werden von diesen beiden Partnern eigentlich vollzogen, welche Beziehung wird über den Witz zwischen ihnen hergestellt?

Wir haben außerdem sowohl den komischen Konflikt wie auch die Pointe, also beide Grundelemente des Witzes, semantisch interpretiert und festgestellt, daß beide durch die Struktur der Doppeldeutigkeit und Gegensinnigkeit gekennzeichnet sind (Norm und Normabweichung; Überlagerungsstelle zweier Sinne). Wie werden die sich dadurch ergebenden semantischen Turbulenzen in gelingende Verständigungsprozesse integriert? Welche typischen Verständigungsformen, welche Sprachhandlungsmuster ergeben sich?

Wir wollen im folgenden fünf Grundformen des Witzes vorstellen, die sich bei Beantwortung der sprachhandlungstheoretischen Frage ergeben: Was tun die Kommunikationspartner, wenn sie sich im Witz und mit Hilfe des Witzes verständigen? Es sind der Fehleinschätzungs-Witz, der Mißverständnis-Witz, der Anspielungs-Witz, der Enthüllungs-Witz und der Übertreibungs-Witz. Mit diesen fünf Witztypen und eventuellen Varianten sollte sich eine überschaubare Klassifikation durchführen lassen.

„Die Stadtverwaltung läßt sich ja einiges einfallen gegen die Umweltverschmutzung".

Der *Fehleinschätzungs-Witz* ist dadurch gekennzeichnet, daß die erste Aussage des Witzes einen Gegenstand, einen Sachverhalt oder eine Situation unserer realen (oder nur gedachten, vorgestellten) Wirklichkeit bezeichnet, die zweite Aussage eine unangemessene, fehlerhafte Einschätzung dieser Wirklichkeit.

Die Figuren dieser Witze irren sich. Sie machen Fehler, täuschen sich in der Beurteilung ihrer Umwelt, ziehen falsche Schlüsse, gehen bei ihren Überlegungen und Handlungen von falschen Voraussetzungen aus. Das geschieht freilich immer so, daß der Witzrezipient die Ursachen für die jeweilige Fehleinschätzung erkennen kann. Erst dann hat er die Pointe verstanden, nämlich die genaue Beziehung zwischen den beiden Witzaussagen erfaßt. Erst dann kann er über den Witz lachen. Ob Zeichner oder Autor, beide müssen durch Herstellung einer ungewöhnlichen Analogie (Hut des Bettlers – Aschenbecher der Stadtverwaltung; Hörrohr – Blasinstrument) eine Verwechslung einerseits nahelegen, andererseits grotesk erscheinen lassen:

Ganz feines Sinfoniekonzert. Der Saal ist bis auf den letzten Platz besetzt. Eine alte Dame kommt kurz vor Beginn angehastet, mit einem Hörrohr in der Hand. Da zischt der Türschließer: „Einen Ton auf dem Ding, und Sie fliegen raus!"

Nicht immer liegt eine echte Fehleinschätzung vor. In manchen Witzen wird sie nur spielerisch erwogen oder aus taktischen Gründen vorgetäuscht:

Mary hat auf der linken Seite ihres Pullovers ihren Namen eingestickt. Ein junger Mann erkundigt sich neugierig: „Verzeihen Sie bitte, aber wie heißt die andere?"

In anderen Witzen wird eine Fehleinschätzung absichtlich herbeigeführt. Gerade in solchen Fällen mischt sich in die Freude am Witz oft auch eine Portion Schadenfreude („Der hat ihn aber gut hereingelegt.") und Überlegenheitsgefühl („Das könnte mir nicht passieren!"):

Es ist Mittagsrast beim Schulausflug. Ein Geizkragen sitzt in der Wirtschaft bei einem Glas Limonade. Da muß er dringend mal raus. Weil er Angst hat, es könne ihm jemand die Limonade austrinken, schreibt er auf einen Zettel: „Ich habe reingespuckt." Als er zurückkommt, steht darunter: „Ich auch."

Der Geizkragen will seine Mitschüler täuschen, sie mit einem Trick an der Nase herumführen. Ihm gönnt es der Witzrezipient, daß ein gescheiter Mitschüler den Geizkragen mit dessen eigenen Waffen schlägt, ihn vor die quälende Ungewißheit stellt: Hat der andere nun wirklich reingespuckt oder wie ich nur vorgegeben, es getan zu haben?

„Das soll ein Ameisenhaufen sein? Glaube ich nie, daß so kleine Tierchen so große Haufen machen."

Der *Mißverständnis-Witz* beruht eigentlich auch auf einer Fehleinschätzung, allerdings nicht der Fehleinschätzung von irgend etwas, sondern immer der Fehleinschätzung einer kommunikativen Handlung: ein Verständigungsversuch zwischen Partnern mißlingt. Eine Person meint etwas (nämlich die eine Bedeutung der Witzaussage), die andere Person versteht gar nichts oder etwas ganz anderes, als die erste gemeint hat (die andere Bedeutung):

Am Telefon: „Hier Schuhhaus Tritt!" – „Oh, ich fürchte, ich habe die falsche Nummer gewählt." – „Macht nichts, wir tauschen um."

Die Pointe beruht also überall auf der Spannung zwischen Gemeintem und Verstandenem. Ursache des Mißverständnisses ist oft ein mehrdeutiger Ausdruck (Wort, Wendung, Satz), den der eine Partner in der einen, der andere in einer anderen Bedeutung verwendet. („Ameisenhaufen" – „Nummer"):

Ein Mann reist zum ersten Mal mit dem Flugzeug. Die Stewardeß verteilt beim Start Kaugummi und erklärt auf seinen fragenden Blick: „Das ist für die Ohren." Das Flugzeug fliegt. Nach einer Weile zupft der Mann die Stewardeß verstohlen am Ärmel: „Ach bitte, können Sie mir sagen, wie ich den Kaugummi wieder herauskriege?"

Oft ereignet sich ein Mißverständnis aufgrund eines unbekannten Fremdwortes, das mit einem anderen verwechselt wird:

Der Ferdinand ist mit seiner Frau im Theater. Nach ein paar Minuten beugt sie sich zu ihm hinüber: „Die Akustik ist ganz schlecht hier." Der Ferdinand sitzt einen Moment still, dann flüstert er zurück: „Ja, jetzt riech' ich's auch."

Eine Aussage ist in gekürzter Form mißverständlich oder in der Situation, in der sie gebraucht wird:

Pohlemann geht in ein Textilgeschäft. „Ich möchte ein paar Unterhosen." Der Verkäufer verbeugt sich und fragt: „Lange, mein Herr?" Da empört sich Pohlemann: „Was für eine dumme Frage! Ich will die Hosen kaufen und nicht mieten!"

Manchmal werden auch nur die mit einer Äußerung verbundenen Absichten verkannt oder die in einer Aussage versteckten, stillschweigend angenommenen Voraussetzungen und die mit ihr verbundenen Bedingungen oder die aus den Worten abzuleitenden Konsequenzen. Dabei kann gerade auch der Versuch, Mißverständnisse zu vermeiden, dazu führen, daß jemand sich im Netz der Sprache verhaspelt und verfängt:

Zwei Freunde, die sich seit Jahren nicht gesehen haben, treffen sich. Der eine fragt, wie es der Frau des anderen gehe. „Oh, natürlich, das kannst du ja nicht wissen", antwortet der andere, „Doris ist im Himmel." – „Das tut mir aber leid", sagt der erste, dann aber, weil er fürchtet, sein Freund könne die Bemerkung falsch deuten: „ich meine natürlich, ich freue mich." Sein Freund ist über diese Bemerkung nun wirklich etwas schockiert, deshalb fügt der erste schnell noch hinzu: „Also, ich meine natürlich, ich bin überrascht."

In manchen Fällen ist klar, in vielen Fällen aber auch schwer zu entscheiden, ob ein wirkliches oder ein nur spielerisch erwogenes Mißverständnis (die Möglichkeit wird dem Partner vor Augen geführt) oder gar ein vorgetäuschtes Mißverständnis vorliegt:

Der junge Beamte erhält seine erste Gehaltsabrechnung nebst einem gedruckten Begleitzettel: „Ihr Gehalt ist eine vertrauliche Sache, über die Sie mit niemandem reden dürfen." Er schickt den Zettel mit einem handschriftlichen Vermerk zurück: „Werde mit niemandem darüber sprechen. Bin darüber genauso beschämt wie Sie."

Aus oft durchsichtigen Gründen kann man sich auch absichtlich mißverständlich ausdrücken, bei anderen ein Mißverständnis hervorrufen, mit den beiden möglichen „Lesarten" der eigenen Worte spielen wie ein Jongleur:

„Sind diese Blumen künstlich?" – „Natürlich." – „Natürlich?" – „Nein, künstlich." – „Ja, zum Donnerwetter, sind sie nun künstlich oder natürlich?" – „Natürlich künstlich."

So sind der Vielfalt und dem Nuancenreichtum des Mißverständnis-Witzes, dieser großen und wichtigen Gruppe, kaum Grenzen gesetzt.

Der *Anspielungs-Witz* bildet eine kaum weniger bedeutende Gruppe als der Mißverständnis-Witz: Jemand (eine Witzfigur oder der Witz-Produzent unmittelbar) zielt mit einer ersten Aussage/Bedeutung des Witzes auf eine versteckte zweite Aussage/Bedeutung (z. B. Stecker und Steckdose auf Geschlechtsverkehr).

Zwei Männer sitzen im Wirtshaus und streiten. „Ich möchte wissen, was dich noch von einem Idioten trennt!" – „Nur der Tisch!"

Anders als beim Mißverständnis ist hier keine der beiden Bedeutungen falsch, sondern das Doppelverständnis der Aussage ist gewollt. Der Rezipient (u. U. auch die zweite Witzfigur) soll aus

der rasch zu erfassenden, vordergründigen Bedeutung auch die zunächst verborgene erschließen, denn auf sie kommt es gerade an, sie erst bringt die Pointe.

Mit Hilfe von Aussagen, die in zweifacher Weise verstanden werden sollen, werden Zusammenhänge angedeutet, die der Rezipient dann vollends herstellen muß, wird auf Sachverhalte angespielt, die offen anzusprechen man sich scheut. Der Doppelverständniswitz ist also ein Musterbeispiel für die indirekte Aussage, für den Fingerzeig, den Wink, den versteckten Hinweis:

Auf der Diözesensynode wird der chronische Mangel an Pfarrhaushälterinnen beklagt. „Das liegt an unseren vorsintflutlichen Berufsbezeichnungen", sagt ein Teilnehmer. „Pfarrhaushälterin, Pfarrköchin oder gar Häuserin – wer will denn sowas schon werden? Wir müssen einen attraktiven, modernen Titel finden. Ich schlage vor: Zölibatessen."

Die Gründe dafür, daß man etwas nicht gerade heraus sagen mag, können sehr verschieden sein: Man erspart sich und anderen Peinlichkeiten, oder man trifft den anderen mit dem feinen Hintersinn der Worte ganz besonders hart. Man schießt vergiftete Pfeile ab, die im anderen noch lange nachwirken, wenn er sich verspottet oder verletzt fühlt, wenn er darüber nachdenkt, ob eine Aussage „nur so" oder „auch so" gemeint war:

„Oh, habe ich heute nicht sehr schlecht gesungen?" – „Aber nein, Gnädigste haben noch nie besser gesungen!"

Auch die Technik der Anspielung ist abwechslungsreich: Mehrdeutige Wörter, Wendungen, Sätze können ganz bewußt mit ihrem Nebensinn eingesetzt werden. Andere Aussagen schließen implizit Voraussetzungen und „Vorgeschichten" oder Konsequenzen und „Nachgeschichten" ein, bestimmte Ursache-Folge-Zusammenhänge, die man erschließen kann, die stillschweigend „mitgesagt" werden, die man sich „ausmalen" kann:

Zwei kleine Jungen stehen vor der Kirche. Als ein Brautpaar herauskommt, sagt der eine: „Du, soll ich die mal erschrecken? Ich rufe: Papa, Papa!"

Manchmal werden Aussagen vom Gesprächspartner aufgenommen und so fortgeführt, daß sich durch Assoziation einer Nebenbedeutung überraschende Sinnwendungen ergeben. Auf solche Weise können Aussagen in ihrem Inhalt total verändert, umgebogen werden: Durch semantische Verschiebung, Wörtlichnehmen von Vergleichen und Metaphern, Unterstellung anderer Voraussetzungen und Wertungen:

Ein Arzt klagt seinem Freund: „Wir Ärzte haben viele Feinde in dieser Welt." – „Ja, und noch mehr in der anderen."

Schließlich kann ein Verhalten von Menschen durch eine veränderte Einschätzung der Absichten und Wirkungen oder durch eine Verlagerung in eine andere Umgebung umgedeutet werden. Ebenso sind Umdeutungen eines Sachverhalts möglich und im Witz beliebt: etwas wird unter Sinnverlagerung neu bezeichnet, überraschende Zusammenhänge werden behauptet oder aufgezeigt, die Blickrichtung auf einen Sachverhalt wird verändert, eine Erscheinung wird umgewertet:

Erich zu Erika: „Wollen wir den Abkürzungsweg durch den Wald nehmen?" „Nein", antwortet Erika, „heute hab' ich's eilig."

„Beruf?"

Der *Enthüllungs-Witz* basiert wie der Anspielungs-Witz auf dem Doppelverständnis einer Aussage, wobei die zweite Bedeutung etwas vorher Verborgenes aufdeckt. Hier ist die „Anspielung" aber nicht gewollt, geschieht unabsichtlich und trifft nicht den Gesprächspartner, sondern den Sprecher selbst, rückt ihn in ein schlechtes Licht. Die Pointe geht sozusagen nach hinten los. Der Sprecher legt nicht einen anderen herein, sondern – ohne es zu wollen, oft ohne es überhaupt zu merken – sich selbst.

Durch diese „Selbstüberlistung" enthüllt er eigene Schwächen, stellt sich in unfreiwilliger Komik bloß:

„Idioten, sen dat Tiere?" fragt Schäl. „Quatsch", antwortet Tünnes, „Mensche wie du ond ech."

So macht man sich lächerlich, wenn man die Mehrdeutigkeit einer eigenen Aussage übersieht, wenn man nicht merkt, welche unangenehmen Rückschlüsse oder Annahmen sie zuläßt, ja geradezu provoziert. Ähnliches geschieht, wenn eine vorangehende Äußerung durch eine folgende in ihrer Bedeutung zu einer Anspielung umgebogen wird oder wenn ein Verhalten oder ein Sachverhalt dadurch umgedeutet wird, daß die Doppelbedeutung zunächst übersehen, dann aber ans Licht gerückt wird:

„Liebling", sagt der junge Mann zu seiner Frau, „ich glaube, im ganzen Ort gibt es nur eine einzige Frau, die ihrem Mann treu ist . . ." – „Wirklich? Wer soll das denn sein?"

Enthüllt wird oft die Naivität, ja die Dummheit einer Person. Die „Anspielung" zielt darauf, daß die Figur etwas nicht verstanden, Zusammenhänge nicht erfaßt hat oder eine unsinnige Umdeutung eines Sachverhalts vorgenommen wird. Für die Pointenbildung ist dabei das Verhältnis von tatsächlichem Sachverhalt (bzw. realer Wirklichkeitserfahrung) und seiner Umdeutung wichtig: Gerade der Extremfall des Irrenwitzes macht deutlich, daß auch die Idiotie einer inneren Logik folgt, daß im Unsinn ein Sinn, eine immanente Folgerichtigkeit enthalten ist. Sie zu entdecken heißt: die Pointe des Witzes erfassen.

Zwei Irre fahren mit dem Omnibus und kommen an einer Straßenuhr vorbei, auf der es 8.20 Uhr ist. Zufällig geht diese fünf Minuten vor. Die nächste Uhr zeigt 8.15 Uhr. Der eine Irre macht große Augen. Als dann die dritte Uhr zufällig fünf Minuten nachgeht und 8.10 Uhr anzeigt, springt er auf und sagt zu seinem Kollegen: „Komm schnell raus! Wir fahren in der verkehrten Richtung."

So lacht man zwar über die „Kurzschlüssigkeit" des Denkens, kann den Torheiten der Welt aber eine gewisse „Schlüssigkeit" und Konsequenz nicht absprechen, ihnen eine gewisse Sympathie nicht versagen.

Der *Übertreibungs-Witz* erzielt seine Wirkung aus der Spannung zwischen tatsächlicher und angenommener, in der Darstellung geschaffener Wirklichkeit. Der Witz übertreibt bestimmte Erscheinungen und Merkmale unserer Erfahrungswelt („überzeichnet" sie wie die Karikatur) und verzerrt sie bis ins Groteske:

„Sag mal", fragt Erich seinen Freund, „redet deine Frau immer noch so viel?" – „Und ob! Im Urlaub hat sie sich einen Sonnenbrand auf der Zunge geholt."

Es ist eine deutliche Steigerung festzustellen: Zunächst erfolgt die Verzerrung durch Übertreibung von realer Wirklichkeit. So werden Eigenschaften, Fehlverhaltensweisen, Mängel aufgezeigt und bis ins Unwahrscheinliche hinein überzogen (z. B. Schotte als

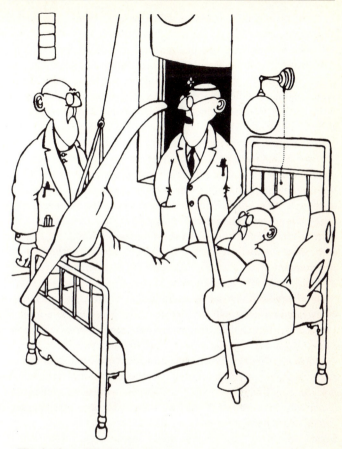

*"Was heißt: in Eile gewesen?
Das ist doch wohl keine Entschuldigung!"*

Prototyp des Geizigen). Beim Übertrumpfungswitz geschieht das Schritt für Schritt; jeder will seinen Vorredner übertreffen:

In der Bahn klagen drei Frauen über den Rückgang des Kirchenbesuchs. "In unserer Gemeinde", sagt die eine, "sitzen manchmal nur dreißig bis vierzig Leute zusammen." – "Das ist noch gar nichts", sagt die zweite, "wir sind oft nur zu fünft oder sechst." – "In unserer Gemeinde ist es noch schlimmer," berichtet die dritte: "Immer wenn der Pfarrer sagt ‚geliebte Gemeinde‘, werde ich rot."

Schließlich aber geht die Unwahrscheinlichkeit in Unmöglichkeit über. Absichtlich oder unabsichtlich werden die Möglichkeiten unserer Realität verkannt, werden ihre Gesetze und Normen auf den Kopf gestellt, Regeln der Logik (absurder Witz) und der Moral (makabrer Witz, Sexualwitz) außer Kraft gesetzt. Für die Pointenbildung ist dabei wieder wichtig, daß das in sinnvoller, nicht in unsinniger Weise geschieht. Der Unmöglichkeitswitz begnügt sich nicht mit der Darstellung absoluten Blödsinns, sondern er enthält Sinn, gehorcht innerer Folgerichtigkeit:

Drei Maler erzählen sich von ihrer Arbeit. „Neulich", sagt der eine, „neulich habe ich ein kleines Holzbrett so täuschend ähnlich marmoriert, daß es später, als ich's in den Fluß warf, sofort untersank wie ein Stein." – „Pah", sagt der zweite, „gestern hängte ich ein Thermometer an meine Staffelei mit der Polarlandschaft. Das Quecksilber fiel sofort auf zwanzig Grad unter Null." – „Das ist alles nichts", bemerkt der dritte Maler, „mein Portrait eines prominenten New Yorker Millionärs ist so lebenswahr, daß es zweimal in der Woche rasiert werden muß."

Der Weg führt von der Verzerrung unserer Welt zur Errichtung eines Stücks Gegenwelt mit abweichenden Normen. Die innere Logik dieser fremden, freilich zu den unsrigen in klarer Beziehung stehenden Normen ist die zunächst verborgene zweite Bedeutung/Aussage des Witzes. Der völlig absurde Witz ist insofern eine Ausnahme, als in ihm mit der spontanen Suche des Rezipienten nach Sinn im Unsinn gerechnet und gespielt wird, diese Suche aber überraschenderweise ergebnislos abläuft, bis der Hörer/Leser merkt, daß die Pointe eben im Fehlen des erwarteten Sinnes liegt. Entschädigt wird er dann aber meist durch besonders komische Vorstellungen, die durch den Witzinhalt in ihm wachgerufen werden:

Zwei Kamele im Keller sägen Heizöl. Fragt das eine: „Ist morgen Weihnachten?" Antwortet das andere: „Ist mir ganz egal. Ich gehe da sowieso nicht hin."

1.6 Funktionen des Witzes

Was leistet der Witz als kommunikatives Ereignis bzw. als Kommunikationsmittel? Welche Wirkungen gehen von ihm auf Produzenten und Rezipienten aus?

Unmittelbar zu beobachten ist die Reaktion des Lachens, ein psycho-motorischer Vorgang, eine erruptiv-zwanghafte emotionale Ausdrucksbewegung (insofern verwandt mit dem Erröten, Erblassen), bei der Respirationsluft ausgestoßen, Stimmbänder in Schwingung versetzt und Gesichtsmuskulatur zur Mimikbildung angeregt werden. Lachen ist eine typisch menschliche Ausdrucksform für Gefühle (menschliches Monopol wie das Weinen), im Unterschied zur artikulierten Sprache nicht diszipliniert, dem Schrei verwandt. Wer lacht, verliert in gewisser Weise für einen Augenblick die Beherrschung über die Situation und über sich selbst.

Psychologisch dient der Witz, dient das Lachen über den Witz dem *Ausgleich von Spannungen*. Dieser Ausgleich wird lustvoll empfunden, als Befreiung, und mündet in heitere Gelassenheit.

Die beseitigten Spannungen haben mancherlei Ursachen und gehen in verschiedene Richtungen. Sie stehen in Zusammenhang mit Technik und Tendenz des Witzes. Im Bereich der Witztechnik ist es einmal der überraschende Zusammenbruch einer aufgebauten Erwartungshaltung, der den Witzrezipienten momentan frustriert, enttäuscht, bis sich diese Spannung bei Entdeckung der Pointe löst.

Zum zweiten schafft das gleichzeitige Reden *in* und *gegen* Sprache im Witz, die Entdeckung des Rezipienten, daß er ein doppeltes Verhältnis zur Sprache hat, Spannungen: Weil mehrere Bedeutungen mit Hilfe eines sprachlichen Ausdrucks von besonderer Prägnanz so in eins gesetzt werden, daß sie sich überlagern, zugleich bestehen, aber sich eben nicht verdrängen, findet eine paradoxe, spannungsgeladene Form des Verstehens statt: Der Rezipient versteht den Textsinn *durch* den Ausdruck, er versteht ihn aber gleichzeitig *gegen* den Ausdruck [39].

Die Aussagetechnik des verschweigenden Zuverstehen-Gebens, des verdeckenden Aufdeckens, hat Spiel- und Rätselcharakter. Gepaart mit dem Moment der Überraschung zwingt diese Redeweise zum Nachdenken, zum Suchen der „Lösung". Ist sie gefunden, das Rätsel gelöst, so weicht die Spannung der Befriedigung: der nicht jedermann, aber – gottlob! – einem selbst zugängliche intellektuelle Kitzel wird genossen.

Im Bereich der Witztechnik schafft aber nicht nur die Pointe, sondern auch der komische Konflikt Spannungen. Sozialisation des Menschen heißt von früh an Erziehung zur Anpassung an gesellschaftliche Konventionen, Verinnerlichung bestehender Normen. Komik als Normverstoß, als Außerkraftsetzung anerkannter Regeln, als Verletzung von Tabus, muß zwangsläufig irritieren, verunsichern, zur Entscheidung aufrufen, ob man als Rezipient den Normverstoß billigen oder ablehnen will. Lachen heißt hier Zustimmung, heißt also auch: Bewältigung einer spannungsgeladenen Situation.

Inhaltlich reicht die jeweilige Komik schon in den Bereich der Witztendenz hinein. Für *Freud* befriedigt der Witz elementare Triebe des Menschen, hat Ventilfunktion für aufgestaute Triebregungen. Das Lachen über den tendenzlosen, den „harmlosen" Witz (z. B. nur durch ihre Technik entzückende Schüttelreime) setzt angeblich die spielerische Lust des „Rest-Kindes" im Erwachsenen frei, die seit der Kindheit verdrängt ist. Das Lachen über den tendenziösen Witz – vor allem den feindseligen und den obszönen – ist dagegen ein wahrer Ausbruch befreienden Lachens. Der tendenziöse Witz „ermöglicht die Befriedigung eines Triebes (. . .) gegen ein im Wege stehendes Hindernis, er umgeht dieses Hindernis und schöpft somit Lust aus einer durch das Hindernis unzugänglich gewordenen Lustquelle" [40].

Erziehung und Gesellschaft fordern, daß normalerweise vielen Triebregungen nicht nachgegeben wird, daß viele Gedanken, Vorstellungen, Gefühle, Wünsche blockiert, aus dem Bewußtsein ausgesperrt, verdrängt werden. Eine solche Verdrängung erfordert psychischen Aufwand, Hemmungsaufwand. Nach *Freuds* Theorie besteht das Geheimnis der Lustwirkung des tendenziösen Witzes darin, daß er „Ersparung an Hemmungs- und Unterdrückungsaufwand" [41] ermöglicht: Für einen Augenblick ist es erlaubt, sich auf die ins Unbewußte abgesunkenen sexuellen und aggressiven Wünsche einzulassen.

„Bei mir ist heute abend Gruppensex. Hast du mit deiner Frau Lust mitzumachen?" – „Ja, gern. Wie viele sind wir denn?" – „Mit dir und deiner Frau drei."

Wenn der so lang wäre wie doof, dann könnt' er kniend aus der Dachrinne saufen!

Das moralisch Anrüchige darf verhüllt sichtbar gemacht, das Objekt unseres Hasses ohne Rücksicht auf Gebote der Höflichkeit lächerlich gemacht werden. Die sonst zur Hemmung aufzuwendende Kraft wird frei und im Lachen abgeführt. Erleichterung und Lustgewinn entsprechen dem ersparten Kraftaufwand.

So überzeugend diese Theorie für den tendenziösen Witz erscheint – wir werden ihr noch weiter nachgehen –, so fragwürdig ist die Theorie des ersparten Aufwands beim harmlosen Witz. Dort tritt an die Stelle des ersparten Hemmungsaufwandes angeblich ein ersparter Kraftaufwand, der für umständliche Gedankenarbeit notwendig wäre. Hier betont *Freud* die Verkürzung und Verdichtung in der Ausdruckstechnik des Witzes: Wir brauchen einen angefangenen Gedankengang nicht bis zum Schluß zu verfolgen und nachzuvollziehen, denn er bricht vorzeitig und überraschend ab. Hier ist aber kritisch zu fragen, ob der durch den „Kurzschluß" ersparte psychische Aufwand nicht geringer zu veranschlagen ist als der zusätzlich aufzubringende intellektuelle Aufwand, der nötig ist, die Pointe zu erfassen, die verkürzte indirekte Aussage überhaupt zu „kapieren". Das Mitgemeinte, gegensinnig Intendierte ist nämlich schlicht geradlinigem Verstehen entzogen. Hier überzeugt wohl eher die Theorie des intellektuellen Genusses spielerisch verschlüsselter Aussageweise.

Zurück zum tendenziösen Witz! Er verstößt gegen die das menschliche Zusammenleben regulierenden Normen konventioneller Sprach-, Denk- und Handlungsmuster. Gleichzeitig bestätigt und verstärkt er aber deren grundsätzliche Geltung, denn die Durchbrechung ist immer nur momentan und spielerisch.

Das zeigt sich beim politischen Witz, der besonders in diktatorisch regierten Ländern, in totalitären Systemen gedeiht. Einerseits ist er aggressiv, entsteht unorganisiert als kollektiver Volkswitz aus dem Gefühl des Unbefriedigtseins oder gar aus aufgestautem ohnmächtigen Haß, jedenfalls aus innerer Abwehr bestimmter politischer Zustände und ihrer Träger. Er ist Angriffswitz, will kritisieren, verneinen, den Boden für eine Veränderung bereiten:

Was ist der Unterschied zwischen Kapitalismus und Sozialismus? Im Kapitalismus beutet der Mensch den Menschen aus. Im Sozialismus ist es umgekehrt.

„Bevor ick mir hängen lasse, glob ick an den Endsieg", sagt der Berliner.

„Heil Hitler!" – „Bin ich Psychiater?"

Andererseits wird die Ventilfunktion des politischen Witzes von den Herrschenden geschätzt. Er kann organisierter Verteidigungswitz sein, der Propagandazwecken dient, indem er aufgestaute Aggressionen in der Bevölkerung kanalisiert und zu einer für das Regime relativ ungefährlichen Entladung gelangen läßt. Aufgestauter Unmut konzentriert sich auf die komische Seite sonst ernst genommener und gefürchteter Personen und staatlicher Einrichtungen:

Was ist der Unterschied zwischen Ludwig XIV., Friedrich dem Großen und Hermann Göring? – Ludwig XIV. sagte: „L'état c'est moi." Friedrich der Große sagte: „Ich bin der erste Diener meines Staates." Hermann Göring sagt: „Mit mir könnt ihr Staat machen."

Ist es manchmal auch ein bitteres Lachen, das den politischen Witz begleitet, so verleiht er dem Unterdrückten doch eine Position geistiger Überlegenheit über den Unterdrücker, trägt dazu bei, daß trotz des Bewußtseins eigener Ohnmacht das seelische Gleichgewicht wiederhergestellt wird.

Aggressiv ist auch der Minderheiten-Witz, dessen Aussage in irgendeiner Form zur Situation von Gruppen innerhalb einer Gesellschaft – meist handelt es sich um ethnische Gruppen – Bezug nimmt. Es kann sich dabei um quantitative Minderheiten (z. B. Ostfriesen) oder um qualitative Minderheiten (z. B. Homosexuelle, Stotterer) handeln. Jedenfalls werden die besonderen Eigenheiten dieser Gruppe (normabweichende Verhaltensweisen; sprachliche, kulturelle, religiöse Traditionen) von der Mehrheit als eigentümlich und „unnormal" abqualifiziert. Die Mehrheit distanziert sich, lehnt die Normabweichung ab, baut Vorurteile auf, diskriminiert die Minderheit, indem sie sie lächerlich macht und durch den Witz verurteilt. All das dient der Bestätigung und Festigung der Norm und der Normalität der Mehrheit, steigert das Selbstbewußtsein der Wir-Gruppe.

Wie viele Ostfriesen braucht man, um eine Kuh zu melken? – Vierundzwanzig. Vier halten die Zitzen, zwanzig heben die Kuh rauf und runter.

Zwei Reisende sitzen sich im Zug gegenüber. Sie fahren durch eine herrliche Landschaft am Rhein entlang. Als sie gerade an einer großartigen Burg vorbeikommen, sagt der eine, ein Stotterer, mit bewunderndem Blick: „Im – po – po – sant!" Darauf sein Gegenüber: „Ach, das muß aber unangenehm sein."

Nun gibt es nicht nur Witze der Mehrheit über die Minderheit, sondern auch solche der Minderheit über sich selbst. Es kann sich dabei um eine Form der Selbstkritik handeln, bei der Eigenheiten ironisch und kritisch hinterfragt werden. Es kann sich aber auch (und manchmal zusammen mit der Selbstkritik) um die Festigung von Gruppenbewußtsein und Solidarität durch Besinnung auf die eigenen Besonderheiten und zugegeben Schwächen handeln.

Das beste Beispiel für einen solchen Minderheitenwitz mit Paarung von ironischer Selbstkritik und auf Religion und Tradition beruhendem Selbstbewußtsein ist der im zaristischen Rußland des 18. Jahrhunderts entstandene Judenwitz:

Herrlicher Schinken in der Auslage des Delikatessengeschäftes. Kohn, schwach werdend, geht hinein und fragt: „Was kostet der Schinken?" In diesem Augenblick ertönt ein furchtbarer Donnerschlag. Blickt Kohn zum Himmel empor und sagt: „Na, was is? Fragen wird ma doch dürfen!"

Chassid: „Ich will euch ein Wunder von meinem Rabbi erzählen. Wir waren auf einer offenen Bauernfuhre unterwegs, da begann es zu gießen. Die Leute jammerten, aber der Rabbi breitete die Arme aus – und was soll ich euch sagen? Es regnete links vom Wagen, es regnete rechts vom Wagen – und in der Mitte, wo der Wagen fuhr, blieb alles trocken!" Der Mitnaged (Gegner des Chassidismus): „Das ist noch gar nichts gegen das Wunder, das ich mit einem Rabbi erlebt habe. Wir saßen miteinander im Zug, und die Strecke war durch Schneewehen gesperrt. Es war schon spät am Freitagnachmittag. Endlich fuhr der Zug wieder. Inzwischen aber begann es zu dämmern (der Sabbat beginnt bei den Juden am Freitagabend, und am Sabbat darf man nicht fahren), die Juden im Zug fingen an zu jammern ... Da breitete der Rabbi die Arme aus, murmelte ein Gebet – und was soll ich euch erzählen? Links war Schabbes, und rechts war Schabbes und in der Mitte fuhr der Zug!"

Der Minderheitenwitz, wie der Witz überhaupt, hat eine soziale Funktion: Er dient nicht nur der Bestätigung der eigenen Normalität und Übereinstimmung mit der Mehrheit, er schafft auch Gruppenbewußtsein. Für den Witzeerzähler ist das Lachen der Zuhörer das positive Echo für sich selbst; es stärkt sein Selbstwertgefühl. Nur in der Gemeinschaft von Mitlachenden (Lachen steckt an!) kann sich auch das Lachen richtig entfalten; der Anlaß des Lachens bedarf der Bestätigung durch andere, erscheint um so „objektiver", je mehr Personen über ihn lachen. Der Erzähler will die Lacher auf seine Seite ziehen; indem sie lachen, billigen sie seinen Witz und identifizieren sich mit dessen Aussage: Lachen verbindet Menschen miteinander.

Kann der Witz einerseits der Freude an geistiger und sprachlicher Beweglichkeit, am Wechsel von Hemmung und Lösung entstammen und sie vermitteln, kann er andererseits im Dienste feindseliger und obszöner Tendenzen stehen, so kann er schließlich auch ein Mittel sein, „sich von seinen Gefühlen zu befreien, sie zu verdecken oder jedenfalls so zu tun, als sei man ihrer Herr" [42]. So verbergen z. B. Potenzprahlereien häufig Potenzneid oder die uneingestandene Furcht vor sexuellem Versagen:

Peter und Hein unterhalten sich über Austern. Sagt Peter: „Weißt du auch, daß Austern unerhört gut für die männliche Potenz sind?" – „Na, so doll sind sie nun wieder nicht. Gestern abend habe ich ein Dutzend gegessen, und nur neun haben gewirkt."

Auch hinter frauenfeindlichen Witzen, der häufigen Verspottung des weiblichen Geschlechts, steht oft neben unerfüllten sexuellen Wünschen ein männliches Unterlegenheitsgefühl, das in der Stammtischrunde durch Witzeerzählen überkompensiert wird:

Die Fenster müssen mal wieder geputzt werden. Frau Schumacher hat eine Idee und sagt zu ihrem Mann: „Du Paul, wir nehmen das Bügelbrett. Ich setze mich drinnen darauf, und du stellst dich draußen drauf und putzt." So wird es gemacht. Plötzlich klingelt es. Frau Schumacher springt vom Bügelbrett und rennt zur Tür. Da sitzt ihr Mann und stöhnt. Sagt sie: „Paul, hast du geklingelt?"

Man darf aber auch den tendenziösen Witz nicht zu ernst nehmen. Er bleibt Witz und zielt auf Heiterkeit. Seine Stoßkraft entnimmt er der Verdecktheit bzw. „der Aufdeckung des anderen Sinnes" [43], also seiner Technik, seine Tiefe dem Gehalt, auf den wir durch sie gebracht werden. Dabei hängt die Wirkungstiefe von Stärke und Charakter der Spannung ab, die hinter ihm steht. „So beruht gleichwohl die erheiternde Wirkung auf der witzigen Technik der verschwiegenen Sinnverwandlung und heimlichen Sinnüberschneidung, die eine Hemmung mit denselben Mitteln schafft, mit welchen sie sie überwindet" [44]. Technik und Tendenz greifen ineinander.

Dabei ist der gute Witz vielseitig, lebt vom Sowohl-als-auch. „So wie ein geschliffener Edelstein, ein Brillant, eine Raute durch mehrfache Flächen gleißt und desto feuriger funkelt, so auch ein guter, sozusagen reicher Witz; er ist in mehreren Ebenen geschliffen und schillert nach vielen Seiten, im wörtlichen wie im übertragenen Sinn" [45].

Indem der Witz mit Aussagen spielt, indem er dem Zwang der nüchternen Erfahrung entsprechende Bedeutungen relativiert und überraschende Verknüpfungsmöglichkeiten und Gesichtspunkte realisiert, „indem er das scheinbar Ausgefallene und Nichtige gegen das anerkannt Wichtige und Erhebliche, das Verpönte gegen das Geheiligte ausspielt, indem er die normalen, konventionellen Gesichtswinkel ignoriert und die selbstverständlich erscheinende Rangordnung der Werte und Akzente wenigstens für den Augenblick erschüttert – in all dem ist der Witz ein unscheinbarer, aber klassischer Beweis für die Möglichkeit des Menschen, sich von Denk- und Realitätszwängen zu distanzieren, sich über die Reglementierung von Einstellungen und Gefühlen hinwegzusetzen, sich in exzentrischer Position zu den Gegebenheiten und Ordnungen zu halten, Abstand zur Welt und zu sich selber zu gewinnen" [46].

2 Der Witz als Sprech- und Schreibimpuls

(Lernbereiche: Mündliche und schriftliche Kommunikation)

„Witzige Einfälle sind die Sprichwörter des gebildeten Menschen."

Friedrich Schlegel

Alle didaktischen Überlegungen zum Witz im Unterricht müssen von der Leitfrage ausgehen: In welcher Weise können Rezeption und Analyse, unter Umständen auch Produktion von Witzen im Deutschunterricht dazu beitragen, bei den Schülern Qualifikationen zur Bewältigung gegenwärtiger und zukünftiger Lebenssituationen, speziell sprachlicher Kommunikationssituationen, auszubilden?

Die Frage ist im Blick auf die verschiedenen Lern- und Arbeitsbereiche des Faches (Mündliche Kommunikation, Schriftliche Kommunikation, Rechtschreiben, Reflexion über Sprache, Umgang mit Texten) auch verschieden zu beantworten. Die Sprachdidaktik im engeren Sinne legt Wert auf eine Förderung der Gesprächsbereitschaft und Gesprächsfähigkeit, der mündlichen und schriftlichen Ausdrucksfähigkeit und Textbildungskompetenz sowie auf eine Befähigung zur Analyse und angemessenen Einschätzung von Kommunikationssituationen und Kommunikationsabläufen (Sprachwissen und Sprachkönnen). Die Literaturdidaktik will zum mündigen Leser erziehen, über das verstehende zum kritischen und produktiven Lesen anleiten, muß dabei aber zunächst die Lesebereitschaft und Lesefreude festigen. Auf dem Weg zu all diesen Lernzielen kann der Witz hilfreich sein und mancherlei Funktionen erfüllen.

So geht es in der Grundschule neben der Vermittlung der elementaren Fertigkeiten des Lesens und Schreibens zunächst einmal darum, die Schüler zum häufigen und vielfältigen, situationsangemessenen und korrekten Sprechen und Schreiben zu bewegen.

2.1 Erzählübungen

Witze zu erzählen ist zwar keine besonders leichte, aber eine sehr wirkungsvolle, lustbetonte und deshalb beliebte Form des Erzählens. Bereits bei Kindern im Vorschulalter ist zu beobachten, daß sie sich in einer Erzählrunde vom Lachen der älteren Geschwister und Freunde anstecken lassen, selbst wenn sie die Pointe eines Witzes gar nicht erfaßt haben. Außerdem wollen sie auch produktiv mitmachen und selbst erzählen, wobei dann Wiederholungen des eben Gehörten, Variationen und freie Nachbildungen zustande kommen, ebenfalls meist mit verwässerter oder fehlender Pointe. Das Erzählen und das Lachen werden als Einheit angesehen.

Als Auslöser des Lachens fungiert auf dieser frühen Entwicklungsstufe meist noch nicht die Pointe, sondern die Situationskomik, die Normabweichung, ganz besonders im Bereich der Anal- und Fäkalkomik: Der Hinweis auf menschliche Verdauungsorgane, ihre Funktionen und Ausscheidungen genügt oft schon, um Kinder zu schallendem Gelächter zu bewegen. Die momentane Verletzung des oft als lästig empfundenen Gebotes der Sauberkeit wird ebenso als befreiend angesehen wie das Durchbrechen sprachlicher Tabus (Verwendung von Vulgärwörtern wie „pissen", „scheißen" u. a.).

Im Grundschulalter erschließen sich dem Schüler allmählich auch andere Bereiche der Komik: Verstöße gegen fundamentale Regeln der eigenen Erfahrungswirklichkeit, gegen elementare Gesetze der Logik, gegen gerade erst erlernte Regeln der Sprache. Der Verstoß irritiert, führt zur raschen Überprüfung des bisher für richtig Gehaltenen, dann zur befreienden Erkenntnis des Fehlverhaltens im Witz und damit zur Bestätigung und Festigung der eigenen Kategorien der Wirklichkeitserfahrung und Wirklichkeitsverarbeitung. Zugleich steigt im Schüler ein Gefühl der Überlegenheit auf und stärkt das Selbstbewußtsein, besonders wenn es sich um Witze handelt, in denen sich jemand recht töricht anstellt oder einen anderen „hereinlegt": So dumm hätte ich mich aber nicht verhalten! So möchte ich auch einmal jemanden an der Nase herumführen!

Das Sammeln und (Nach-)Erzählen von altersangemessenen Witzen vermag den spontanen mündlichen Mitteilungsdrang, der sich sonst aus eigenem Erleben speist, zu kanalisieren und das

Bemühen um bewußtes, planvoll gestaltetes, auf Wirkung beim Hörer angelegtes Erzählen zu wecken und zu fördern. Die Kürze der Textsorte Witz erleichtert die Aufgabe; die Dichte und strenge Form fordern sprachliche Sensibilität, Gedächtnis, Ausdrucksvermögen der Schüler heraus; die unmittelbar wahrzunehmende Reaktion der Zuhörer ist eine natürliche Erfolgskontrolle für den Erzähler und ein Ansporn zu weiteren Versuchen.

Wichtig ist es, den Schülern geeignete Witze zur Verfügung zu stellen. Der Hinweis auf die Bunten Seiten der Zeitungen ist oft nicht hilfreich, da die Witze dort sich vor allem an den erwachsenen Adressaten richten. Auch die Witze in Kinder- und Jugendzeitschriften sind für den Grundschüler z. T. zu schwer, liegen jenseits seines Erfahrungshorizontes und Erfassungsvermögens. So kann es geschehen, daß Grundschüler naiv derbe Zoten von sich geben, die sie irgendwann aufgeschnappt haben, ja daß sie sogar vor der Klasse mit solchen „gewagten" Texten renommieren wollen.

Die im Anhang abgedruckten Witze sollen für den Lehrer eine Sammlung sein, aus der er schöpfen, aus der er seinen Schülern auch Material zur Verfügung stellen kann. Es sind vor allem Witze, in denen Kinder und Jugendliche selbst vorkommen, in denen Ereignisse dargestellt werden, die Schüler sich auf Grund ihrer Lebenserfahrung gut vorstellen können. Es sind Witze, in denen auch die Pointe nicht zu schwierig zu erfassen ist. Für ältere Schüler der Sekundarstufen wird dann auch der Erwachsenenwitz allmählich verstehbar und brauchbar. Ihn zu finden, ist für den Lehrer viel leichter, wenn es nicht ein ganz besonderer Witztyp sein soll.

Das Angebot geeigneter Witze durch den Lehrer reicht als Hilfestellung oft nicht aus. Auch wirkungsvolle Lehrervorträge und mutige Versuche sprachlich wendiger Schüler allein locken die gehemmten und ausdrucksscheuen Schüler oft nicht aus der Reserve. Das Erzählen eines Witzes sollte deshalb vorbereitet und begleitet werden durch hinführende Übungen.

So kann an die Stelle des freien Vortrags (mit Zettel in der Hand, auf dem notfalls nachgeschaut werden kann) zunächst das Vorlesen eines Witzes reihum treten. Eine Vorlesestunde mit Witzen kann ihrerseits durch Gruppenarbeit, Partnerarbeit, häusliche Arbeit vorbereitet werden, bei der alle Schüler einen Witz langsam und sorgfältig „erlesen", deutlich artikulieren und sinngemäß, d. h. sinnerfassend und sinngestaltend, „vorlesen".

Wiederholt auftretende Schwierigkeiten und Fehler beim Vortrag regen zu Textbildungsübungen an, bei denen vom Lehrer bewußt veränderte, entstellte, verdorbene Witze in mündlicher oder schriftlicher Form korrigiert werden. Wiederherstellung der richtigen Reihenfolge von Sätzen/Textlücken schärft das Gespür für den Aufbau von Texten:
● *„Wer war das?"*
● *Der hintere stubst den vorderen an und fragt:*
● *Zwei Männer gehen hintereinander durch die Wüste.*

Vorweggenommene Aussagen (etwa in Form der für den Witz ganz unangemessenen Überschrift) können demonstrieren, wie man durch sie die Überraschung beim Hörer verhindert und die Pointe zerstört:
(Die geölte Maus)
Es ist Nacht. Mann und Frau liegen im Bett und schlafen. Da wird die Frau wach und schreit: „Otto, unterm Bett quietscht eine Maus!" Der Mann dreht sich um und knurrt: „Soll ich etwa aufstehn und sie ölen?"

Lückentexte mit Leerraum an der für die Pointe entscheidenden Stelle richten die Aufmerksamkeit der Schüler auf die Zentralstelle des Witzes, schärfen seinen Sinn für die prägnante Formulierung:
„Ich habe gesagt, du sollst deine Hände waschen, bevor du Klavier spielst!" ärgert sich die Mutter. „Ist ja gar nicht nötig", wehrt sich Thomas. „Ich übe heute sowieso nur auf den . . . Tasten." (schwarzen).

Man kann dem Lückentext auch mehrere Wörter oder Textteile als Alternativen beifügen, unter denen die Schüler die einzig treffende oder die beste heraussuchen sollen:
Britta und Inga baden den Säugling und pudern ihn anschließend. Inga fragt: „Warum werden Babies eigentlich gepudert?" Britta antwortet: . . .
● *„Damit sie nicht frieren."*
● *„Damit sie nicht rosten."*
● *„Damit sie nicht wund werden."*

Man kann auch Einzelwörter in einem Witz austauschen, so daß inhaltliche Unstimmigkeiten und Widersprüche (Kohärenzverstöße) auftreten. In der Vorlage stehen dann Wörter, die nicht in den Kontext passen, die durch andere zu ersetzen sind, damit der Text stimmig wird. Solche Ersetzungsübungen sensibilisieren für den inhaltlichen Aufbau und die semantische Struktur des Textes, zeigen dem Schüler an krassen Beispielen, daß er beim Erzählen nicht beliebig Wörter austauschen, sich nicht beliebig von der Idealform eines Witzes entfernen darf:

„Hast du schon gehört? Der Möbelhändler an der Ecke ist wegen Betrugs angezeigt worden." – „Warum denn?" – „Er hat Weintrauben rasiert und sie als Stachelbeeren verkauft."
(Obsthändler, Stachelbeeren, Weintrauben)

Haben die Schüler erst einmal eine gewisse Übung im Vorlesen und Vortragen, im genauen Zuhören und kritischen Besprechen der Stärken und Schwächen eines Vortrags, dann können sie sich allmählich beim Erzählen etwas mehr von der Vorlage lösen, freier formulieren, von der Grundstruktur, vom Erzählkern her auf die Pointe hin sprachlich nach- und in Grenzen umgestalten.

Krönung eines solchen Unterrichts ist natürlich die Produktion neuer Witze durch die Schüler und deren Vortrag. Der Anteil an Eigentätigkeit kann dabei verschieden groß sein. Die bloße Reproduktion eines gehörten oder gelesenen Witzes vor einer Zuhörerschaft ist bereits eine Leistung, die ein „Hinzutun" des Schülers fordert: Er muß sich auf seine Situation, auf seine Hörer einstellen, er interpretiert den Witz durch die Art seines Vortrags, ist an der Wirkung des Witzes ursächlich beteiligt, ist nicht nur Sprachrohr eines anonymen Witzproduzenten.

Jede Veränderung, leichte Umformung eines Witzes erhöht den Eigenanteil des Schülers an seinem Witz. Er wird mit der Zeit auf Varianten, auf verschiedene Fassungen eines Witzes stoßen und gelegentlich selbst Witze durch Zusätze erweitern oder kürzen. Er wird auf strukturelle Ähnlichkeiten und Gemeinsamkeiten stoßen und versuchen, einen Analogiewitz zu bekannten Fassungen herzustellen. Er wird sich schließlich, je nachdem wie weit er mit der Zeit zu einem geübten Erzähler wird, nur noch die Pointe eines Witzes merken und den Erzählrahmen selbst gestalten. Er wird unter Umständen sogar, etwa durch eine komische Situation oder einen mehrdeutigen Ausdruck darauf gebracht, die

Möglichkeit einer Pointe erkennen und sie zum Kristallisationskern eines ganz neuen, ganz eigenen Witzes machen.

So ist auch die mündliche „Nacherzählung" eines Witzes keineswegs als reine Gedächtnisleistung zu disqualifizieren. Sie erhält ihren Stellenwert im Bereich „mündlicher Verständigung" dadurch, daß die Schüler einen mündlich oder schriftlich überlieferten Text von relativ strenger formaler Gebundenheit in eine neue Erzählsituation einpassen müssen. Sie müssen unter Zuhilfenahme von Mimik und Gestik, mit interpretatorischen Pausen, Lautstärke, Intonation und Akzentuierung dem Witz zum Erfolg verhelfen. Die dabei zu erlernende erzählerische Gewandtheit verhilft den Schülern, in vielen Lebenssituationen bei ganz anderen Erzählstoffen die Aufmerksamkeit der Zuhörer zu gewinnen und zu behalten, ein Geschehen sach- und adressatengerecht sprachlich zu gestalten. Entsprechende Erfolgserlebnisse fördern die kommunikative Kompetenz auch bei nichterzählerischen Gesprächsformen (Beschreiben, Berichten, Auffordern, Erörtern u. a.); denn die Einstellung auf die richtig eingeschätzte Situation, auf die eigene Absicht, die Voraussetzungen und Erwartungen der Partner, auf die Besonderheiten des Themas ist überall erforderlich.

2.2 Interpretationen

Nicht alle Witze, die den Mitschülern erzählt werden, werden von diesen auch sogleich verstanden. Gar nicht so selten wird es nötig sein, Verstehenshilfen zu geben, nicht nach dem Vortrag eines Witzes zum nächsten überzugehen, sondern über einen Witz zu sprechen.

Interpretationsbedürftig, weil nicht sofort einsichtig, ist die Aussage eines Witzes vielfach wegen seiner komplizierten Technik. In anderen Fällen erscheint aber auch die Witzaussage selbst, die inhaltliche Tendenz des Witzes einer eingehenden Betrachtung im Unterrichtsgespräch wert. Ein lohnendes Thema sind dabei stets problematische Erziehungspraktiken, überhaupt die oft gespannten Beziehungen zwischen Kindern und Eltern.

Der Witz erscheint dabei nicht mehr als lustiger und zugespitzt formulierter Einfall, sondern als ein durchaus ernst zu nehmender Text, dessen Pointe einen „wahren Kern" enthält, eine berechtigte

Kritik, eine das kindliche Selbstbewußtsein stärkende Erkenntnis zum Ausdruck bringt.

„Welchen Apfel möchtest du denn, Heini?" – „Den größeren, Mutti." – „Wenn du wohlerzogen und artig wärst, müßtest du um den kleineren bitten." – „Mutti, muß man lügen, wenn man artig sein will?"

Hermanns Vater fragte streng: „Und weißt du auch, warum du jetzt Schläge bekommen hast, Hermann?" – „Nein, Vati", erwiderte das Söhnchen. – „Dann will ich es dir sagen: Weil du einen Jungen verhauen hast, der viel kleiner ist als du!" – „Und wer bestraft dich?"

Klein-Helga vor dem Elefantenzwinger: „Aber die Elefantenbabys bringt doch bestimmt nicht der Klapperstorch!"

Frau Lose sitzt weinend im Sessel. Ihr Mann fragt entsetzt, was sie habe. Da schluchzt Frau Lose: „Egon, ich glaube, wir sind zu streng mit Fritzchen. Als ich ihn gestern im Kaufhaus verloren hatte, wurde er nach seinem Namen gefragt. Und er hat geantwortet: ‚Fritzchen, laß das!'"

„Du Papa", sagt Andreas beim Mittagessen. „Ruhe! Beim Essen spricht man nicht." Nach dem Essen wendet sich der Vater zu Andreas: „So, jetzt darfst du reden, mein Junge." – „Jetzt ist es zu spät, Papa. Du hast die Fliege mitgegessen."

„Du bist das unausstehlichste Kind der Welt!" schilt die Mutter ihren Sohn. „Du kennst die anderen doch gar nicht alle", antwortet der Kleine.

Nach einem längeren Auslandsaufenthalt findet eine Familienversammlung statt. Der dreijährige Sproß der Heimkehrer wird bestaunt. „Nein, wie reizend", ruft die Oma, „die Nase hat er von seinem Vater." – „Ja, und die Augen – ganz die Mutter", ergänzt ein Onkel. – „Aber seht doch mal die Ohren, die sind doch genau wie die vom Großvater", stellt eine Tante fest. Da unterbricht das Objekt der Bewunderung die Verwandten und sagt: „Und guckt euch mal meine Hose an, die habe ich von meinem großen Bruder. Aber ihr werdet sie nicht wiedererkennen, sie ist nämlich enger gemacht worden!"

Vater: „Warum hast du nachsitzen müssen?" Sohn: „Ich habe nicht gewußt, wo die Azoren sind." Vater: „Warum paßt du auch nicht besser auf deine Sachen auf?!"

„Fräulein, was habe ich heute eigentlich gelernt?" – „Aber Heini, das ist doch eine ganz dumme Frage!" – „Ja, schon, aber zu Hause fragen sie mich auch immer so dumm!"

Die Aussage des Bildwitzes erschließt sich, jedenfalls dem Grundschüler, manchmal noch schwerer. Das Kind erkennt zwar meist die abgebildeten Gegenstände, Personen, doch ist es noch nicht immer in der Lage, die vielen Einzelheiten einer Zeichnung im Zusammenhang zu sehen, sie zu einer Gesamtaussage des Zeichners zusammenzufügen.

Die medienspezifische Beschränkung des Einzelbildes auf eine „Momentaufnahme" macht es dem Betrachter besonders schwer, Geschehensabläufe, Handlungen zu identifizieren. Dazu muß nämlich das räumliche Nebeneinander von Bildelementen in ein zeitliches Nacheinander von Ereignissen übertragen, muß das statische Bild dynamisiert werden. Die Verlängerung des im Bild gezeigten Handlungsausschnittes nach vorn und hinten gelingt dann am ehesten, wenn die Pointe in dem vorausgegangenen Handlungsablauf verankert ist (man sieht die Folgen eines Ereignisses) oder wenn sie auf zu erwartendes, zukünftiges Geschehen verweist: Was muß kurz vorher geschehen sein? – Was wird wohl im nächsten Augenblick passieren?

Die zweite, meist noch größere Schwierigkeit für jüngere Schüler besteht darin, von dargestelltem „äußeren" Geschehen auf „Inneres", Psychisches zu schließen, also Beweggründe und Absichten, Befürchtungen und Hoffnungen beteiligter Personen zu erfassen. Dabei kommt es nicht nur darauf an, ein oft winziges, aber wichtiges Detail zu erkennen (z. B. Daumen auf dem Loch im Gummitier), sondern darauf, die Beziehung dieses Details zu anderen Bildelementen, zur Situation zu erfassen (z. B.: Gummitier im Wartezimmer des Tierarztes):

Diese Beziehung erst schafft normabweichende Komik und Pointe, zeigt, was der Zeichner mit seinem Bildwitz sagen will, deutet an, was direkt nicht mitgeteilt werden kann.

Die Schüler müssen die Bildinhalte mit ihrer eigenen Lebenserfahrung vergleichen, um die inneren Widersprüche zwischen Absicht und Wirkung (Gewicht von der Waage ablesen), um die Bildaussage zu erkennen. Sie müssen also „Bilder kritisch lesen" lernen.

Erleichtert wird das gezielte Beobachtungs- und Bildbetrachtungstraining durch eine schülernahe Thematik, etwa „Streiche spielen", „Erwachsene hereinlegen":

Ruhe vor dem Sturm

Aber auch bei einer Überschreitung des eigenen Erfahrungsraumes der Schüler, bei einer sie weniger bewegenden Thematik, ist ein Bildwitz nicht von vornherein für den Unterricht ungeeignet, sofern die jeweilige Aussage nur deutlich genug herauskommt und den Vorstellungshorizont der Schüler nicht überschreitet:

Die Bildfolge hat ohnehin den Vorzug, daß sie Handlungsabläufe besser verdeutlicht als das Einzelbild. Durch mehrere Ausschnitte kann beim Betrachter, wie beim Hörer/Leser eines Sprachwitzes, eine Erwartungshaltung aufgebaut werden, die im pointierten Schlußbild umkippt.

Bildfolgen wie Einzelbilder können natürlich auch eine anspruchsvollere Aussage machen, sich einer brisanten, zum Unterrichtsgespräch anregenden Thematik widmen, z. B. ebenfalls Fragen der Erziehung und des Verhältnisses Kinder – Eltern aufgreifen:

Kombinierte Bild-Wort-Witze haben den Vorteil einer klaren Strukturierung und Aufgabenteilung: Das Bild repräsentiert meist die komische Situation, der sprachliche Text bringt eine Aussage auf den Begriff; beide Witzteile muß der Schüler in Beziehung zueinander setzen, denn aus der Spannung zwischen beiden erwächst die Pointe:

„Ich werde dir helfen, Schwächere zu schlagen!"

„Hallo, kleiner Mann, warum schläfst du denn nicht?"

In anderen Fällen reizt nicht der Widerspruch zwischen Bild- und Textaussage zum Lachen und zum Besprechen des zugrunde liegenden Konfliktes, sondern die Sprache unterstützt und präsentiert die Bildaussage, „vergeistigt" die Komik, bringt sie auf den Begriff, der wiederum Sprech- und Diskussionsanlaß im Unterricht sein kann:

„Wer hat dir denn erlaubt im Christbaum zu klettern?"

„Mutti meint, ich soll doch besser wieder Schlagzeug lernen."

Guten Gesprächsstoff bieten auch solche Bild-Wort-Witze, in denen durch ungewöhnliche Situationen und gut eingepaßten Text komplexe zwischenmenschliche Beziehungen eingefangen werden, z. B. überraschende und ambivalente Einschätzung der Vaterfigur,

„Ich will aber nicht groß und stark werden – lieber so wie Papa!"

gemeinsame Überlistung des ungeliebten Onkels,

„Schleuder, Blasrohr und Wasserpistole hab ich auf den Boden gelegt. Du kannst ruhig reinkommen, Onkel."

raffinierte Erfolgsstrategie, den Vater zum Kauf eines neuen Fahrrades zu bewegen:

„Johny sagt, daß du nicht genug Geld hast, um mir das Fahrrad zu kaufen – und ich sage, natürlich kannst du es!"

Auch auf früher Altersstufe kann neben dem isolierten Einzelwitz schon die Witzgruppe Interpretationsgegenstand und Sprechanlaß sein. Dabei können Bild-Witze und Sprach-Witze sich ergänzen. Das gemeinsame, die Witze verbindende Element ist dabei von den Schülern selbst zu finden, als beliebte Klischeevorstellung zu erfassen, mit der z. B. allgemeinmenschliche Schwächen und Fehler auf eine Trägerfigur übertragen und durch groteske Übertreibung lächerlich gemacht werden, so der sprichwörtliche Geiz der Schotten:

Ein Schotte sitzt in seinem Zimmer und liest. Jede Minute schaltet er das Licht aus. Neugierig fragt sein Freund: „Warum tust du das?" – „Na, hör mal, umblättern kann ich auch im Dunkeln."

„Wir müssen unserem Sohn unbedingt ein neues Bett kaufen", sagt Frau McNepp zu ihrem Mann, „er stößt in seinem Kinderbett schon mit dem Kopf an!" – „Sei nicht so verschwenderisch", entrüstet sich McNepp, „wir versuchen es erstmal mit Haareschneiden."

„John, unser Junge hat einen Penny verschluckt!" ruft Frau McCormick entsetzt. „Nicht so schlimm", beruhigt sie McCormick, „morgen hat er ja sowieso Geburtstag."

Der schottische Junge läuft aufgeregt zu seinem Vater: „Daddy, Daddy, im Garten steht eine fremde Kuh!" – „Schrei nicht, melk sie!"

Drei junge Schotten wetteten um einen Shilling, wer am längsten tauchen könnte. Alle drei ertranken.

Am Heiligen Abend schleicht sich ein Schotte in den Garten, schießt seine Pistole ab und kommt mit betrübter Miene zurück in die Stube zu seinen Kindern: „Ich muß euch eine traurige Mitteilung machen: Der Weihnachtsmann hat sich eben erschossen!"

Vielleicht noch leichter zugänglich als Schotten-Witze und andere Witze über gesellschaftliche Gruppen, menschliche Schwächen, typische Witzfiguren und Witzschauplätze, die in den meisten Fällen mehr eine Erwachsenen-Thematik entfalten, dabei bei Kindern sehr beliebt und im Blick auf Aussagetaktik und Inhalt sehr abwechslungsreich sind Tier-Witze. Die einzelnen Tierarten besitzen durch ihre besonderen Eigenschaften und Fähigkeiten jeweils ein besonderes Potential für komische Situationen und Vorgänge. Sie bieten gerade dem Zeichner große Möglichkeiten

und nehmen im Witz eine ihrer äußeren Gestalt oder ihrem Verhalten „entsprechende" Rolle ein.

Ein Zebra kommt in eine Bar und bestellt ein Bier. „Das macht zwei Mark", sagt der Wirt ganz verdattert. – „Warum starren Sie mich denn so an?" will das Zebra wissen. „Entschuldigen Sie", stottert der Wirt, „aber Sie sind das erste Zebra, das je in meiner Bar war." Da wird das Zebra ganz ernst. „Bei diesen Preisen werde ich wohl auch das letzte Zebra sein, das zu Ihnen kommt."

Mitten auf der Straße schläft ein Hund. Ein Brauereipferd regt sich furchtbar darüber auf und schimpft: „Hau ab, du fauler Köter!" Der Hund erhebt sich würdevoll: „Wie redest du denn mit einem Steuerzahler!"

In der Regel sind nämlich Tierwitze anthropomorph: Der Mensch kann sich in dem menschlich fühlenden, denkenden, handelnden Tier wiederentdecken. Die verfremdende Darstellung wirkt komisch, spielt mit dem Kontrast zwischen Tier und Mensch. Dabei werden gerade die Merkmale und Eigenschaften einer Tierart genutzt, mit denen sich das Tier deutlich vom Menschen unterscheidet (Hals der erkälteten Giraffe) oder die es in gewisser Weise mit dem Menschen teilt (Gesang, aber nicht Tanz des Kanarienvogels):

Ein Mann kommt in die Tierhandlung und verlangt einen Kanarienvogel, der gut singen kann. „Nehmen Sie den", meint der Händler. „Aber der hat ja nur ein Bein", entrüstet sich der Kunde. „Na und", antwortet der Händler, „wollen Sie nun einen Sänger oder einen Tänzer?"

Zwei Flöhe waren im Kino. Beim Hinausgehen sagt der eine: „Gehen wir zu Fuß oder nehmen wir uns einen Hund?"

Ein kleiner Hund läuft in der Sahara herum und sucht verzweifelt einen Baum. Schließlich winselt er: „Wenn jetzt nicht bald einer kommt, geschieht ein Unglück!"

Vor dem Missionar steht plötzlich ein riesiger Löwe. Der Missionar ist unbewaffnet. Flucht ist zwecklos. Da fällt er auf die Knie und betet. Als er aufblickt, sieht er den Löwen sitzen, mit gefalteten Pfoten. Der Missionar will erleichtert aufstehen, da hört er das Gebet des Löwen: „Komm, Herr Jesus, sei unser Gast und segne, was du uns bescheret hast."

Mitten im Meer treffen sich zwei Fische. „Hei", sagt der eine. „Wo?" fragt der andere.

Eine Ameise krabbelt auf einer Wiese umher, auf der Kühe weiden. Da hebt eine Kuh den Schwanz, und im nächsten Augenblick ist von der Ameise nichts mehr zu sehen, statt dessen eine große Kuhflade. Nach langer Zeit mühsamer Arbeit kämpft die Ameise sich wieder hervor und schimpft: „So eine Gemeinheit: genau ins Auge!"

Das Wildschutzgebiet hat einen neuen Wildhüter bekommen, der erst einmal Ordnung schaffen will. Vor allem gefällt ihm nicht, daß die Tiere einfach überall hinmachen. Er richtet einen Toilettenplatz ein und stellt überall Wegweiser auf. Aber wieder erwischt er einen kleinen Hasen hinter einem Busch. „Kannst du nicht lesen?" fragt er streng. „Doch", sagt ängstlich der kleine Hase. „Warum bist du dann nicht zum Toilettenplatz gegangen?" – „War ich ja, gestern", schluchzt der Kleine. – „Ja, und?" – „Neben mir saß ein großer Bär. Der hat mich gefragt: ‚Fusselst du?' – ‚Nein', hab ich gesagt, ‚warum?' Und da hat er sich mit mir den Hintern abgewischt!"

Viele Tier-Witze spiegeln menschliche Sozialbeziehungen wieder. Dann können die Schüler sich mit bestimmten Tier-Figuren identifizieren (z. B. wenn die kleinen, schwachen Mäuse die überlegene Katze hereinlegen, durch ihre Klugheit besiegen), sich von anderen distanzieren (z. B. sich über das dumme, frisch geschlüpfte Küken erhaben fühlen oder dem großmäuligen Löwen die Niederlage gönnen). Sie können sich auf Machtkämpfe mit Vater- und Elternfiguren einlassen (z. B. mit dem Hund über den in der Telefonzelle eingesperrten Mann triumphieren), ambivalentes Elternverhalten kritisieren (z. B. Bärenmutter), sich aber auch über die Entlarvung „kleiner Kläffer" freuen.

Ein Elefant und eine Maus gehen über eine Holzbrücke. Da sagt die Maus zu dem Elefanten: „Hörst du, wie wir trampeln?"

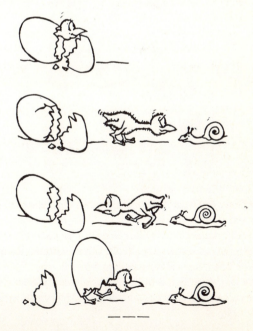

Ein Elefant geht mit einer Maus spazieren. Nach einiger Zeit fragt der Elefant: „Warum bist du eigentlich so klein?" Die Maus wird rot und stottert ganz verlegen: „Weißt du, ich war ziemlich lange krank."

Ein Pferd tritt auf eine Maus, die gerade ihr Haus verlassen will. Als sie dann herauskommt und sich den Sand aus dem Fell schüttelt, sagt das Pferd verlegen: „Entschuldige, ich habe dich wirklich nicht gesehen." Die Maus winkt großzügig ab: „Macht nichts, das hätte mir auch passieren können."

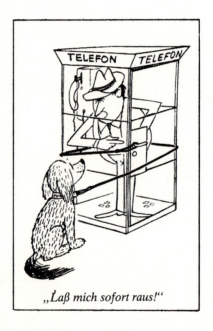

„Laß mich sofort raus!"

Der Löwe brüllt ein Zebra an: „Wer bin ich?" Zitternd antwortet das Zebra: „Der König der Tiere!" – Zufrieden geht der Löwe weiter. Dann faucht er eine Gazelle an: „Wer bin ich?" – Auch die Gazelle antwortet vor Angst halb tot: „Der König der Tiere!" Dann brüllt der Löwe einen Elefanten an: „Wer bin ich?" – Der Elefant hebt ihn mit dem Rüssel hoch und schleudert ihn in die nächste Dornenhecke. – Sagt der Löwe kleinlaut: „Man wird doch wohl mal fragen dürfen..."

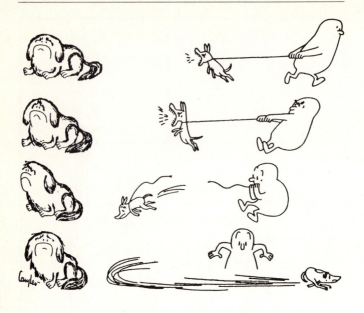

In die Kohlenhandlung kommt ein kleiner Hase und fragt: „Hast du Möhren?" „Nein", sagt der Kohlenhändler höflich. „Möhren führen wir nicht." Am nächsten Tag ist der kleine Hase wieder da: „Hast du Möhren?" „Nein. Wir verkaufen nur Kohlen." Am dritten Tag ist es dasselbe. Der Kohlenhändler will den lästigen Hasen endlich loswerden und macht deshalb ein Schild an die Tür: Heute keine Möhren! Etwas später öffnet sich die Tür, der kleine Hase guckt herein und sagt vorwurfsvoll: „Hast du doch Möhren gehabt!"

2.3 Versprachlichung von Bildwitzen/Bildgeschichten

Nach Übungen zum Erzählen von Witzen und nach Unterrichtsgesprächen über Inhalte, Themen und Tendenzen von Witzen in altersangemessener Weise ist die mündliche und schriftliche Verbalisierung von Bildwitzen eine dritte, sehr zu empfehlende Methode der Förderung sprachlicher Ausdrucks- und Kommunikationsfähigkeit bereits in der Grundschule. Als Vorlagen eignen sich Einzelbilder, besonders aber Bildfolgen, die einen Handlungsablauf bereits stärker, nämlich in mehrere Phasen zerlegt, vorstrukturieren.

Von der traditionellen Aufsatzform „Bildbeschreibung" unterscheidet sich die Versprachlichung von Bildwitzen zum einen durch die Art der Vorlage: das Bild kommt nicht als Kunstwerk zur Geltung, dessen ästhetische Strukturen und dessen Wirkung auf den Betrachter zu beschreiben sind, sondern rein funktional als visueller Informationsträger und als Sprech- und Schreibimpuls. Zum anderen unterscheidet sie sich durch die Art der sprachlichen Darstellung: es werden nicht erkennbare Einzelerscheinungen aufgezählt und nach Komposition und Gesamtwirkung beurteilt, sondern es wird ein bildlich dargestellter, mit den Aussagemitteln des Zeichners festgehaltener Vorgang in einen mit sprachlichen Mitteln ausgedrückten Vorgang umgestaltet, eine „Bildgeschichte" in einen sprachlichen Text transformiert.

Als Vorlagen geeignet sind deshalb nur handlungsstarke Bildwitze, d. h. solche, in denen entweder selbst genug „passiert", das die Schüler zum „Nacherzählen" reizt, oder in deren „Vorfeld" oder „Nachfeld" sich genügend reizvoller Erzählstoff finden läßt: Verlängerung der Bildaussage durch Rekonstruktion zurückliegender oder Antizipation bevorstehender Ereignisse.

Verbalisierungsübungen der genannten Art vereinigen in sich die Vorzüge von Nacherzählung und freier Phantasieerzählung, ohne deren Schwächen aufzuweisen: Die Schüler wissen etwas zu erzählen, sie haben keine Stoffnot, ohne daß sie auch schon sprachlich Vorformuliertes übernehmen und eine Textvorlage mit Hilfe reiner Gedächtnisleistung wörtlich wiedergeben; sie können mit Hilfe ihrer Vorstellungskraft das vorgegebene Handlungsgerüst mit Einzelheiten ausbauen und mit eigenen Einfällen ergänzen, ohne daß sie sich von ihrer Phantasie verleiten lassen, ins Uferlose und Absurde auszuschweifen. Die Vorlage regt an und grenzt zugleich ein.

Freilich darf man eins nicht übersehen: Es gibt keine totale Medientransformation, keine exakte Übertragung der Bildaussage in eine Textaussage. Beide Medien haben ihre spezifische Art, etwas mitzuteilen, zu verschweigen, anzudeuten. Zumal die Pointenbildung erfolgt, wie wir gesehen haben, im reinen Bildwitz anders als im Sprachwitz. Es kann deshalb im Unterricht nicht darum gehen, aus einem Bildwitz einen genauso wirkungsvollen Sprachwitz zu machen. Eine solche kongeniale Leistung zu fordern, wäre selbst da, wo sie von der Sache her einmal möglich sein mag, für die Schüler eine totale Überforderung.

Es kann statt dessen „nur" darum gehen, einem pointierten Bild oder einer pointierten Bildfolge alle für deren Aussagen wichtigen Informationen zu entnehmen, also die Grundelemente eines komischen Geschehens zu erfassen und dieses dann mit den Mitteln der Sprache zu beschreiben (auch das ist unbedingt zulässig, ja im Unterricht bei allen Schülern vorliegenden Bildern sogar die natürliche Sprachhandlung!) oder zu erzählen (an einen realen oder bloß vorgestellten Hörer/Leser gerichtet, der die Bildvorlage nicht kennt).

Der Ausbau der mündlichen, vor allem aber der Aufbau der schriftlichen Textbildungs-Kompetenz der Schüler ist eine zentrale Aufgabe des Deutschunterrichts in der Grundschule. Der kindliche Spracherwerb ist bereits vor der Einschulung so weit vollzogen, daß Erstkläßler in der Regel wohl in der Lage sind, mit Hilfe eines (freilich noch beschränkten, wenig ausdifferenzierten) erworbenen Wortschatzes, mit Hilfe der (bereits internalisierten) wichtigsten deutschen Satzbauregeln und mit Hilfe eines Repertoires erlernter Sprachhandlungsmuster die für ihren Erfahrungsraum typischen Kommunikationssituationen zu bewältigen. D. h.: sie können bereits einfach strukturierte kürzere Gespräche führen, z. B. jemanden zu etwas auffordern, jemandem eine Auskunft geben, in Wechselrede einen Sachverhalt klären, einen Plan schmieden usw.

Schwierigkeiten tauchen bei der mündlichen, situationsbezogenen Textproduktion (und das gilt für die erst zu erlernende schriftliche in gleicher Weise) besonders in zwei Bereichen auf: Zum einen fällt es den Schülern noch schwer, sich genügend adressaten- und partnerbezogen zu äußern. Sie müssen erst allmählich zu einer Antizipation des Hörer-/Leserverhaltens geführt werden, nämlich beim Sprechen/Schreiben geistig vorwegzunehmen, was der Adressat schon weiß, was ihm erst noch erläutert werden muß, wie der Adressat aus seiner Erwartung, Perspektive und Interessenlage diese oder jene Äußerung wohl verstehen, nicht verstehen, mißverstehen muß usw. Wer sich einmal von Schülern dieser Altersstufe hat erzählen lassen, was sie am Wochenende im Fernsehen oder Kino gesehen haben, der weiß, wie unverständlich Erzählungen und Berichte von Kindern sind, die nicht berücksichtigen, daß der Gesprächspartner den Film nicht gesehen hat, daß man ihm also Situationen und Zusammenhänge erklären muß, daß er nicht wie sie selbst die laufenden Bilder in der Erinnerung vor sich sieht: „. . . und dann packt er ihn da, reißt ihn herunter und springt hinüber . . ."

Zum zweiten, neben der notwendigen Antizipation des Partnerverhaltens, ist es der etwas umfangreichere und deshalb zu gliedernde, zu strukturierende Text, der den Schülern mehr Mühe macht als eine situationsbezogene Kurzäußerung. Es will gelernt sein, eine größere Zahl von Aussagen, eine größere Zahl von Sätzen zu einer abgerundeten Gesamtaussage zusammenzuschließen, die richtige Reihenfolge zu beachten, eine geeignete Eröffnung und einen passenden Schluß zu formulieren, den Gedankengang widerspruchsfrei, folgerichtig, ohne Auslassungen oder unnötige Ausschweifungen abzuwickeln.

In beiden Bereichen (Adressatenantizipation und Teststrukturierung) können Bild und Bildfolge als Vorlagen die notwendigen Lernprozesse fördern. Im Hinblick auf den Partnerbezug ist wenigstens Klarheit zu erzielen: Entweder der Adressat hat die Bildvorlage ebenfalls vor Augen; dann weiß er genausoviel wie der Textproduzent, und dieser kann ein entsprechendes Wissen voraussetzen. Oder der Adressat kennt die Bildvorlage nicht; dann muß sich der erzählende, beschreibende, berichtende Schüler darauf einstellen, daß er alle zum Verständnis des Geschehens oder Sachverhalts notwendigen Informationen in seinen Text aufnehmen muß. Die eindeutige Themenstellung entscheidet.

Im Hinblick auf die Textstruktur ist die Hilfe der Vorlage noch größer: Die Durchgliederung des darzustellenden Geschehens ist, besonders bei der Bildfolge, zum großen Teil bereits vorweggenommen, da die Bilder die wichtigsten Stationen des Handlungsablaufes markieren. Anders als z. B. bei der Erlebniserzählung steht der Schüler nicht vor einer Flut auf ihn einstürzender Erlebniselemente, wichtiger und nebensächlicher Einzelheiten, die er erst ordnen, prüfen und zusammenfügen muß, damit sich überhaupt ein geschlossenes Ganzes ergibt. Der Zeichner hat bereits ausgewählt, sich auf die Darstellung des Wichtigen beschränkt, unwichtige Details weggelassen. Er hat dem Schüler auch einen Geschehensausschnitt abgegrenzt, einen Anfang und einen pointierten Schluß gesetzt. Er hat das Geschehen nach zeitlichem Ablauf und kausalen Beziehungen gegliedert und die Hauptabschnitte jeweils in einem Bild festgehalten. Der zum Sprechen oder Schreiben aufgeforderte Schüler findet also ein Strukturgitter vor, daß er durch Ergänzung des Geschehens zwischen den Bildern und vor allem durch sprachliche Formulierung ausfüllen kann.

Im übrigen gibt es mancherlei methodische Möglichkeiten, mit Hilfe von Bildwitzen Textstrukturierung und Versprachlichung in allmählicher Progression der Anforderungen zu lehren. So kann man eine Bildsequenz in ihre Einzelbilder zerlegen, deren Reihenfolge verändern und von den Schülern wiederherstellen lassen (mit mündlicher Begründung). Diese Übung zwingt zum genauen Hinschauen und Kombinieren, schärft sehr wirkungsvoll den Sinn für vorausgehende und folgende Ereignisse, für Ursachen und Wirkungen, macht dazu durch den Rätselcharakter viel Spaß. Kleinere Folgen von drei oder vier Bildern sind für jüngere Schüler

gut überschaubar, größere Folgen machen die Lösung der Aufgabe etwas schwerer, aber oft auch noch reizvoller, zumal gelegentlich mehrere Lösungen möglich erscheinen (so etwa ein Beginn von Sempés „Weihnachts-Bescherung" mit Bild 5, was der aufmerksame Betrachter allerdings unter Hinweis auf den mißmutigen Gesichtsausdruck des Vaters als unwahrscheinlich ablehnen wird):

Eine zweite wirkungsvolle Übung besteht darin, daß vom Lehrer vorher ausgelassene Bilder einer Folge von den Schülern aufgrund der Informationen der „Kontext-Bilder" hergestellt (als Bilder gezeichnet oder verbal beschrieben), daß die Lücken der Bildfolge geschlossen werden und bei Versprachlichung ein vollständiger Text entsteht.

So kann man entweder das erste Bild weglassen und vom Ergebnis her rekonstruieren lassen:

Man kann das letzte Bild weglassen (eventuell einen leeren oder mit Fragezeichen versehenen Kasten anstelle des Schlußbildes vorgeben) und aus den vorangehenden Bildern Schlußfolgerungen ziehen lassen:

Der Tierfreund

Man kann auch ein mittleres Bild als Leerfläche erscheinen lassen, wenn Beginn und Schluß recht deutlich auf das Zwischengeschehen hinweisen:

Bei größeren Bildserien können sogar mehrere Bilder fehlen, aus dem Mittelteil, so daß eventuell nur Bild 1 (Junge ruft Vater zu Hilfe) und Bild 6 (Vater erblickt riesiges Nachbarkind) übrig bleiben, oder Anfangs- und Schlußteile bis zum Extremfall, daß aus der sechsteiligen Vater-und-Sohn-Geschichte nur das Bild 4 vorgegeben wird:

Der Schlafwandler

In entsprechender Weise kann dann auch das Einzelbild zur Bildfolge erweitert werden, wenn es genügend Vor- und Rückverweise enthält. Der kombinierte Bild-Sprach-Witz ist dafür oft noch geeigneter als der reine Bild-Witz (siehe Abbildung S. 106): Die kleinen und die großen Fußspuren auf dem sauber gescheuerten Boden, die Mutter mißmutig dabei, die kleineren Stapfen zu beseitigen, der Junge zur Strafe in der Ecke stehend, aber mit Blick auf den heimkehrenden Vater breit und erwartungsvoll grinsend: das alles zusammen mit der Frage des Vaters läßt die Schüler

„Was hat Wölfchen denn angestellt?"

schnell herausfinden, welche Mutter-Sohn-Interaktionen vorausgegangen sind und welche Ehefrau-Ehemann-Auseinandersetzung wohl folgen dürfte.

Je weniger Bilder vorgegeben werden, desto mehr Kreativität der Schüler ist möglich, aber auch nötig: Gesten und Mienen müssen genau gedeutet, Situationen präzise erschlossen, Motive entfaltet, fehlende Teile ergänzt werden. Der Eigenanteil der Schüler an der Entstehung einer Bildfolge wächst.

Eine solche Steigerung des Schüleranteils läßt sich auch bei der Versprachlichung durchführen. Zu Beginn, wenn auch die Rechtschreibfähigkeit der Schüler noch gering ausgebildet ist, kann man den Bildern Sprachmaterial beigeben und Zuordnungsaufgaben durchführen (Welcher Text paßt zu welchem Bild?), eventuell verbunden mit Auswahlaufgaben (Welche Texte passen nicht zu den Bildern und scheiden deshalb aus? Welche Texte passen besser, gefallen besser als andere?). Solche Texte können sein: Bildunterschriften in Form eines Wortes, eines Satzes oder mehrere Sätze, Gedanken- oder Redetexte dargestellter Personen, Überschriften für die ganze Bildfolge.

Bildunterschriften zur Auswahl:
- „Hurra! Hinein ins Wasser!"
- „Herrlich! Wir schwimmen."
- „Brr! Ist das kalt."

Überschriften zur Auswahl:
- „Hereingelegt!"
- „Das Bad im Meer"
- „Wie wir mit Frau Meier baden gingen"
- „Unser Sprung ins Wasser"
- „Wo bleibt ihr denn?"

Redetexte zur Auswahl:
- „Kind, sei nicht so störrisch!"
- „Sehen Sie, vereiterte Mandeln."
- „Bäh!"
- „Entschuldigen Sie bitte! Manchmal ist mit ihr einfach nichts zu machen."
- „Siehst du, hat gar nicht weh getan."
- „So wie der Onkel Doktor!"
- „Streck jetzt die Zunge aus, wird's bald?!"
- „So, nun sag mal: ah!"
- „Nein, ich will nicht."
- „So etwas ist mir noch nicht vorgekommen, Frau Müller."
- „Bitte, zur Belohnung einen Bonbon."
- „Von den Tabletten vor jeder Mahlzeit eine."
- „Mach mal so! Dann kann ich sehen, was dir fehlt."
- „Tja, da müssen Sie wohl noch einmal wiederkommen."

Welche Äußerungen lassen sich überhaupt in die dargestellte Handlungsfolge einfügen? In welche Phasen des Geschehens könnten sie gehören? Wer spricht zu wem, und mit welcher Absicht tut er das?

Bereits mehr Eigenleistung der Schüler bei der Textbildung als die Zuordnungsaufgaben fordert eine allmählich anwachsende Ergänzung von Bildvorlagen durch Sprechblasen, Gedankenblasen und berichtende oder erzählende Zwischentexte, wie sie in Comics anzutreffen sind. Manche Bildwitze machen schon selbst einen Schritt in diese Richtung (siehe Abbildung S. 110): Die dargestellte Bildfolge ist „sprachträchtig", insofern die agierenden Personen etwas sagen. Der Inhalt der Sprechblase in Bild 1 wird bildlich dargestellt, läßt sich aber leicht übersetzen, etwa: „Geh nach draußen zum Spielen und bau dir einen schönen Schneemann!" Der pointenbildende Ausspruch in Bild 3 ist sprachlich vorgegeben. Man kann ihn leicht mit dem Zeichen für eine Sprechblase umgeben und so ganz deutlich dem Jungen zuordnen. Denkbar ist auch eine Denkblase in Bild 2, in welcher der Plan des Jungen reift, vielleicht auch ein kurzes „Ach du großer Schreck!" in Bild 3.

In der obigen Bildfolge sind Sprech- und Gedankenblase inhaltlich vorgegeben, aber noch vom Schüler sprachlich zu gestalten. Er könnte auch im Bild 5 und Bild 6 zusätzlich Sprechblasen einbringen.

In der Abbildung S. 111 unten ist das dargestellte Verhalten so stark konventionalisiert und den Schülern aus Beobachtungen bekannt, daß sie keine großen Schwierigkeiten haben werden, die Sprechmuster zu finden: „Entschuldigen Sie bitte! Haben Sie Feuer?" – „Vielen Dank! Darf ich Ihnen auch eine anbieten?" – „Auf Wiedersehen!" – „Auf Wiedersehen!" Dieses Minimum an Rede läßt sich natürlich erweitern. Auch sind erzählende Zwi-

Ein Jahr später

schentexte denkbar, schließlich sogar Sprechblasen in Verbindung mit Bildunterschriften. So kann der sprachliche Anteil an der Gesamtaussage immer weiter anwachsen, bis die Bilder nur noch den Text illustrieren, keine notwendige Eigeninformation über den Text hinaus mehr enthalten und deshalb auch fehlen könnten. Aus der reinen Bildfolge ist ein reiner Sprachtext geworden.

Solche allmählichen Umwandlungen in Erzähltexte sind auch ohne Sprech- und Denkblasen möglich. Als Vorlagen kommen auch Bildfolgen in Frage, in denen wenig oder gar nicht gesprochen wird wie in dem Beispiel auf S. 112.: Man kann zu jedem Bild nur einen Satz sagen/schreiben lassen und erhält schon eine Geschichte. Man kann ausführlicher verbalisieren, wörtliche Rede einfügen und Überschriften suchen lassen. Man kann das ganze Geschehen aus der Perspektive des Sohnes, des Vaters oder eines Beobachters darstellen lassen. Es gibt also genügend Variationen der Versprachlichung einer Bildsequenz.

In der Bildfolge auf Seite 114 ist nicht die handelnde, sondern die beobachtende Person Zentralfigur. Entweder können die Schüler sich mit ihr identifizieren und aus der gleichen Beobachterperspektive das Spiel der Kinder beschreiben (hier liegt ein Erzählen weniger nahe). Schwieriger, aber noch bildnäher wäre freilich eine Verbindung von Beschreibung und Gedankenmonolog. Innerlich registriert der Vater ja nicht nur, was die Kinder tun, sondern er kommentiert es anfangs wohlwollend und erfreut, zum Schluß ärgerlich, wobei offen bleibt, ob der Ärger sich nur auf die provozierende Bequemlichkeit des Sohnes richtet oder auch auf die eigene Person, da die Kinder ja nur das Elternverhalten imitieren: Kinder als Spiegelbild der Erwachsenen!

Mit solchen Vorlagen überschreitet man sicher die Grenze dessen, was in der Grundschule möglich ist. Die verlangte kritische Reflexion weist weit in die Sekundarstufe hinein. Das gilt auch für den Fall, daß man es wagt, ernste Schüler-Lehrer-Konflikte über Cartoons in den Unterricht aufzunehmen, etwa die groteske, aber auch erschreckende Notwehr der Schüler gegen ein extrem autoritäres Lehrerverhalten, wie Sempé es in einer Bildfolge (vgl. Abbildung S. 115) festgehalten hat.

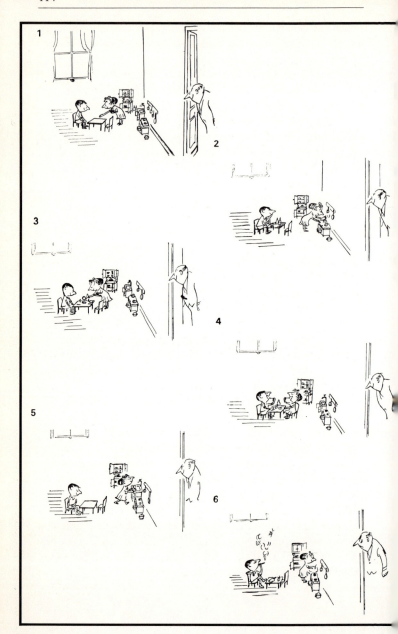

2.4 Witze als Spielanleitung

Mündliche Verständigung besteht nicht nur, nicht einmal zuallererst aus Erzählen, Beschreiben, Berichten, sondern vor allem aus Gesprächen. In eine Situation und eine Rahmenhandlung eingebettete Dialoge zu führen, gehört zu den Grundfähigkeiten der Schüler, die im Deutschunterricht gefördert, erweitert und verfeinert werden müssen. Das kann nicht allein in natürlichen, realen, sich von selbst ergebenden Gesprächssituationen geschehen. Für ein gezieltes und intensives Training der Gesprächsführung muß der Lehrer zusätzliche, fiktive Situationen herbeiführen, Sprechanlässe schaffen, die Schüler zum Kommunikations-Spiel anregen, zur Simulation von Wirklichkeit, zum „So-tun-als-ob", zur lustbetonten und erprobenden Übernahme bestimmter Sprecherrollen.

Über Sprachhandlungsspiele sollen die Schüler lernen, aus sich herauszugehen und die Begrenztheit ihrer realen Möglichkeiten zu überwinden, durch Übernahme fremder Rollen und Verhaltensmuster sich verstehend und teilnehmend ihre Umwelt zu eigen machen. So können sie sich selbst kritisch betrachten (Rollendistanz) und dabei soziale und sprachliche Sensibilität entwickeln: Fähigkeit, sich in die Lage anderer hineinzuversetzen, Erwartungen des Partners wahrzunehmen und seine Reaktionen geistig vorwegzunehmen, Verständnis für andere als die eigene Verhaltensweise aufzubringen (Empathie).

Im Blick auf die Sprache lernen Schüler im Simulationsspiel, genau auf Formulierungen zu achten, für Ausdrucksnuancen hellhörig zu werden, auf Situationsangemessenheit, Intentionalität und Partnerbezogenheit der Äußerungen zu achten, miteinander korrespondierende, sich gegenseitig ergänzende, fortführende oder widersprechende Sprechakte zu unterscheiden, überhaupt: partnertaktisch zu kommunizieren.

Man unterscheidet zwischen stärker angeleitetem und freierem, spontanem Kommunikationsspiel. Zwischen beiden Formen gibt es mancherlei Zwischenstufen und Übergänge: von genau festgelegten oder doch stark vorstrukturierten Handlungs- und Gesprächsabläufen nach detaillierten Vorlagen bis zur freien Ausgestaltung einer vorgegebenen Situation nach Augenblickseinfällen und ohne feste Spielregeln.

Inwiefern eignet sich der Witz als Spielvorlage und Spielanleitung?

Die meisten Sprachwitze sind Dialogwitze. Fast immer sind die wörtlich vorgegebenen Redeteile in eine Szenenbeschreibung in Kurzform eingekleidet, werden die Rollenträger als sprechende Witzfiguren benannt. Der Sprachwitz kann demnach als ein „Drama" oder „Drehbuch" in Kleinstformat verstanden werden, als eine schriftlich fixierte Textgrundlage, die auf Sprech- und Handlungsrealisierung, auf szenische Darstellung hin angelegt ist.

Die Kürze und Geschlossenheit des Witzes erleichtert den Schülern die Rollenübernahme, seine Pointiertheit verpflichtet zur genauen Beachtung der vorgegebenen Rede, macht das Spiel heiter und publikumswirksam. So kann man einen großen Teil der zum Kapitel „Erzählübungen" (s. Anhang: Witzbeispiele) abgedruckten Witze in einen Sketch umwandeln, in eine dramatische, wirkungsvoll pointierte Kurzszene, die sich zur Aufführung auf Klassen- und Schulfesten, Elternabenden, aber auch bei Einladungen von Klasse zu Klasse und bei Vorführungen innerhalb der Klasse (Einstudierung in Gruppenarbeit) vorzüglich eignet.

Freilich lassen die Elemente der Zuspitzung, Übertreibung und Absurdität kein Simulationsspiel zu, dessen oberstes Lernziel Realitätsnähe des Sprachverhaltens ist. Dazu bedarf es anderer Vorlagen. Die Umwandlung eines Sprachwitzes in einen Sketch und dessen Aufführung können nur eine, und zwar eine ergänzende Form des darstellenden Spiels im Sprachunterricht sein, allerdings eine sehr beliebte und unterhaltsame.

Vor der eigentlichen Aufführung stehen Dramatisierung und Einstudierung (eventuell medienunterstützt, mit Tonband- oder Tonkassette, bei vorhandener Ausrüstung mit Herstellung eines kleinen Films), die selbst wichtige Lernprozesse sein können: Planung des Spielaufbaus, der Kulissen und Kostüme, eventuell Erweiterung der Textvorlage, Auswahl der Spieler, Anspiel, Beobachtungsaufgaben für Zuschauer, Diskussion und Bewertung des Spiels, weitere Versuche und Verbesserungsvorschläge.

Der Bildwitz enthält gar keine oder nur sehr wenig Sprache. Seine Dramatisierung und seine Umsetzung in ein Spiel verlangen von den Schülern deshalb auch viel mehr sprachliche Arbeit. Sie lassen ihnen andererseits auch viel mehr „Spielraum" für Ausgestaltung, eigene Einfälle, spontane Zusätze, Erweiterungen, Fortführungen und sogar Veränderungen der Vorlage. Der Bildwitz ist anschaulicher als der Sprachwitz, spricht mehr die Vorstellungskraft und Phantasie an, gibt deutlichere Regieanweisungen und gliedert als Bildfolge das Geschehen schon stärker in Szenen. Er gibt noch keine sprachlichen Formulierungen vor und fordert deshalb mehr zur sprachlichen Eigenproduktion und Kreativität auf.

Die Bildvorlage muß nicht unbedingt sehr umfangreich sein und viel und gewichtige Handlung enthalten. Für den Anfang genügt schon eine kleine lustige Episode wie die auf S. 118 abgebildete. Folgende Redetexte könnten entwickelt werden: Aufforderung zum Wiegen, Ausdruck des Erstaunens beim Arzt, lautes Nachdenken beim Jungen, Ausdruck der Verblüffung über den Tascheninhalt, beruhigtes „Na also!"

Viel Spaß bereitet den Schülern das Nachspielen von Episoden, in denen ein Kind einen Erwachsenen „hereinlegt":

Während in der Bildfolge gar nicht gesprochen wird, läßt sich das für ein Spiel ändern: Das Kind „tönt" scheinbar aus der Vase hervor, daß es nicht mehr herauskomme; die Frau gibt Schreckenslaute von sich, überlegt laut, was zu tun sei, gibt Anweisungen, still zu halten, und wird zum Schluß ganz sicher nicht schweigen. Hier bietet sich eine Fortsetzung des dargestellten Geschehens an, die in verschiedene Richtungen gehen kann, an der weitere Personen (etwa der Vater) beteiligt sein können.

Wichtig ist, daß bei einem Spiel keine schwer zu beschaffenden oder durch Pantomime nicht ersetzbaren Requisiten benötigt werden. Außerdem sollten möglichst viele reizvolle Dialogszenen in der Vorlage enthalten oder angelegt sein. Auch eine gewisse Offenheit und Interpretationsbedürftigkeit der Bilder kann nicht schaden.

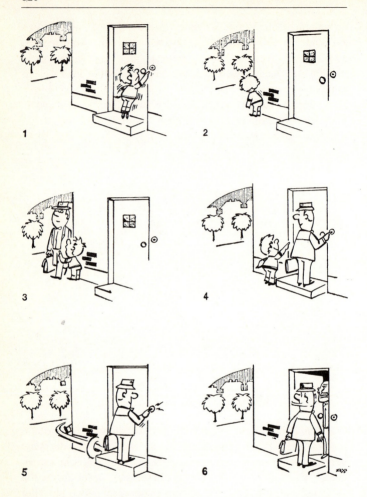

Das erste Bild für sich ist noch offen. Man kann von verschiedenen Möglichkeiten ausgehen: Der Junge will etwas herstellen – er hat schon einen Klingelstreich im Sinn – er kennt die Hausbewohner – er kennt den Mann der folgenden Bilder (oder nicht?). Durch jede dieser Eingangsbedingungen wird der Verlauf des Spiels bestimmt und damit auch die in ihm geforderte Serie von Sprachhandlungen. So können geübt werden: um etwas bitten, etwas erklären, sich entschuldigen. Sofern der Junge nun „erwischt" wird, kommen weitere Sprachhandlungen hinzu: jemanden ausschimpfen, sich bei den Eltern beklagen, sich herauszureden suchen, etwas versprechen ...

Auch hier kann die Vielfalt der Spielmöglichkeiten über das in der Bildfolge dargestellte Geschehen hinausgehen, durch hinzukommende Personen erweitert werden: beobachtende Spaziergänger, ein Polizist, ein mißgünstiger Spielkamerad. Durch sie werden weitere Sprachhandlungen provoziert.

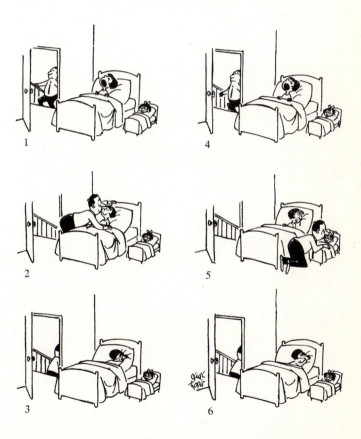

Auch diese Bildvorlage spiegelt eine Situation aus dem Leben der Schüler, ist eine für viele alltägliche Geschichte. Sie kann pantomimisch nachgespielt werden. Das führt zu einem intensiven

"Sich-Hineindenken" in den Handlungsablauf. Mehr fordern die Bilder freilich zu einem Spiel mit wörtlicher Rede der beteiligten Personen heraus. Sofern Einzelheiten des Geschehens sich schwer in Dialoge umsetzen lassen, kann man außer den Spielfiguren auch einen "Erzähler" auftreten lassen, der Zwischentexte spricht, Erklärungen und Kommentare abgibt.

Das Spiel kann erweitert und variiert werden durch nochmals schreiendes Kind, ärgerlich gewordenen Vater, hinzukommende Mutter, vom Geschrei aufgewecktes Baby im Nebenzimmer und Zorn der Eltern. Das Mädchen kann andere Wünsche äußern: etwas zum Trinken bekommen, Gute-Nacht-Geschichte hören, aufstehen und im Wohnzimmer spielen usw. Damit würden die Vorgaben der Bildvorlage freilich so weit zurückgelassen, daß die Pointe verlorengeht, daß nicht mehr getreu der Vorlage gespielt wird, sondern diese allein als Anstoß zur eigenen Gestaltung von inhaltlich benachbarten Erfahrungen dient. Bei einem solchen freien Spiel kann auch das Lernziel wechseln: Jetzt kann möglichst wirklichkeitsnah statt publikumswirksam, d. h. ohne Übertreibung, Gags und Situationskomik gespielt, also Realverhalten wirklich simuliert werden.

Eine Stunde aus dem Leben der Familie Meyer

von Sempé

Je mehr Bilder eine Folge hat, desto mehr Aktion, oft auch desto mehr Mitspieler. Der besondere Reiz dieser Vorlage besteht in der ringförmigen Anlage, in der Wiederkehr desselben Verhaltens auf mehreren Generationsebenen (gern genutzte Gelegenheit zum Verkleiden, Bartankleben usw.) und in der Wiederholung des Ausgangs am Schluß, natürlich auch in der Problematisierung von Frechheit und handgreiflichen Erziehungsmaßnahmen sowie von empörter Ablehnung der Ohrfeige als erzieherischer Spontanreaktion.

Daß Simulationsspiele nach pointierten Bildfolgen auch in der Sekundarstufe noch möglich und sinnvoll sind, wenn man die geeigneten Vorlagen zur Hand hat, soll das Beispiel auf Seite 125 zeigen. Das dargestellte Geschehen ist nicht nur sprachträchtig, sondern demonstriert auf eindringliche Weise, daß Wohl oder Wehe einer Person manchmal ganz von der Überzeugungskraft ihrer Worte abhängig sind. Auch wenn die Wahrscheinlichkeit eines solchen Geschehens nicht allzu groß ist (die Wärter werden ihre Kollegen genauer kennen und deshalb auch in Häftlingskleidung wiedererkennen), kann man sich zu Übungszwecken durchaus einmal in die fiktive Welt hineinversetzen und die Situation als eine reale annehmen. Dann ließen sich etwa folgende Aufgaben denken:

1. Bildanalyse: Die Schüler sollen erkennen und erklären, daß der gefangene Wärter nach einem vergeblichen Versuch, mit Worten sein Problem zu lösen, in Bild 10 zur Tat schreitet und dabei die gleichen Mittel gebraucht wie vorher der Häftling.

2. Der Versuch spielerischer Nachgestaltung des Geschehens ohne Worte (pantomimisch) demonstriert den Schülern, daß man auf Sprache angewiesen ist und Mimik und Gestik unzulängliche Kommunikationsmittel sind, wenn man einen komplexen Sachverhalt erläutern und jemanden überzeugen will.

3. Die Schüler überlegen sich, was in Bild 6 und 7 gesprochen worden sein könnte (Hilferuf, mißlungener Erklärungs- und Überzeugungsversuch) und formulieren Äußerungen. Eventuell auch vorgegebene Texte auf Situationsangemessenheit hin prüfen:
– „Laßt mich hier raus!"
– „Zu Hilfe, Überfall!"
– „Häftling, kommen Sie zurück!"
– „Mensch Karl, erkennst du mich denn nicht?"
– „Häftling 201 ausgebrochen. Gib Alarm!"
– „Da, guck dir doch die Beule an!"
– „Bring mir endlich was zu essen."

- „Glaub mir doch, du Blödmann!"
- „Ich brauche einen Arzt."

4. Sammeln von Beteuerungsformeln und Überprüfung ihrer Aussagestärke: „So glaub mir doch...!" – „Es ist wirklich so..." – „Ich schwöre dir...!"

5. Die Schüler schreiben einen Gedankenmonolog zu Bild 9 (rückwärtsgerichtet: Enttäuschung, Wut, Resignation; vorwärtsgerichtet: Suche nach einer Lösung).

6. Im Simulationsspiel werden einige Bestandteile des Geschehens verdeutlicht, andere variiert:

a) Der gefangene Wärter erklärt dem Kollegen sein Mißgeschick. Der mißtrauische Beamte hält dies für einen Trick.

b) Der Beamte meldet die Angelegenheit seinem Vorgesetzten.

– Dieser hält die Aussagen für glaubwürdig, veranlaßt Untersuchung und gegebenenfalls Alarm.

– Dieser hält die Aussagen für Lügen.

7. Die Schüler fabulieren, wie die Geschichte für den entwichenen Gefangenen in Wärteruniform weitergehen könnte.

Einzelbilder kommen als Spielvorlage nur in Frage, wenn sie genügend Handlung aufweisen, über den festgehaltenen Augenblick hinaus eine Vor- und Nachgeschichte andeuten:

„Stell dir vor, Kurtchen kann schon richtig telefonieren."

Die auf dem Bild dargestellte Gleichzeitigkeit der Ereignisse ist in ein Nacheinander von mindestens fünf Szenen aufzulösen: Mutter bringt Kurtchen das Telefonieren bei. – Kurtchen alarmiert die Feuerwehr, Polizei und Krankenwagen. – Die Gerufenen eilen herbei. – Der falsche Alarm wird aufgeklärt. – Kurtchen wird belehrt und ermahnt.

„Na, was hat mein Kleiner Schönes gemacht, während Papi schlief?"

Die Erwartung des Betrachters und die des Zuschauers beim Spiel werden ganz auf die bevorstehenden Ereignisse gelenkt. Das ganze Geschehen spitzt sich auf die Frage zu: Was wird der Vater tun, wenn er entdeckt, was der Kleine angestellt hat?

Insgesamt ist die Informationsbasis für die Schüler beim Einzelbild geringer. Sie sind gezwungen, selbst mehr hinzuzutun, eigene Vorstellungen für mögliche vorausgehende und folgende Ereignisse zu entwickeln. Immerhin ist wenigstens der Höhepunkt oder ein brisanter, die Weichen für alles weitere stellender Augenblick eingefangen, um den herum Handlungsteile aufgebaut werden können. Das gilt gerade auch für solche Bildwitze, in denen wenig äußere Aktion, mehr innere Handlung und psychische Beteiligung der Personen anzutreffen sind:

„Da werden Sie's nie finden!"

2.5 Rechtschreibwitze

Auf den ersten Blick erscheint es absurd und unmöglich, mit Hilfe von Witzen die Rechtschreibfähigkeiten der Schüler zu sichern oder zu verbessern. Der reine Bildwitz kommt als Hilfsmittel ohnehin nicht in Betracht. Der Sprachwitz lebt primär von der gesprochenen, nicht der geschriebenen Sprache. Außerdem sind gerade in diesem Lernbereich Lernfortschritte nur durch häufiges, kontinuierliches Üben mit ausgewähltem Wortmaterial möglich, das systematisch zur Bewältigung bestimmter Rechtschreibschwierigkeiten und zur Vermeidung bestimmter Fehler zusammengestellt wird.

In der Tat sind Witze kaum geeignetes Übungsmaterial für längere Phasen des Rechtschreibunterrichts. Dennoch können sie in diesem Lernbereich nützlich sein. Gerade für die oft mühsamen, langweiligen Rechtschreibübungen sind Schüler meist nur schwer zu motivieren. Jeder Lehrer ist froh, wenn er eine neue, irgendwie interessante, spielerische, lustbetonte Übungsform gefunden hat. Die Motivation, die Einstellung der Schüler zur Sache, hängt aber oft schon vom Einstieg in ein Unterrichtsthema ab. Und das ist nun der Ort, an dem eine bestimmte Gruppe von Witzen locker eingesetzt werden kann, ohne daß damit der Anspruch zu erheben wäre, sie könnten bereits wichtige Erkenntnisse über Rechtschreibregeln vermitteln oder gar zum normgerechten Schreiben führen.

Es gibt nämlich Sprachwitze, deren Pointe in der schriftlichen Überlieferung wenn nicht gar erst entsteht, so doch deutlicher zu erkennen und zu durchschauen ist: Die beiden „Lesarten" eines potentiell mehrdeutigen Ausdrucks rücken in der geschriebenen Fassung aufgrund unserer Orthographie deutlicher auseinander als in der gesprochenen. Z. B. sind Homophone, also gleich oder ähnlich klingende Ausdrücke, nicht immer auch Homographe, also gleich geschriebene Ausdrücke.

Methodisch liegt es nahe, bei der Einführung oder Wiederholung eines Rechtschreibthemas (z. B. Groß-klein-Schreibung, Getrennt-zusammen-Schreibung) bei Stundenbeginn einen geeigneten Witz zu erzählen. Sofern die Schüler den Witz verstehen, müßten sie auch in der Lage sein, die Pointe, also die beiden Lesarten inhaltlich zu bestimmen. Sobald sie den Witz dann (an der Tafel oder im Heft) aufschreiben, zeigt sich, ob sie die orthographische Auflösung der Doppeldeutigkeit entdecken und damit auch das Unterrichtsthema. Der Witz kann als mnemotechnische Hilfe (Merk- und Erinnerungsstütze) an der Tafel für alle sichtbar stehenbleiben, so daß er zum Repräsentanten einer bestimmten Rechtschreibkonvention wird. Man kann gelegentlich auf ihn als „Eselsbrücke" zurückkommen. In Einzelfällen mag es vielleicht sogar möglich sein, den Rechtschreibfall im Witz zu verallgemeinern und zur Herleitung einer Regularität oder Regel zu benutzen.

Ähnlich klingende Konsonanten:
An einer Baustelle steht ein Schild: „Zutritt verboten". Aber Fritz und Franz kümmert das gar nicht. Da schimpft der Aufseher: „Könnt ihr Bengel denn nicht lesen?" Da gibt Franz zur Antwort: „Doch, da steht Zutritt verboten, wir sind aber doch bloß zu zweit!"

Ähnlich klingende Vokale, Umlaute, Diphthonge:
Zwei Jungen stehen im Berliner Zoo vor einem Freigehege. Mühsam entziffern sie die Namen der Tiere. Plötzlich fragt der eine: „Du Paule, sag mal, wat is een Lama?" – „Een Lama, dat weste nich, dat is doch eener, der dat eene Bein nachzieht."

Der Lehrer spricht ganz ausführlich über Seuchen. Am Ende der Stunde fragt er: „Also, Tommi, was sind Seuchen?" – „Kleine Schweine, Herr Müller."

Groß- und Kleinschreibung:
Dick und Doof gehen über die Eisenbahnschienen. Dick hat Hunger, Doof sagt: „Iß doch die Schiene!" Dick beißt in die Schiene. Er sagt: „Die ist aber hart!" Doof meint: „Geh doch da hinten hin, da ist 'ne Weiche!"

Richter zum Angeklagten: „Hatten Sie bei Ihrem Einbruch einen Genossen?" – „Nein, ich war stocknüchtern."

Eine kleine, etwas rundliche Dame kommt in die Konditorei: „Guten Tag! Ich möchte Rumkugeln!" Die Verkäuferin sieht sie erstaunt an, sagt dann aber höflich: „Bitte sehr, wenn es Ihnen Spaß macht. Der Boden ist gerade gewischt."

„Kennen Sie die Wüste Gobi?" – „Nein, mit einem solchen Frauenzimmer gebe ich mich nicht ab."

Ein Angler sitzt seit Stunden am Ufer und hat nichts gefangen. Kommt ein Spaziergänger vorbei und fragt: „Na, beißen sie?" Der Angler erwidert gereizt: „Nur wenn ich wütend bin."

Lehrer: „Wieviele Inseln liegen in der Sundasee, und wie heißen sie?" Schüler: „In der Sundasee liegen sehr viele Inseln, und ich heiße Max Müller."

Groß- und Kleinschreibung, verbunden mit ähnlich klingendem Diphthong:
„Gestatten Sie? Mein Name ist Rainer Hohn." – „Nehmen Sie es nicht so tragisch. Wie heißen Sie denn?"

Groß- und Kleinschreibung, verbunden mit Schreibung der s-Laute:
Hunderte standen an den Hängen und Pisten.

Getrennt- und Zusammenschreibung:
Herr Maier ist der recht mäßige Nachfolger von Herrn Schulze.

Lehrer: „Drei mal sieben, was gibt das?" Fritz: „Feinen Sand."

Andersschreibung bei Homonymen:
„Lehrer" ist die Steigerung von „leer".

Freilich ist eine solche Andersschreibung nicht überall durchgeführt, zumal die Grenzen zwischen etymologisch verwandten Wörtern (in der Regel mit Gleichschreibung) und wirklichen Homonymen in der Gegenwartssprache oft nicht mehr klar zu erkennen sind. Auch dafür gibt es Witzbeispiele:
Ein Lehrer liest: „Die alte Frau ernährt sich und ihren Sohn durch Spinnen. Was fällt dir bei dem Satz auf, Karl?" – „Daß der Junge Spinnen gegessen hat."

3   Strukturen des Witzes

(Lernbereich: Reflexion über Sprache/Grammatik)

„Witz = spielendes Urteil."

Kuno Fischer

Sprachbetrachtung im Unterricht dient dem Zweck, das Sprachkönnen der Schüler durch Vermittlung von Sprachwissen zu erweitern. Untersuchungsgegenstand ist dabei traditionellerweise das System sprachlicher Zeichen (Elemente des Wortschatzes) und der Regeln zu ihrer Verknüpfung (Regeln der Wort- und Satzbildung, Grammatik), in jüngster Zeit auch Kommunikation als soziales Handeln, das von mehreren Situationsfaktoren bestimmt wird und sich in Texten niederschlägt (Kommunikationsanalyse, Textgrammatik).

Empirisch konnte bis heute weder bewiesen, noch eindeutig widerlegt werden, daß Einsichten in die Bauweise des Sprachsystems und die Funktion und Leistung seiner Elemente sowie Einsichten in die Bedingungen kommunikativen Handelns den Sprachgebrauch der Schüler nachhaltig beeinflussen und verbessern. Man darf jedenfalls aus der Tatsache, daß der Spracherwerb des Kleinkindes vor der Einschulung weitgehend unbewußt als imitatives Lernen (Nachahmung) erfolgt, nicht ohne weiteres schließen, daß das auch für den weiteren Prozeß des Beherrschenlernens von Sprache zwangsläufig gelte, daß mit kognitivem Lernen (Erkenntnis) hier nichts zu erreichen und die einzig sinnvolle Lehrmethode das Einprägen von Leitschemata durch häufiges Üben („Einspuren") sei.

Sprachbewußtsein, objektivierende und kritische Distanz eigenen und fremden Äußerungen gegenüber, im Gegensatz zu naivem Sprachgebrauch erscheint besonders dann erstrebenswert und didaktisch als Lehr- und Lernziel legitim, wenn man statt einer syntaxorientierten eine semantisch-pragmatische Auffassung von Sprache und Sprachhandeln vertritt: Ein Sprecher erzeugt nicht in erster Linie Sätze, sondern Handlungsmotive; Ziele/Absichten und situationsspezifische Gegebenheiten anderer Art veranlassen ihn, bestimmte Inhalte in sprachlichen Äußerungen zum Ausdruck zu bringen (Proposition) und durch sie bestimmte Partnerbeziehungen herzustellen (Illokution). Wer diese Zusammenhänge zu durchschauen gelernt hat, kann in der Regel auch seine Intentionen besser verfolgen, sich klarer verständlich machen, erfolgreicher kommunizieren.

Wichtig ist freilich, daß Reflexion über Sprache nicht zu einem reinen Formalismus wird. Eine bloße Sprachbeschreibung mit Vermittlung von sprachtheoretischen Fachbegriffen, Erläuterung ihrer Bedeutung, Veranschaulichung an Beispielen und „Anwendung" durch korrekte Benennung sprachlicher Erscheinungen ist nicht nur motivationshemmend, sondern auch weitgehend nutzloser Selbstzweck. Nicht auf die Beherrschung linguistischer Fachsprache durch die Schüler kommt es an (kein „Begriffeklopfen"!), sondern auf das Erfassen der Struktur und Leistung sprachlicher Erscheinungen. Wichtig ist deshalb ein Experimentieren mit Sprache, ein „entdeckendes" Umgehen mit Texten. Funktionaler Sprachunterricht geht in der Regel nicht deduktiv, sondern induktiv vor, untersucht nicht den aus dem Text herausgelösten isolierten Ausdruck, sondern die sprachliche Erscheinung in ihrer Verwendung, in ihrer Funktion für den Text, in ihrer Kontext- und Situationsabhängigkeit.

In diesem Zusammenhang ist gerade der Witz als rasch zu überschauender Kurztext mit sehr dichter Struktur ein geeignetes Untersuchungsmaterial.

3.1 Kommunikationsanalyse

Didaktischer Ausgangspunkt für eine Analyse kommunikativen Handelns, seiner Voraussetzungen, Bedingungen, Regeln und Folgen ist die Überlegung, daß es nicht genügt, den Wortschatz und die Grammatik (als Syntax) einer Sprache zu beherrschen, sondern daß Verständigung erst bei zusätzlicher Beachtung sprachlicher Gebrauchsregeln (pragmatischer Regeln) gelingt: In welchem Zusammenhang ist welche sprachliche Äußerung wie zu verstehen?

Beim Spracherwerb lernt das Kind nicht einzelne Wörter oder Sätze kennen, sondern es erlernt ganzheitlich in Gesamtverhalten und Situationen eingebettete Sprechhandlungsmuster und beachtet dabei konventionell festgelegte Bedingungen für das Gelingen eines Sprechaktes: u. a. sprecherseitig bestimmte Voraussetzungen und Verpflichtungen, hörerseitig Verstehens- und Akzeptionsbedingungen (so gelingt z. B. ein Versprechen nur, wenn der Sprecher in der Lage ist und die Absicht hat, es auch einzulösen, und wenn der Hörer es versteht und annimmt, d. h. es nicht als leeres Wort zurückweist).

Erst wer gelernt hat, Sprecherabsicht, Adressatenerwartung, Voraussetzungen und Voreinstellungen von Personen, Situation mit Ort, Zeit und Handlungszusammenhängen, Thema und Kommunikationsmedium richtig einzuschätzen und bei seinen Kommunikationsversuchen zu berücksichtigen, wird andere rasch und richtig verstehen und sich angemessen verständlich machen können. Die Einsicht in Kommunikationsstrukturen erlaubt es den Schülern, Verständigungsprozesse bewußter zu planen und durchzuführen, eine möglichst optimale Übereinstimmung von Inhalten, Vorstellungen, Gedanken mit ihrem Ausdruck durch bestimmte sprachliche Formen anzustreben, vor allem aber zur Bewältigung solcher Situationen zu gelangen, in denen Kommunikation zum Problem wird und Metakommunikation (Verständigung *über* Verständigungsprozesse) erforderlich wird: Man muß mißlingende Verständigung, also etwa Unverständnis und Mißverständnis, als solche erfassen, ihre Ursachen erkennen und sie durch ein klärendes Gespräch, durch Kommentar („Das meine ich so: ...") oder Rückfrage („Wie meinst du das?") beseitigen lernen.

Die methodische Grundfrage des Lehrers lautet: Wie stelle ich den Schülern Situationen vor, in denen komplexe Kommunikationsvorgänge ablaufen, die zur analytischen Betrachtung auffordern, ohne dabei für sich gesehen langweilig zu sein? Er muß sich auf Anschauungs- und Untersuchungsmaterial stützen, das die Bereitschaft der Schüler weckt oder fördert, sich mit dessen Inhalten zu befassen.

Der Witz erscheint in mehrerer Hinsicht geeignet. Er ist beliebte Freizeitlektüre der Schüler, enthält in den meisten Fällen kommunizierende Figuren, ist selbst Kommunikationsmittel zwischen Autor/Erzähler und Hörer/Leser. Die zwischen den Personen stattfindende Verständigung ist nicht ganz einfach strukturiert (häufig mißverstehen sich Witzfiguren – der Betrachter/Leser eines Witzes erfaßt nicht immer die Pointe). Das erhöht den Reiz des Textes, verleiht ihm Rätselcharakter, verschafft Erfolgserlebnisse beim Finden der Pointe, wie auch bei der Entdeckung und Beschreibung der kommunikativen Wirkungszusammenhänge: Mit welchen Mitteln bringt der Erzähler seine Hörer zum Lachen?

Es soll freilich auch nicht verschwiegen werden, daß den offensichtlichen Vorteilen der Textsorte gewisse Nachteile gegenüberstehen: Die Geschehnisse im Witz sind in der Regel zugespitzt, übertrieben, von geringer Wahrscheinlichkeit und Wirklichkeitsnähe. Das verstärkt ihre Wirkung, mindert aber ihre Brauchbarkeit, wenn man aus den Kommunikationsvorgängen im Witz unmittelbar für die sprachliche Verständigung im normalen Alltagsleben lernen will, wenn die Verständigung im Witz als Exempel für die außerhalb des Witzes genommen wird.

Ein unmittelbarer Transfer von Erkenntnissen aus der fiktiven, oft verzerrten Kommunikationssituation auf reale Situationen darf also nicht erwartet werden. Jedoch eignen sich Witze gut, wenn Einzeleinsichten in die Bedingungsfaktoren kommunikativen Handelns überhaupt vermittelt werden sollen. Die Witzpointe isoliert häufig einzelne wichtige Faktoren, stellt ihre Funktionen eindeutig heraus. Die unrealistische Überzeichnung hat didaktischen Wert: Der Schüler sieht die Elemente klarer, gewinnt Beschreibungs- und Beurteilungskriterien, lernt metasprachliche Grundbegriffe kennen, die er zur Einschätzung realer Kommunikationssituationen benötigt, um sie angemessen und seinen Absichten entsprechend bewältigen zu können.

In vielen Witzen scheitern Kommunikationsversuche oder sind doch stark gefährdet. Die Beschäftigung mit mißlingender Verständigung ist auch didaktisch sinnvoll, denn unter welchen Umständen und Voraussetzungen ein Kommunikationsversuch als gelungen bezeichnet werden kann, wird oft erst an fehlgeschlagenen Versuchen klar und ist an ihnen einsichtig zu machen (Entdeckung oder Verdeutlichung der Regel über Regelverstoß).

Eine Grundform des Mißlingens ist das Unverständnis. Es ist dadurch gekennzeichnet, daß der Adressat einer Äußerung nichts von dem oder jedenfalls nicht alles versteht, was der Sprecher/Schreiber meint und zu verstehen geben will.

Die Störungen können sehr verschiedene Ursachen haben. Das Unverständnis kann auftreten, wenn der Sprecher sich zu leise, aus zu großer Entfernung, zu ziellos äußert, so daß ein Kontakt mit dem Adressaten gar nicht zustande kommt, wenn er zu undeutlich artikuliert, regelwidrig spricht, einen schweren Sprachfehler besitzt, seine Absicht nicht deutlich kundtut, so daß der Partner sich wohl angesprochen weiß, den Inhalt der Äußerung aber nicht erfaßt, wenn der Sprecher mit seiner Äußerung beim Adressaten Erfahrungen, Kenntnisse, Fähigkeiten voraussetzt, über die jener in Wirklichkeit nicht verfügt, wenn der Adressat unaufmerksam, abgelenkt, kommunikationsunwillig oder in anderer Weise gehindert ist, den Verständigungsversuch des Sprechers seinerseits aufzunehmen.

Ein im Witz auftretendes Unverständnis ist im Unterschied zum realen Unverständnis in der Regel pointenbildend:

Ein Schweizer, ein Schwabe und ein Berliner sitzen in einem Eisenbahnabteil. Der Schweizer wendet sich an den Berliner mit der freundlichen Frage: „Sind Sie schou z'Züri gsi?" Der Berliner kann mit dem letzten Wort nichts anfangen und fragt zurück: „Gsi?" Da greift der Schwabe hilfreich ein: „Er moint gwää."

Ursache für das Unverständnis des Berliners ist der ihm fremde Dialekt, die partielle „Fremdsprache", deren Vokabeln er nicht kennt, die er auch aus dem situativen Kontext in ihrer Bedeutung nicht errät, obwohl das eigentlich nicht ganz so unmöglich wäre (Reise, „Zürich", Frage: „Sind Sie schon . . .?"). Andererseits überschätzt der Schweizer offenbar die Informationen, die aus der Situation ablesbar sind, die Fähigkeiten des Berliners zu „kombinieren", unterschätzt die Schwierigkeiten, welche der Dialekt dem Berliner bereitet, berücksichtigt nicht genügend die Voraussetzungen und Möglichkeiten des Gesprächspartners. Pointenbildend wird das Unverständnis aber erst durch das Eingreifen des „verstehenden" Schwaben. Er will helfen, übersetzt aber nicht in die Sprache des Berliners, sondern in seine eigene Mundart, die dem Berliner genau so fremd ist. Der Witzleser erwartet vom Textaufbau her eine wirklich hilfreiche Erklärung: „Er meint: gewesen.", wird in dieser Erwartung aber enttäuscht und muß plötzlich feststellen, daß das Unverständnis durch die Worte des Schwaben nicht beseitigt, sondern noch verstärkt wird.

Unverständnis auf Grund einer fremden Sprache gibt es auch im Bildwitz (siehe Abbildung S. 137): Der Europäer vor einer morgenländischen Bedürfnisanstalt erkennt diese immerhin als solche, er kann auch vermuten, daß die beiden arabischen Aufschriften auf den Türen nach internationalem Brauch Hinweise für „Männer" bzw. „Frauen" sein sollen. Doch fehlen ihm die

Sprachkenntnisse, um zu verstehen, welche die für ihn richtige Tür ist. Also sucht er die Entscheidung durch Münzwurf.

In anderen Fällen sind es nicht mangelnde Sprachkenntnisse, die zum Nichtverstehen führen, sondern momentane Beeinträchtigungen der geistigen Fähigkeiten, z. B. infolge von Alkoholeinwirkung:

Ein betrunkener Autofahrer wird von einer Polizeistreife gestoppt: „Zeigen Sie mir bitte Ihren Führerschein!" Der Fahrer: „Na, hören Sie, Sie sind lustig, den habt ihr Brüder mir doch schon vor vier Wochen abgenommen."

Die Aufforderung des Polizisten versteht der Betrunkene inhaltlich sehr gut, doch ergibt sie für ihn keinen rechten Sinn: Der Polizist müßte doch wissen, daß der Führerschein schon bei der Polizeibehörde ist. Es fehlt somit eine wichtige Voraussetzung für die sinnvolle Aufforderung, nämlich der gegenwärtige Besitz der Fahrerlaubnis. Daß sie wiederum Voraussetzung für das Fahren eines Autos ist, macht der Betrunkene sich nicht klar. Er, nicht der Polizist, schätzt in Wirklichkeit die Situation falsch ein.

Der Richter fragt den Angeklagten nach seinem Namen: „Schmitz ohne k." Der Richter: „Wie bitte?" Der Angeklagte: „Schmitz ohne k." Der Richter verständnislos: „Aber Schmitz wird doch immer ohne k geschrieben!" Der Angeklagte: „Das sag ich doch die ganze Zeit."

Der Dialog zeigt deutlich, wie Gesprächspartner, hier der Richter, stets zu verstehen suchen, was der andere sagt und was er mit dem Gesagten meint. Unsere sprachlichen Verhaltensregeln, die wir als Kinder mit Grammatik und Wortschatz erwerben, beruhen auf den Grundannahmen, daß ein Sprecher nichts

Unsinniges, sondern etwas Sinnvolles sagen will, daß er seinen Partner, dessen kommunikative Absichten, Erwartungen, Fähigkeiten, die besonderen Umstände der Kommunikationssituation einschätzt und sich entsprechend verhält. Das Wissen um diese Faktoren und die Beherrschung eines entsprechenden Repertoires an Verhaltensregeln setzen wir beim Partner voraus. Wir reagieren mit Unverständnis, wenn jemand grundlegende kommunikative Handlungsregeln nicht beachtet, sie außer Kraft setzt. So ist für den Richter nicht ersichtlich, was der Angeklagte mit seiner Erläuterung „ohne k" meint. Sinnvoll ist ein solcher Zusatz nur bei Namen, die der Richter irrtümlicherweise allein vom Hören her falsch schreiben könnte, z. B. „Schmid ohne t"; ein Zusammenhang von „Schmitz" und einer Schreibweise mit „k" ist jedoch nicht erkennbar, Verwechslungen von Namen sind hier ausgeschlossen. Der Angeklagte transponiert also ein in anderem Zusammenhang sinnvolles Sprachverhalten in eine Situation, in der es sinnlos ist und auf Unverständnis stoßen muß. Die Schlußworte des Angeklagten auf die verwunderte Frage des Richters zeigen, daß der Angeklagte entweder ein Schalk ist (so wirkt der Witz auf den Hörer/Leser) oder aber eine zweite kommunikative Grundregel mißachtet: Über Selbstverständlichkeiten, über die beide Gesprächspartner mit Sicherheit einig sind, braucht man nicht erst ein übereinstimmendes Urteil herbeizuführen. Über von keiner Seite bezweifelte Voraussetzungen brauchen die Partner nicht zu reden. Man braucht jedenfalls dem Partner nichts auszureden, worauf er von allein nie kommen würde.

„Herr Doktor, ich leide an Gedächtnisschwund. Ich kann mich an nichts erinnern." – „Seit wann?" – „Seit wann was?"

In diesem Übertreibungswitz versteht der Patient die an ihn gerichtete Frage des Arztes nicht, weil die elliptische Frage sich auf das bezieht, was der Patient gerade vorher selbst gesagt hat, was diesem inzwischen aber schon wieder entfallen ist. Neben Gedächtnisstörungen sind es oft andere geistige Ausfallserscheinungen, die zu Kommunikationsstörungen führen.

Drei Männer spielen Skat. „Schach!" sagt der eine und legt den Kreuzbuben auf den Tisch. „Moment mal", sagt der zweite, „seit wann gibt es denn beim Halma Elfmeter?"

Der Witz ist verschieden zu interpretieren, je nachdem, welche geistigen Fähigkeiten man den drei Spielern zubilligt. Sind alle „normal", so kann der erste Sprecher auf Grund der eindeutigen

Spielhandlung (Kreuzbuben auf den Tisch legen) mit Verständnis rechnen, auch wenn er spaßeshalber den Angriffsterminus des Schachspiels zitiert. Der dann ebenfalls scherzhafte Tadel reagiert auf das „Fehlverhalten", indem er es überbietet. Vielfach wird der Witz aber als Irrenwitz überliefert, das Skatspiel in den Wartesaal des Psychiaters verlegt. Dann ist das Geschehen ganz anders zu beurteilen: Der erste Spieler vergreift sich tatsächlich im Ausdruck, verwechselt Spielregeln verschiedener Spiele. Der zweite versteht deshalb nicht, was der erste meint, glaubt seinerseits, Halma zu spielen, bringt den Ausdruck „Schach!" in Zusammenhang mit „Elfmeter" und Fußball.

Gerade der Irrenwitz ist häufig dadurch gekennzeichnet, daß ungewöhnliche, normabweichende Verhaltensweisen dargestellt werden, die einerseits auf Unverständnis der rational handelnden Personen stoßen, die andererseits aber auch oft eine eigene, innere Logik und Folgerichtigkeit aufweisen:

Zwei Irre sitzen auf einer Parkbank. Fragt der eine: „Wie heißt du denn?" – „Ich heiße Kowalski." – „So heiße ich ja auch", sagt der erste, „wie schreibst du dich denn?" Da nimmt der zweite einen Stock auf und zeichnet drei Kreuze in den Sand. Darauf nimmt der erste den Stock, macht vier Kreuze und erklärt dem anderen: „Das erste Kreuz heißt Dr."

Das Unverständnis einer Witzfigur (warum vier Kreuze?) macht einen erklärenden Kommentar der anderen Figur erforderlich. Die eigentliche Pointe kommt jedoch nicht auf dieser Kommunikationsebene zwischen Witzfiguren zur Geltung, sondern erst auf der Verständigungsebene, die zwischen Witzsender und Witzempfänger anzusetzen ist. Der komische Kontrast zwischen Irresein und Analphabetismus einerseits, dem Abschluß eines akademischen Studiums mit dem Erwerb des Doktorgrades andererseits, der sich in einem vierten Kreuzchen zeigt, muß dem Irren selbst entgehen. Lachen kann hier nur der Adressat, an den der Witz als Kommunikationsmittel gerichtet ist.

Nicht immer versteht der Adressat sofort die Pointe des Witzes. Manchmal reagiert auch er mit momentanem oder dauerndem Unverständnis. Dann mißlingt nicht die Kommunikation im Witz, sondern die über den Witz. Das kann sehr verschiedene Ursachen haben (mangelnde Kenntnis oder geistige Fähigkeiten, augenblickliche witzfeindliche Gestimmtheit usw.), ereignet sich aber besonders auch bei einer Gruppe von Irrenwitzen, in denen ein unseren Erfahrungen widersprechendes Geschehen zur Pointenbildung genutzt wird. In der Wochenzeitung ZEIT, Nr. 51/1969 wurde folgender Witz abgedruckt:

Geheilt
„Jeden Abend bevor ich einschlafe", erklärt ein Patient seinem Psychiater, „sehe ich unter meinem Bett ein Krokodil. Bitte, helfen Sie mir!" – „Das ist ganz einfach: Sie brauchen immer nur zu sagen: Da ist kein Krokodil, da ist kein Krokodil! Wenn Sie das ein paar Abende lang gemacht haben, werden Sie geheilt sein." Nach vier Tagen kommt der Patient wieder: „Herr Doktor, es hat nicht geholfen. Ich sehe nach wie vor ein Krokodil." – „Machen Sie noch vier Tage so weiter und kommen Sie dann wieder zu mir." Als die Frist um ist und der Patient nicht wiederkommt, macht sich der Psychiater auf den Weg, um nach dem Rechten zu sehen. Auf sein Klingeln öffnet ihm ein fremder Mann: „Sie wollen sicher zu Herrn Mayer. Leider lebt er nicht mehr. Er ist von einem Krokodil gefressen worden, das unter seinem Bett lag."

In der nächsten Folge der Zeitung war folgender „Leserbrief" zu lesen:
„Hiermit teile ich Ihnen mit, daß ich das Abonnement Ihrer werten Zeitschrift abbestellt habe. Ihre intellektuellen Mätzchen und Zweideutigkeiten habe ich schon satt, die vielleicht ein paar Eingeweihte verstehen, nicht aber ein Leser, der das Recht hat, für sein gutes Geld von der Redaktion eine klare Stellungnahme zu verlangen. In unserer Familie kam es wegen Ihres sogenannten Witzes zu einem Streit und beinahe zur Scheidung, denn ich behauptete, das Krokodil wäre wirklich da gewesen, sonst hätte es ja den armen Herrn Mayer nicht fressen können, meine Frau dagegen, die aus einer Arztfamilie stammt, behauptete, es hätte da ja kein Krokodil geben können, wenn der Doktor sagte, es sei nicht da, und der vermeintliche Tod des Herrn Mayer war eben nur eine Folge von Suggestion.
Karl-Heinz Königshosenträger, Untersalz
Niedersachsen"

3.2 Mißverständniswitze

Eine zweite Grundform mißlingender Verständnisse (neben dem Unverständnis) ist das Mißverständnis. Es ist dadurch gekennzeichnet, daß Aussagen oder andere kommunikative Handlungen, mit denen jemand jemandem etwas mitteilen möchte, vom Partner anders verstanden werden, als der Sprecher/Schreiber/Handlungsträger sie gemeint hat:

$$\text{Gemeintes} \neq \text{Verstandenes.}$$

Sprachdidaktisch gesehen ist das Mißverständnis die viel wichtigere Form mißlingender Verständigung. Es ist viel gefährlicher, weil es oft gar nicht erkannt, unter Umständen nie ausgeräumt wird und dann die Sozialbeziehungen zwischen Partnern auf Dauer vergiften kann: Der etwas unsichere und empfindliche Mensch fühlt sich durch die Worte eines Gesprächspartners beleidigt, die er als persönliche Anspielung und Kränkung verstanden hat, ohne daß sie in Wirklichkeit so gemeint waren. Er läßt sich aber aus Stolz nach außen hin nichts anmerken, so daß die Grundlosigkeit der Verstimmung nicht aufgedeckt werden kann und die Empfindlichkeit noch zunimmt.

Sensibilisierung für Mißverständnisse ist deshalb eine wichtige Aufgabe des Deutschunterrichts. Wer weiß und ein Gespür dafür entwickelt, unter welchen Umständen Mißverständnisse zustande kommen, kann sie gelegentlich im Redeverlauf schon voraussehen, erahnen und durch klarstellende Zusatzbemerkungen vielleicht ganz vermeiden. Wer darüber hinaus weiß, woran auftretende Mißverständnisse zu erkennen sind, kann sie wenigstens als solche wahrnehmen und sich um nachträgliche Korrektur bemühen. Wer die Auswirkungen von Mißverständnissen kennt, wird bei auffälligem und unerklärlichem Verhalten eines Bekannten die letzte Begegnung mit ihm auf ein mögliches Mißverständnis hin prüfen und eventuell eine Aussprache suchen.

Es gibt zahlreiche Witze, die Mißverständnisse oder verwandte Kommunikationsereignisse enthalten, sie andeuten oder mit ihrer Möglichkeit spielen. Der Mangel an Realismus, an Wirklichkeitsnähe (durch Zuspitzung, Übertreibung verursacht) muß für die Analyse kein Nachteil sein, wenn die Ursachen die gleichen sind wie beim Alltags-Mißverständnis.

Zunächst ist das Mißverständnis von der Fehleinschätzung, der falschen Deutung einer Situation abzugrenzen:

„Welches ist dein Lieblingsgericht?" – „Schwer zu sagen. Bis jetzt hat mich noch keines freigesprochen."

Bei einer vergleichenden Betrachtung des Bildwitzes und des Sprachwitzes werden die Schüler zunächst das Gemeinsame entdecken: Es handelt sich in beiden Fällen offensichtlich um den Irrtum einer Person. In der Bildfolge wird die Insektenvertilgungsspritze in der Hand der Krankenschwester fälschlich als medizinisches Injektionsgerät interpretiert. Eine Verständigung wird dort nicht versucht. Die Schwester „meint" nichts mit der Spritze, kann also auch nicht falsch verstanden werden. (Anders wäre es, wenn sie, um sich einen Spaß zu erlauben, ihm die Spritze mit einer

Gebärde entgegenstreckte, die besagen sollte: Machen Sie sich bitte zur Injektion bereit!) Beim Wortwitz dagegen wird eine Verständigung gesucht. Sie scheitert an der Doppeldeutigkeit des Wortes „Gericht" (Speise; rechtsprechende Behörde).

Mißverstehen im eigentlichen Sinne kann man immer nur kommentative Handlungen, die sich an einen Partner richten, die irgendwie „gemeint" sind. Es genügt nicht, daß jemand einseitig etwas als kommunikativ versteht, was gar nicht Verständigungszwecken dient:

Krimi-Stunden – Lohn der Angst

Die Situation veranlaßt den Krimi-Leser, das kalte Metall des Uhrgewichts im Nacken als Mündung eines Pistolenlaufs zu deuten und damit als taktile Wahrnehmung einer kommunikativen Handlung mit der Bedeutung „Hände hoch, oder ich schieße!", die in Wirklichkeit gar nicht gegeben ist.

Ganz feines Sinfoniekonzert. Der Saal ist bis auf den letzten Platz besetzt. Eine alte Dame kommt kurz vor Beginn angehastet, mit einem Hörrohr in der Hand. Da zischt der Türschließer: „Einen Ton auf dem Ding, und Sie fliegen raus!"

Der Schließer verwechselt das Hörrohr mit einem Blasinstrument, begeht also einen Irrtum, beurteilt einen Sachverhalt in nicht zutreffender Weise und warnt danach die Frau vor einem Verhalten, das ihr gar nicht in den Sinn kommt. Sie will auch mit dem Hörrohr nichts „sagen", etwa den Türschließer durch Vorweisen des Gerätes provozieren.

In die gleiche Richtung weisen andere Witze: nicht kommunikativ gemeintes Verhalten wird fälschlich kommunikativ gedeutet:

Im Abteil saß Bruno und kaute Kaugummi. Sein Mund war in heftiger Bewegung. Ihm gegenüber saß eine ältere Dame. Sie betrachtete ihn einige Zeit wohlwollend, dann sagte sie freundlich: „Es ist ja nett von dir, mein Junge, daß du mir etwas erzählen willst, aber leider verstehe ich nichts. Ich bin nämlich taub."

Ebenso wenig genügt es, wenn umgekehrt zwar etwas kommunikativ gemeint, aber nicht kommunikativ verstanden wird. Auch hier handelt es sich nur um eine Fehleinschätzung eines Sachverhalts:

„Komisch, immer wenn wir hier vorbeikommen, scheinen die ein Fest zu feiern!"

Der Schiffsoffizier versteht sich nicht als Adressat, die Gebärden nicht als an sich gerichtet, obwohl sie so gemeint sind.

In der Bildfolge auf Seite 145 erfaßt der junge Mann nicht, daß das von ihm gefundene Tachentuch absichtlich „verloren" wurde und ihn zur Kontaktaufnahme auffordern soll. Von der Möglichkeit einer vorgetäuschten Fehleinschätzung bei an sich richtigem Verständnis der Tat (er will nur keinen Kontakt zu ihr aufnehmen!) sehen wir hier einmal ab.

„Othello", sechster Akt

Eine zweite Bedingung des echten Mißverständnisses besteht darin, daß es von keinem der beiden Kommunikationspartner beabsichtigt ist. Es handelt sich sonst um ein vorgetäuschtes Mißverständnis, von dem der Hörer sich Vorteile verspricht, oder um ein absichtlich herbeigeführtes Mißverständnis, eine gewollte Irreführung des Hörers durch den Sprecher. Beide „unaufrichtige" Kommunikationsformen sind im Witz recht häufig.

*Krummholz hat ein entsetzlich lautes Organ. Als sein Chef eines Morgens ins Büro kommt, hört er Krummholz wieder wie einen Tobsüchtigen brüllen. „Wer schreit denn da so?" fragt er seine Sekretärin. „Das ist Herr Krummholz. Er spricht mit Amsterdam."
– „Sagen Sie ihm, er soll doch den Fernsprecher benutzen!"*

Der Chef täuscht ein Mißverständnis vor. Er stellt sich dumm, als ob er glaube, Krummholz unterhalte sich ohne Telefon direkt mit einem Gesprächspartner in Amsterdam. Dabei verfolgt er wohl zwei Absichten: Der Sekretärin gegenüber will er einen Witz machen; über die Sekretärin will er Krummholz wissen lassen, daß er weniger laut sprechen soll.

Emil stiehlt gleich bei der ersten Beichte dem Pfarrer die Uhr und beichtet: „Ich habe eine Uhr gestohlen. Es bedrückt mich sehr. Darf ich die Uhr Ihnen geben, Hochwürden?" Der Pfarrer entsetzt: „Was fällt dir ein? Ich nehme sie nicht. Gib sie dem Eigentümer zurück!" Emil: „Das habe ich versucht. Er will sie nicht." – „Dann brauchst du dich nicht bedrückt zu fühlen und kannst die Uhr mit gutem Gewissen behalten."

Der Beichtende läßt den Pfarrer zuerst glauben, er wolle ihm die Uhr in dessen Eigenschaft als Beichtvater übergeben, kommt dann aber auf seine eigenen Worte in anderer Lesart zurück: er habe sie dem Pfarrer als dem rechtmäßigen Eigentümer zurückgeben wollen. Der schwankhafte Schluß beweist, daß die Taktik erfolgreich war, der Pfarrer „reingelegt" wurde, als Beichtvater (ohne es zu wissen) den von Schuld lossspricht, der ihn bestohlen hat.

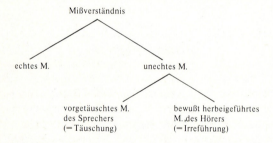

Die Unterscheidung von echten, ungewollten Mißverständnissen und gewollten, vorgetäuschten ist im Witz recht schwierig, weil nur wenig Kontext Auskunft über die Handlungsmotive der Witzfiguren gibt und weil oft nur mit dem Mißverständnis gespielt wird, es nur spaßeshalber erwogen, dem Partner augenzwinkernd nahegelegt wird:

„Herr Ober, was macht die Fliege in meiner Suppe?" – „Sieht fast aus wie Rückenschwimmen, mein Herr."

Natürlich versteht der Ober den Gast nicht wirklich falsch, will auch den Gast kaum von einem tatsächlichen Mißverständnis überzeugen. Er nutzt geistesgegenwärtig die günstige Gelegenheit, eine für ihn peinliche Situation zu bewältigen, durch die Pointe zu entkrampfen. Freilich muß der Gast schon reichlich Humor besitzen, um diesen Witz des Obers gelassen oder gar lachend hinzunehmen. Wahrscheinlicher ist, daß er den Witz auf seine Kosten als eine Frechheit empfindet, als eine der Sozialbeziehung Gast-Ober unangemessene Verhaltensweise des Kellners. Diese Wahrscheinlichkeit deutet darauf hin, daß der eigentliche Adressat des Witzes hier nicht die Witzfigur Gast, sondern der Witzempfänger auf der zweiten Kommunikationsebene ist. Wer als Unbeteiligter den Witz versteht, kann sich über die Schlagfertigkeit des Obers freuen und auf Kosten des Gastes lachen. Während zwischen Witzfiguren echte Mißverständnisse möglich sind (nur oft nicht bewiesen werden können), wird zwischen Witzerzähler und Witzhörer/Witzleser immer nur mit der Möglichkeit des Mißverständnisses gespielt, wird dort das Mißverständnis immer aufgelöst, sonst fehlte ja die Pointe. Im folgenden soll deshalb auf die Unterscheidung echtes – unechtes Mißverständnis nicht weiter eingegangen werden. Statt dessen sollen die Ursachen und Quellen für Mißverständnisse genauer untersucht werden.

Zunächst kann man zwischen zwei Gruppen von Witzen unterscheiden: Bei den einen ist eine Äußerung inhaltlich (= propositional) anders gemeint, als sie verstanden wird; bei den anderen wird der Inhalt einer Aussage schon richtig verstanden, aber man ist sich nicht über die Beziehung einig (= illokutiv), die durch die Aussage zwischen den Partnern hergestellt werden soll.

„Siehst du die Gletscherspalte dort drüben? Da ist vor einer Woche mein Bergführer hineingefallen." – „Mann, und das sagst du so ungerührt?" – „Nun ja, er war schon etwas alt, und es fehlten ein paar Seiten."

Der Arzt nach der Untersuchung zu seinem Patienten: „Trinken Sie?" – Die Augen des Patienten leuchten auf: „Gern, Herr Doktor, wenn Sie einen kleinen Klaren da haben."

Im einen Fall führt die Mehrdeutigkeit des Wortes „Bergführer" (Lesart 1: Person; Lesart 2: Buch) dazu, daß beide Partner es in einer anderen Lesart verwenden. So führt der verschiedene Wortinhalt zu verschiedenen Satzinhalten. Im zweiten Fall dagegen ist die Satzbedeutung von „Trinken Sie?" unzweideutig: Der Arzt möchte mit dieser Frage vom Patienten erfahren, ob jener gern Alkohol zu sich nimmt. Seine Handlung trägt aber natürlich den Charakter einer Bitte um Information zugunsten einer genauen Diagnose. Der Patient dagegen versteht die Worte als

Angebot, als Aufforderung, jetzt und an diesem Orte einen Schluck zu sich zu nehmen. Der Arzt will den Patienten dazu bewegen, ihm eine Auskunft zu erteilen. Dieser nimmt an, der Arzt wolle ihn einladen. So ist die vom Sprecher des Satzes intendierte Kommunikationsbeziehung zum Hörer eine andere als die vom Hörer verstandene. Der Patient versteht richtig, was der Arzt sagt, er versteht falsch, was der Arzt von ihm will.

Zunächst einmal sollen Witze untersucht werden, bei denen bereits der Inhalt das Mißverständnis verursacht. Hier sind zuerst solche Beispiele anzuführen, bei denen ein Gesprächspartner das vom andern gemeinte Referenzobjekt, die außersprachliche Erscheinung nicht richtig identifiziert, auf die sich das sprachliche Zeichen bezieht. Der Grund dafür kann darin bestehen, daß sich jemand verhört:

Kunde im Kaufhaus: „Ich möchte einen Schirm kaufen." Fräulein an der Auskunft: „Erster Stock!" Kunde: „Nee, erst der Schirm!"

Es kann aber auch sein, daß man die konventionelle Bedeutung eines Wortes, eines Namens nicht kennt oder sich doch über den genauen Bedeutungsumfang eines Sprachzeichens täuscht:

„Ihre Frau klagt auf Scheidung", meint der Anwalt, „weil Sie sie im letzten Jahr völlig ignoriert hätten." – „Ignoriert?" wundert sich der Ehemann. „Da sehen Sie mal, wie meine Frau lügt. Im Gegenteil, ich habe mich überhaupt nicht um sie gekümmert."

Ferdinand geht ins Theater. Nach ein paar Minuten beugt sich seine Begleiterin zu ihm hinüber: „Die Akustik ist ganz schlecht hier." Ferdinand sitzt einen Augenblick still. Dann flüstert er zurück: „Sie haben recht. Jetzt riech ich's auch."

Bei einem Konzert spielt ein Pianist mit dem Rücken zum Publikum sitzend. „Ist es Chopin?" fragt eine Dame die andere. „Ich glaube nicht", antwortet die Nachbarin. „Warten wir, bis er sich umdreht..."

Rochus Müller-Worms setzt sich während einer Museumsführung erschöpft auf einen Thronsessel. „Erlauben Sie mal!" protestiert der Führer. „Das ist der Thron Karls des Großen!" – „Regen Sie sich doch nicht auf", meint Rochus müde, „wenn er kommt, stehe ich natürlich sofort auf!"

Suchend blickt sich ein Tourist im Vatikanischen Museum um. Da sieht er eine Reisegesellschaft kommen. Er wendet sich an eine

Dame: „Können Sie mir vielleicht sagen, wie ich am besten zur Laokoon-Gruppe komme?" Die Dame zuckt bedauernd die Achseln: „Tut mir leid, wir sind alle mit Touropa hier."

„Wir hätten gern zwei Karten für die Abendvorstellung. Was wird denn gespielt?" – „Was ihr wollt." – „Oh, da müssen wir erst einmal nachdenken. So auf die schnelle können wir Ihnen das nicht sagen!"

Die Eltern haben ihrem Jungen beigebracht, nach dem Essen ein Dankgebet zu sprechen. Eines Tages hören sie ihn im Badezimmer beten. „Das brauchst du nicht", ruft die Mutter, „nur nach dem Essen!" – „Ich weiß", ruft der Junge zurück, „aber ich habe ein Stück Seife verschluckt."

Dem Jungen ist offenbar noch nicht klar, daß man mit dem Wort „essen" nur den Vorgang der Aufnahme von Nahrungsmitteln durch den Menschen bezeichnet, mit dem „Essen" im spezifischen Kontext eine vollständige Mahlzeit.

Besonders häufig entsteht Unklarheit über den Referenzbezug einer Aussage, wenn in ihr mehrdeutige Ausdrücke enthalten sind. Dann ist nicht die Unkenntnis einer Zeichenbedeutung Ursache für das Mißverständnis, sondern die im Sprachsystem angelegte Polysemie von Wörtern, Wortgruppen, Sätzen. Dabei kann die Mehrdeutigkeit einer Gesamtaussage auf mehrdeutige einfache Wörter (Simplex), komplexe Wörter (Zusammensetzungen, Ableitungen, Präfixbildungen), Redewendungen und Satzteile (Syntagmen) oder ganze Sätze zurückzuführen sein.

Die auf Seite 149 zeichnerisch dargestellte Situation ist eindeutig Ergebnis eines Kommunikationsversuchs, in dem der Mann seine Frau gebeten hat, ihm eine „Birne" zu reichen. Im Vertrauen auf die Situationsentlastung, auf die eindeutigen Zusatzinformationen, welche die Frau aus dem Gesamtgeschehen entnehmen kann, hat der Mann vermutlich seinen Wunsch nicht sehr explizit formuliert (etwa: „Bitte eine Birne!"). Die Verwechslung von „Glühbirne" und „Eßbirne" ist dennoch ein Zeichen für recht bescheiden ausgebildete geistige Fähigkeiten der Partnerin.

Malermeister zum Lehrling: „Otto, geh hoch zum Meier! Fenster streichen." – „Mach' ich." Nach zehn Minuten ist der Lehrling wieder unten und verkündet strahlend: „So, Meister, mit den Fenstern bin ich fertig. Soll ich nun auch noch die Rahmen streichen?"

Das Ehepaar übernachtet im Gebirge. Mitten in der Nacht weckt die Frau ihren Mann: „Kurt, hör doch mal, wie der Föhn rauscht." – „Unsinn", knurrt er, „wer sollte sich hier oben mitten in der Nacht die Haare waschen?"

Am Telefon. „Hier Schuhhaus Tritt!" – „Oh, ich fürchte, ich habe die falsche Nummer gewählt." – „Macht nichts, wir tauschen um."

Ein Nichtschwimmer plätschert im seichten Fluß. Plötzlich gerät er in eine tiefe Stelle und brüllt um Hilfe. Ein Spaziergänger eilt herbei: „Was schreien Sie denn?" – „Ich habe keinen Grund." – „Wenn Sie keinen Grund haben, warum schreien Sie dann?"

„Nun sind wir den steilen Berg hinaufgeklettert, um die Aussicht zu genießen, und nun habe ich das Glas vergessen!" – „Nicht so wichtig! Trinken wir aus der Flasche!"

„Rainer wollte sich doch das Trinken abgewöhnen. Hat er es geschafft?" – „Nein, er schwankt noch."

Der Maler sucht ein männliches Modell. Das Modell kommt. Der Maler fragt: „Haben Sie schon einmal gesessen?" Das Modell brummt: „Erinnern Sie mich bloß nicht an diese Zeit!"

Ein Ordner vor der Sporthalle bedauernd: „Sie können nicht in die Halle. Sie ist bis auf den letzten Platz besetzt." Nickt der Sportfreund: „Genau zu dem Platz möcht' ich ja auch hin."

Es können also die verschiedenen Wortarten in ihrer Mehrdeutigkeit die Verständigung stören, selbst Präpositionalausdrücke wie „bis auf" in ihrer einschließenden („vom ersten bis zum letzten

Platz" – „alle Plätze") oder ausschließenden Bedeutung („alle mit Ausnahme des letzten Platzes").

Bei komplexen, aus mehr als einem Morphem bestehenden Wörtern kann es sein, daß das Gesamtwort wie ein mehrdeutiges Simplex in verschiedenen Bedeutungen gebräuchlich ist:

Kunde: „Ich hätte gern Goethes gesammelte Werke!" Buchhändler: „Welche Ausgabe?" Kunde: „Da haben Sie eigentlich recht. Auf Wiedersehen!"

Die Frage nach der gewünschten Werk-Ausgabe mißversteht der Kunde als Äußerung des Erstaunens und indirektes Abraten von einer so hohen Geld-Ausgabe.

Noch geeigneter für den Witz sind solche komplexen Wörter, die zwar nur in einer Bedeutung konventionalisiert sind, zu denen man jedoch in einem bestimmten situativen Kontext ad hoc Alternativbildungen produzieren kann: Die Bestandteile des Wortes werden dabei in neuer, überraschender Weise semantisch miteinander verknüpft:

„Los, los", sagt der Müller, „noch gibt's nichts zu essen, noch ist Mahlzeit!"

In Mahlzeit$_1$ und Mahlzeit$_2$ befinden sich freilich verschiedene Morpheme: Mahl = „Essen"; mahlen = „zerreiben". Es gibt aber auch Beispiele für die Verwendung derselben Morpheme, die nur anders in die Gesamtwortbedeutung aufgenommen werden:

„Ich bin Straßenhändler." – „Oh, das finde ich interessant. Wieviel muß man denn heute etwa für eine Straße anlegen?"

Andere Beispiele für Mißverständnisse aufgrund mehrdeutiger komplexer Wörter werden im Kapitel „Wortbildungswitze" behandelt. Es gibt aber auch mehrdeutige Syntagmen in analoger Funktion: Die syntaktische Verknüpfung mehrerer Wörter zu einer Wortgruppe, zu einer idiomatischen Wendung, zu einem ganzen Satz schafft polysemantische größere Bedeutungskomplexe und damit die Ursache für verschiedene Bedeutungsauffassungen der Kommunikationspartner.

Die Adverbialangabe „in kaltem Wasser" (siehe Abbildung auf S. 152) ist in der Wendung „Medizin in kaltem Wasser nehmen" selbstverständlich als nähere Bestimmung zum Objekt „Medizin", nicht zum Subjekt des Satzes zu verstehen:

Lesart 1: Mein Mann nimmt Medizin in kaltem Wasser.

Lesart 2: Medizin nimmt mein Mann in kaltem Wasser.

„Doktor, ist es denn wirklich notwendig, daß mein Mann die Medizin immer in kaltem Wasser nimmt?"

„Natürlich kaufe ich den Revolver für meinen Mann, für wen denn sonst?"

Die Wendung „etwas für jemanden kaufen" kann unterschiedlich gebraucht werden: 1. „kaufen, um es ihm zu schenken", 2. „es in seinem Auftrag kaufen", aber auch 3. „es kaufen, um es ihm gegenüber zu verwenden". Die dritte Lesart liegt in der abgebildeten Situation besonders nahe, weil es sich um den Kauf eines Revolvers handelt und die Käuferin auch ihrer Erscheinung nach durchaus den Eindruck hinterläßt, sie könne etwas gegen ihren Mann im Schilde führen.

Treffen sich zwei alte Freunde. Fragt der eine: „Na, Karl, wie geht es dir denn?" – „Ich kann nicht klagen, ich habe ein Geschäft aufgemacht." – „Womit?" – „Mit einem Brecheisen."
Ein Herr betritt ein Tabakgeschäft und wünscht ein Paar Socken zu kaufen. „Tut mir leid", sagt der Verkäufer, „wir verkaufen hier nur Artikel für Raucher." Nickt der Herr: „Ich bin Raucher."

„Ein Geschäft aufmachen" ist üblicherweise synonym mit „ein Geschäft eröffnen" im Sinne „mit dem Handel von Waren beginnen". So ist die Wendung in die Sprache von Handel und Gewerbe eingegangen. Fügt man allerdings die nachgereichte Instrumentalbestimmung in die Wendung ein, so ergibt sich ein Syntagmainhalt, in den „aufmachen" nicht im Sinne von „eröffnen", sondern von „öffnen" integriert ist: ein Geschäft mit dem Brecheisen aufmachen. – „Artikel für Raucher" sind solche, die der Raucher in seiner Eigenschaft als Raucher, zum Zweck des Rauchens benötigt, nicht etwa „Artikel, die man nur *an* Raucher verkauft", obwohl sie zu ganz anderen Zwecken als zum Rauchen gebraucht werden.

Ein Schotte kommt zum Gebrauchtwagenhändler, blickt sich lange um, prüft hier und da und fragt endlich: „Hätten Sie einen schönen, modernen Wagen für meine Frau?" Der Händler schüttelt den Kopf: „Bedaure, Tauschgeschäfte mache ich nicht."

Die Präposition „für" kann die Vertretung, den Ersatz von etwas angeben („an Stelle von"), sie kann auch auf den Zweck, die Bestimmung von etwas hinweisen („zugunsten von"). So ist aus der Wendung „etwas für meine Frau haben" im Situationskontext von Handel und schottischem Geiz zweierlei Sinn zu lesen.

„Ein schönes Bild haben Sie gemalt", sagt ein Atelierbesucher zum Maler, *„ich kann mich nicht daran satt sehen."* – *„Ich auch nicht"*, erwidert der Maler, *„darum möchte ich es gern verkaufen."*

Geschickt führt der Maler die übertragene und verblaßte Bedeutung des Adjektivs „satt" in der Redewendung „sich an etwas satt sehen" (= bis man genug davon hat, die Lust daran verliert) auf die ursprüngliche Bedeutung zurück: den leiblichen Hunger durch Speisen gestillt zu haben.

Mißverständnisse in Bezug auf einen Satzinhalt treten besonders leicht bei verkürzten, elliptischen Sätzen auf, wie sie in mündlicher Rede üblich sind. Der Sprecher glaubt „situationsentlastet" reden zu können, da seiner Meinung nach sprachlicher wie außersprachlicher Kontext die Bedeutung seiner Worte eindeutig festlegen, doch der Hörer interpretiert die Worte anders:

„Sie heißen?" fragt der Richter die Zeugin. *„Zenta Müller, Herr Richter."* – *„Und Ihr Alter?"* – *„Der steht noch draußen vor der Tür und wartet, bis er aufgerufen wird, Herr Richter."*

Für den Richter ist – wie für jeden, der sich ein wenig in der Verfahrenstechnik vor Gericht auskennt – klar, daß bei der Befragung der Zeugin zur Person neben ihrem Namen auch nach ihrem Lebensalter zu fragen ist. Er rechnet mit einer solchen Erwartung auch auf Seiten der Zeugin und verzichtet auf eine explizite Formulierung „Und wieviele Jahre beträgt Ihr Lebensalter?", die wegen der eindeutigen Situation unnötig erscheint. Die Zeugin freilich verwendet den Ausdruck „Alter" umgangssprachlich in einer zweiten Bedeutung als Bezeichnung für den Ehemann (gelegentlich auch den Vater).

Wenn man davon ausgeht, daß jede sprachliche Äußerung sich einerseits auf außersprachliche Erscheinungen bezieht, die damit gemeint sind (Referenz), daß mit jeder Äußerung andererseits über die Erscheinungen, auf die man sich bezieht, Aussagen gemacht werden (Prädikation), so kann man zwei Ausgangspunkte für Satzmißverständnisse unterscheiden: Erstens ist im Beispiel das Referenzobjekt für „Alter" verschieden. Der Richter bezieht sich mit dem Wort auf eine „Summe von Lebensjahren", die Zeugin auf eine bestimmte männliche Person. Zweitens werden verschiedene Aussagen über die Referenzobjekte gemacht. Der Richter spricht der Zeugin eine Summe von Lebensjahren zu und fragt nach der genauen Zahl. Die Zeugin glaubt, der Richter spreche mit seinem Satz die gemeinte Person ihr als Ehepartner zu und fragte nach ihrem Aufenthaltsort.

„Du sollst nicht immer mit dem Stuhl wackeln, Fritzchen", rügt der Vater seinen Sprößling schon zum zehnten Male, „hast du denn keine Ohren?" – „Doch, Papa, aber damit bringe ich es nicht fertig."

Ein Herr betritt ein Fotogeschäft. „Bitte, ich möchte einen Film haben." – „Sechs mal neun?" – „Sechs mal neun ist vierundfünfzig", antwortet der Herr. „Aber warum wollen Sie das wissen?"

Pohlemann geht in ein Textilgeschäft. „Ich möchte ein paar Unterhosen." Der Verkäufer verbeugt sich und fragt: „Lange, mein Herr?" Da empört sich Pohlemann: „Was für eine dumme Frage! Ich will die Hosen kaufen und nicht mieten."

Neben den Ursachen für Mißverständnisse, die in den semantischen Strukturen des Wortschatzes, des Lexikons zu suchen sind, und anderen, die auf eine besondere Art syntaktischer Fügung zurückgehen (= lexikalisch-syntaktische Ursachen), gibt es solche, die man nicht an den semantischen Merkmalen eines Wortes oder einer Wortgruppe ablesen kann, sondern nur an dem jeweiligen Verweis eines sprachlichen Ausdrucks auf außersprachliche Wirklichkeit, auf den gemeinten und verstandenen Bezug (= Referenz) und das Bezugsobjekt.

„Sieht ein wenig nach Regen aus", sagt die Wirtin, als sie dem Gast den Kaffee auf den Frühstückstisch stellt. „Na ja, stimmt schon", erwidert der Gast. „Aber wenn man genau hinsieht, merkt man doch, daß es Kaffee sein soll."

Die Wirtin eröffnet ihre Rede mit einem elliptischen Satz. Doch auch wenn sie vollständiger sagen würde: „Es sieht ein wenig...", wäre das Mißverständnis nicht ausgeschlossen, da das Referenzobjekt von „es" für sie das Wetter, der Himmel, oder ähnliches, für den Gast aber der Tasseninhalt ist. Könnte man hier noch an eine innersprachliche pronominale Unklarheit denken (für welches Nomen steht das Pronomen „es"?), so weist das nächste Beispiel ganz klar über rein sprachliche Ambiguitäten hinaus:

Nimmt sich die Mutter ihre beiden Rangen vor: „Zu meinem Geburtstag wünsche ich mir weiter nichts als zwei artige Kinder." – „Fein", meint der Älteste, „dann sind wir ja vier."

Wer ist mit den beiden „artigen Kindern" gemeint, die zwei schon vorhandenen Kinder mit verändertem Verhalten oder zwei neu hinzukommende Geschwister? Der Satz selbst sagt zwar darüber nichts aus, nur die Situation und die faktische Unmöglichkeit der Erfüllung eines Wunsches der zweiten Art entscheiden über den Sinn der Aussage, die der nicht auf den Kopf gefallene Älteste rasch zu seinen Zwecken umdreht.

Ein Herr stürzt in die Apotheke: „Schnell, schnell, ein Mittel gegen Schluckauf!" Der Apotheker lächelt und gibt dem Kunden ein paar kräftige Ohrfeigen. „Das ist zwar ein brutales Mittel, mein Herr, aber es hilft immer. Jetzt sind Sie Ihren Schluckauf los." – „Verdammt, ich wollte das Mittel für meine Frau haben, die wartet draußen im Wagen auf mich."

Der Apotheker versteht den Satz des Kunden richtig und irrt sich trotzdem darin, was der Kunde ihm sagen will. Referentiell explizite Rede, die in der Eile unterbleibt, hätte das Mißverständnis vermeiden lassen: „Ein Mittel gegen den Schluckauf meiner Frau!"

Berlin, Bahnhof Zoo. Ein eiliger Reisender sucht vergeblich nach einem Friseur. Schließlich fragt er einen Gepäckträger: „Wo läßt man sich am besten rasieren?" – „Am besten im Gesicht."

Die Tante fragt den kleinen Jungen: „Wenn du nicht artig bist, bekommst du dann auch manchmal Hiebe?" – „O ja", seufzt der Knabe. „Vom Papa?" – „Ja!" – „Auch von der Mama?" – „Manchmal." – „Und bei wem tut es am meisten weh?" – „Na, bei mir natürlich", sagt der Kleine entrüstet.

„Mein Verlobter hat mir zum Geburtstag ein kleines Spanferkel geschenkt." – „Das sieht ihm ähnlich!" – „Wieso, haben Sie es schon gesehen?"

Gespräch am Honoratioren-Stammtisch: „Herr Kommerzienrat, Ihr Sohn studiert in Wien? Was wird er sein, wenn er fertig ist?" – „Ich fürchte, ein alter Mann!"

Gelegentlich geht der unklare Referenzbezug mit einer unklaren Syntax einher. Das der Satzbildung zugrunde gelegte Satzbaumuster wird nicht erkannt.

Frau Fröhlich kommt in ein Modegeschäft und fragt, ob sie das rote Kleid im Schaufenster anprobieren dürfe. Die Verkäuferin antwortet darauf: „Wenn Sie unbedingt wollen, ja. Aber wir haben auch Kabinen!"

„Wie ich höre, ist unser Freund Kurt nicht mehr mit Inge verlobt?" – „Ja, er will sie nicht." – „Mir hat man es aber anders erzählt: Er will, sie nicht."

In beiden Beispielen sind die Referenzobjekte der verwendeten Wörter eindeutig. Die Mehrdeutigkeit der Sätze geht allein auf syntaktische Polysemie zurück, auf verschiedene Tiefenstrukturen von Sätzen, die in ihrer Oberflächenstruktur zusammenfallen:

Lesart 1: [das rote Kleid im Schaufenster] anprobieren

Lesart 2: das rote Kleid [im Schaufenster anprobieren]

Lesart 1: er will sie nicht (heiraten)

Lesart 2: er will (sie heiraten), sie (will ihn) nicht (heiraten)

Während der Arzt den kranken alten Herrn untersucht, drängen sich im Nebenzimmer die Erben. Endlich kommt der Arzt aus dem Krankenzimmer. „Ist noch irgendeine Hoffnung?" fragt einer der Verwandten. „Keine, nicht die geringste", antwortet lächelnd der Arzt, „er hat nur eine leichte Erkältung."

Kommt eine Kundin in die Apotheke und verlangt ein wirksames Schlafmittel. „Dieses hier ist sehr gut, es reicht für vier Wochen", erklärt die freundliche Apothekerin. „Oh, so lange wollte ich eigentlich nicht schlafen."

Nach Referenz und Prädikation ist die Präsupposition eine dritte Ansatzstelle für die Polysemie von Sätzen und satzwertigen Ausdrücken. Unter Präsupposition versteht man in einer Äußerung solche Aussagen, die nicht ausgesprochen werden, sondern stillschweigend vorausgesetzt und insofern mitbehauptet werden. Präsuppositionen sind für jede Kommunikation nötig; in ihnen wird das dem Sprecher und Angesprochenen Gemeinsame erfaßt, Voraussetzungen, über die nicht erst noch gesprochen werden muß, weil der Sprecher sie als bei beiden bekannt, als fraglos und unstrittig darstellt. Erst wenn die gemachten Voraussetzungen objektiv falsch sind oder der Konsens zwischen Sprecher und Angesprochenem zwar unterstellt wird, in Wirklichkeit aber nicht besteht, ergeben sich Kommunikationsstörungen. Dann müssen die Präsuppositionen erörtert, muß Übereinstimmung über eine gemeinsame Gesprächsgrundlage erzielt werden.

Der Mißverständniswitz beruht in vielen Fällen darauf, daß ein Kommunikationspartner bei sich und dem anderen einen Tatbestand, eine gemeinsame Überzeugung als unstrittig voraussetzt, diese Voraussetzung sich dann aber als unzutreffend erweist.

„Ja Bubi, wenn du etwas gefangen hast, darfst du es mit heimnehmen und in die Badewanne setzen!"

Der Junge am Strand hat wohl selbst gewisse Zweifel, ob er die Krake mit nach Hause nehmen darf, und fragt sicherheitshalber, ohne das Tier dabei mit Namen nennen zu können. Die Mutter erinnert sich vermutlich an viele ähnliche vorausgegangene Fragen, möchte ihre Ruhe haben und unterstellt in ihrer zustimmenden Antwort schlicht, daß das Referenzobjekt von „etwas", das Gefangene, eine Muschel, ein kleines Fischchen oder ähnliches sei. Deshalb fragt sie nicht zurück: „Was ist es denn?" Um so größer wird die Überraschung sein, wenn sie merkt, daß die Präsupposition falsch war und sie ihr Kind in einem entscheidenden Punkte anders verstanden hat, als seine Frage gemeint war.

Aussagen schließen oft unausgesprochen andere Aussagen mit ein. Solche Implikationen, seien es mitbehauptete Voraussetzungen oder Folgen der expliziten Aussage, müssen als Teil der Gesamtaussage bei gelingender Kommunikation vom Partner erfaßt werden. Kann er das nicht, gelangt er zu anderen Implikationen oder beurteilt er sie anders als der Sprecher, so können sich Mißverständnisse ergeben.

"Wie sind meine Chancen, Herr Doktor?" – "Ach, wissen Sie, ich mache diese Operation heute schon zum siebenundneunzigstenmal . . ." – "Oh, da bin ich ja beruhigt . . ." – "Eben, einmal muß sie mir doch gelingen . . ."

Unterstellt der Patient stillschweigend, daß die hohe Zahl der bereits durchgeführten Operationen für gelungene Eingriffe spreche und die Operation schon zur Routine geworden sei, so geht der Arzt davon aus, daß nach vielen erfolglosen Versuchen endlich auch einmal ein glücklicher Ausgang zu erwarten sei. Dabei versteht nicht nur der Patient den Arzt falsch, sondern auch umgekehrt der Arzt den Patienten. Beide setzen die eigene Schlußfolgerung aus der großen Zahl durchgeführter Operationen auch für den Gesprächspartner als zwingend voraus, der Patient in der gegebenen Situation objektiv gesehen sicher mit größerem Recht als der Arzt.

"Sie waren im letzten Jahr bei acht verschiedenen Firmen", sagt der Personalchef stirnrunzelnd zum Bewerber. *"Ja"*, sagt dieser, *"daran erkennen Sie, wie sehr man sich um mich reißt."*

Die stillschweigende Voraussetzung des Personalchefs, häufiger Wechsel der Arbeitsstelle sei auf Unzufriedenheit der Arbeitgeber und daraus folgende Entlassungen zurückzuführen, versucht der Bewerber als irrtümliche Unterstellung zurückzuweisen. Er geht in seiner taktischen Erklärung von einer genau entgegengesetzten Voraussetzung aus: Häufiger Stellungswechsel sei Zeichen lebhafter Nachfrage nach seiner Arbeitskraft.

Während also der Bewerber eine Präsupposition als Mißverständnis bezeichnen und als solches ausräumen möchte, wird in vielen anderen Witzen absichtlich falsch präsupponiert:

Der drei Monate alte Stammhalter liegt in seinem Bettchen und will und will nicht einschlafen. Überlegt die junge Mutter: "Vielleicht sollte ich ihm etwas vorsingen?" – "Ich weiß nicht, Liebling", sagt der junge Papa, "wollen wir es nicht noch einmal im guten versuchen?"

Zwei Musikkritiker treffen sich nach dem Konzert. „Die Sängerin, die vorhin ausgebuht wurde, soll hinter der Bühne einen Schreikrampf bekommen haben", berichtet der eine. Darauf der andere: „Was, noch einen?"

„Haben Sie eigentlich schon meine hübsche Frau gesehen?" – „Nein, wieso, haben Sie denn zwei?"

Der junge Beamte erhält seine erste Gehaltsabrechnung nebst einem gedruckten Begleitzettel: „Ihr Gehalt ist eine vertrauliche Sache, über die Sie mit niemandem reden dürfen." Er schickt den Zettel mit einem handschriftlichen Vermerk zurück: „Werde mit niemandem darüber sprechen, bin darüber genauso beschämt wie Sie."

Während dem jungen Papa eventuell noch abzunehmen ist, daß er naiv handelt und töricht genug ist, gar nicht zu merken, daß seine Frau seine Annahme sicher nicht teilt, ihr Gesang sei für das Baby eine Strafe, und seine Worte als Beleidigung empfinden muß, handeln die Angesprochenen der drei anderen Witze gewiß mit Hilfe eines raffinierten Kunstgriffes. Sie tun so, als könnten sie von einer Übereinstimmung zwischen ihrer eigenen und der Meinung ihrer Gesprächspartner ausgehen, von der sie in Wirklichkeit genau wissen, daß sie nicht gegeben ist. Damit erringen sie jeweils einen taktischen Erfolg, denn der verblüffte Gesprächspartner wird durch die Thematik der Präsupposition dazu gedrängt, sie nachträglich zu übernehmen oder sie jedenfalls nicht offen anzufechten: Der erste Kritiker bleibt von der Schlagfertigkeit und dem Witz des Partnerurteils gewiß nicht unbeeinflußt, der Gesang auf der Bühne sei selbst schon ein Schreikrampf gewesen. Mit seiner ungeschickten Frage, in der er seine Frau selbst als hübsch vorstellt, provoziert der Ehemann geradezu eine Replik, die das Gegenteil als stillschweigende Übereinstimmung der Beurteilungen unterstellt. Um so peinlicher wird es ihm sein, etwas auf die Gegenfrage zu erwidern. Der junge Beamte schließlich kritisiert sehr geschickt und kaum „belehrbar" die bescheidene Höhe seiner Bezüge, indem er als Ursache für die verlangte Vertraulichkeit zum Schein auf Seiten der Behörde Scham unterstellt, Scham über die schlechte Besoldung der Bediensteten.

Ein junger Israeli soll eingezogen werden und wird zur Kriegsmarine gemustert. Der Seeoffizier fragt ihn: „Sagen Sie mal, können Sie schwimmen?" Darauf sagt der Israeli leise zu seinem Kameraden: „Da siehst du's, Schiffe haben sie auch nicht!"

„Gnädige Frau", ermahnt der Arzt die Gattin des Patienten, *„Ihr Mann ist mit den Nerven fertig. Er braucht dringend Ruhe."* – *„Sehen Sie, Doktor, das sage ich ihm mindestens tausendmal am Tag."*

Kommt ein Mann in den Laden und sagt zum Verkäufer: „Ich habe bei ihnen heute vormittag eine Flasche Wein gekauft. Ich gab ihnen einen Fünfzigmarkschein. Sie haben sich beim Herausgeben des Wechselgeldes geirrt." – „Bedaure", sagt der Verkäufer, „aber wir können Ihre Reklamation jetzt nicht mehr berücksichtigen. Sie hätten sofort darauf hinweisen müssen." Der Kunde zuckt mit den Schultern. „Schön, behalte ich eben die zwanzig Mark, die Sie mir zuviel herausgegeben haben."

Sprache ist nicht nur Mittel des Informationsaustausches und der Bezeichnung außersprachlicher Erscheinungen und Sachverhalte. Die jüngere handlungstheoretisch orientierte Linguistik lehrt, daß Sprache soziales Handeln ist und Kommunikationspartner nicht nur Inhalte über Sprachzeichen weitergeben, sondern bestimmte Beziehungen zueinander herstellen, wenn sie etwas sagen. Die vom Sprecher beabsichtigte Partnerbeziehung (Was will er von ihm?) ist nicht immer mit der vom Hörer/Leser verstandenen identisch; auch in diesem Bereich gibt es Mißverständnisse (im Bereich illokutiver Beziehungen):

Fragt der Zöllner den zerstreuten Professor am Grenzübergang: „Kognak? Whisky? Zigaretten?" – „Nein, danke sehr", sagt der Professor, „aber wenn ich vielleicht ein Gläschen Milch bekommen könnte?"

Die elliptische Frage des Zöllners zielt auf Information („Haben Sie Kognak bei sich/zu verzollen?"), intendiert die Beziehung: Etwas-wissen-Wollender – Um-Auskunft-Gebetener. Der Professor dagegen versteht die Fragehandlung als Angebotshandlung, als Aufforderung, eine Erfrischung zu sich zu nehmen: Einladender – Eingeladener.

Sandmann ist neu in der Stadt. „Kennen Sie den Weg zum Hauptbahnhof?" fragt er einen Passanten. Sagt der: „Kenne ich!" und geht weiter.

Sandmanns Fragesatz repräsentiert auch eine Fragehandlung, mehr aber noch eine Aufforderungshandlung. Er will sich ja nur im ersten Schritt erkundigen, ob der Passant ihm die gewünschte Auskunft geben kann, zugleich bittet er ihn darum, ihm die

Auskunft zu geben, will ihn zu einem Tun veranlassen, dem der andere aber ausweicht, wenn er die intendierte Bitte überhört.

„Verzeihung, wissen Sie den Weg zum Rathaus?" – „Nein" – „Dann passen Sie auf: Sie gehen geradeaus bis zur dritten Querstraße, dann links bis zu einem großen Platz, und da steht es."

Der Angesprochene wird sich zuerst an der Nase herumgeführt fühlen. Wie schon beim vorigen Beispiel gezeigt wurde, ist die konventionelle Frage nach dem rechten Weg immer zugleich Fragehandlung (Ist der Angesprochene in der Lage, Auskunft zu geben?) und Aufforderungshandlung (Bitte sagen Sie mir den Weg!). Hier wird diese Konvention mißachtet, denn auf die negative Antwort folgt nicht etwa der Versuch, die gewünschte Information von einer anderen Person zu erhalten, sondern die Auskunft des Fragenden/Auffordernden an den Befragten/Aufgeforderten. Damit entlarvt sich der Fragesteller als Wissender, gibt seine Fragehandlung als unaufrichtig, als Täuschung zu erkennen bzw. zeigt, daß er die Gebrauchsregeln seines Eingangssatzes nicht kennt oder mißachtet: Niemals weist im Deutschen ein Satz wie „Verzeihung, wissen Sie den Weg . . . ?" auf das Angebot hin, Auskunft zu geben.

Der Pastor des Dorfes trifft in der Nacht den Trunkenbold seiner kleinen Gemeinde, von einer Seite der Straße auf die andere schwankend. Genau vor dem Pastor fällt er zu Boden. Der hilft ihm auf die Beine und meint kopfschüttelnd: „Schon wieder betrunken!" – „Ich auch", lallt der Trunkenbold glücklich.

In verkürzter Ausdrucksweise äußert sich der Pastor. Dabei fehlt das Subjekt des Satzes, das Referenzobjekt wird nicht deutlich genannt. So ergibt sich eine referentielle Unklarheit: „Du bist . . ." oder: „Ich bin schon wieder betrunken?" Hinzu kommt aber ein illokutiver Unterschied: Der Pastor intendiert eine Vorwurfshandlung, eine Beziehung zwischen Mißbilligendem und Getadeltem, der Trunkenbold aber verkennt die Situation, glaubt an ein Geständnis seines Pastors, an eine Beichte des Beichtvaters dem vermeintlichen Zechbruder gegenüber.

Es ist also bei der Analyse einer sprachlichen Handlung nicht nur darauf zu achten, welche Lautgebilde jemand artikuliert, welche Wörter und Sätze er nach bestimmten grammatischen Regeln und mit bestimmter Bedeutung in bezug auf eine Welt (Referenz) und eine Aussage über sie (Prädikation) produziert. Es ist auch darauf zu achten, welche kommunikative Funktion eine Äußerung in konkreter Situation auf den Hörer ausübt bzw. ausüben soll. Diese Funktion ist für die Kommunikationspartner nicht immer eindeutig. Oft hört man jemand „viele Worte machen" und fragt sich leise oder den anderen laut, was er denn eigentlich wolle. Das offensichtliche Unverständnis der intendierten illokutiven Beziehung provoziert die Frage nach ihr. Gefährlicher ist die mißverstandene illokutive Beziehung, denn bei ihr glaubt jeder irrtümlicherweise genau zu wissen, was der andere von ihm will.

Erkundigt sich der Mieter aus dem Parterre: „Haben Sie denn gestern abend nicht gehört, wie ich an die Decke geklopft habe?" – „Doch, aber das macht nichts. Bei uns war es auch sehr laut."

Herr Huber stellt seinen Nachbarn zur Rede: „Ich kann es einfach nicht mehr mit anhören, wie Ihr Hund die ganze Nacht durchheult!" – „Da machen Sie sich mal keine Sorgen", beruhigt ihn der Nachbar, „der schläft am Tag genug."

Nicht genug damit, daß der Mieter aus dem 1. Stock die konventionelle Bedeutung des außersprachlichen Zeichens „an die Decke klopfen" nicht kennt, er begreift auch im nachträglichen Gespräch weder dieses Zeichen noch die Worte des Mieters aus dem Parterre als eine Beschwerdehandlung. Er mißversteht die Äußerung als eine Bitte um Entschuldigung. Entsprechend merkt auch der Hundebesitzer offenbar nicht, daß sein Nachbar sich bei ihm über die nächtliche Ruhestörung beschweren will, sondern glaubt, jener sorge sich um das Wohlergehen des Hundes und wolle seiner Sorge Ausdruck verleihen.

Der Landstreicher hilft einem Mütterchen, den vollbeladenen Leiterwagen eine Anhöhe hinaufzuziehen. Sie bedankt sich und fragt: „Rauchen Sie?" – „Und wie!" erklärt er erwartungsvoll. „Dachte ich's mir doch!" sagt das Mütterchen bekümmert. „Das sollten Sie lieber bleiben lassen. Deshalb schnaufen Sie so entsetzlich."

Zum Häusermakler kommt ein junger Mann und sagt: „Ich möchte gern das Haus kaufen, das Sie in Ihrer Anzeige anbieten." – „Und wie gedachten Sie die 160 000 Mark zu zahlen?" – „In Monatsraten zu 50 Mark." – „Wie stellen Sie sich das denn vor? Da müßten Sie ja an die dreihundert Jahre lang zahlen." Der junge Mann wirft einen Blick auf das Haus und nickt: „Das macht nichts, so viel ist es mir wert."

Natürlich gibt es auch im Bereich der illokutiven Beziehungen unaufrichtiges Handeln, die Vortäuschung eines Mißverständnisses, das gar keines ist, gelegentlich aus so durchsichtigen Gründen, daß selbst die Vortäuschung nicht ernst gemeint sein kann, sondern augenzwinkernd erfolgt:

„Nebenan", sagt der Gutsherr zum Bettler, „werden noch Leute für die Ernte gebraucht." – „Vielen Dank für die Warnung, mein Herr!"

Abschließend sollen die verschiedenen Ursachen für Mißverständnisse in einer Skizze zusammengefaßt werden:

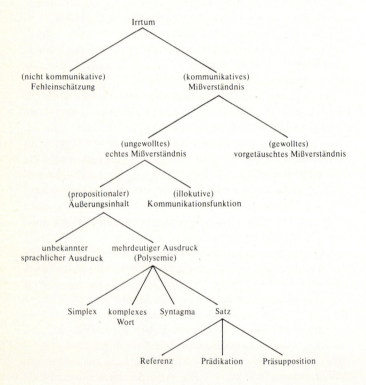

Die Kenntnis dieser Ursachen ist wichtige Voraussetzung zur Vermeidung von Kommunikationsstörungen. Die Kenntnis zu vermitteln und in Sprachübungen anzuwenden ist wichtige Aufgabe des Sprachunterrichts.

3.3 Anspielungswitze

Die Bedingungen für das Gelingen von Kommunikationshandlungen sind den Schülern selbstverständlich nicht nur auf dem Weg über Mißlingensbeispiele zu verdeutlichen. Reflexion über Sprache am Ende der Sekundarstufe I und in der Sekundarstufe II sollte z. B. auch die Bedingungen komplizierter Verständigungsprozesse, etwa der indirekten Aussage- und Mitteilungsformen, erhellen.

Neben der oft schwer zu durchschauenden Ironie ist da vor allem die Andeutung oder Anspielung zu nennen: Indem ein Sprecher eine mehrdeutige sprachliche Wendung benutzt, macht er einerseits die Aussage A, gibt aber (verdeckt) gleichzeitig dem Hörer die für ihn meist unangenehme Aussage B zu verstehen. Dabei läßt der Sprecher dem Hörer eine Wahlfreiheit, die Aussage so oder so zu verstehen, die versteckte Anspielung eventuell zu „überhören". Er wahrt also eine gewisse Höflichkeit (im Unterschied zur direkten Aussage von B) und hält sich zugleich Rückzugsmöglichkeiten offen für den Fall, daß er wegen B zur Rede gestellt wird: Er kann dann nämlich behaupten, nur A gemeint, von B gar nichts gemerkt, B also auch nicht gewollt zu haben.

Die Gründe dafür, daß man etwas nicht geradeheraus sagen mag, können sehr verschieden sein: Man erspart sich und anderen Peinlichkeiten, oder man trifft den anderen mit dem Hintersinn der Worte, mit dem Fingerzeig, dem versteckten Wink ganz besonders hart. Man schießt vergiftete Pfeile ab, die im anderen noch lange nachwirken, wenn er sich verspottet oder verletzt fühlt, wenn er darüber nachdenkt, ob eine Aussage „nur so" oder „auch so" gemeint war.

Derartige Gesprächsstrategien zu beherrschen, aber auch zu durchschauen und zu entlarven, ist Zeichen für eine hochentwickelte kommunikative Kompetenz. Sie läßt sich im Unterricht mit Hilfe von Anspielungswitzen beschreiben und wenigstens ansatzweise aufbauen.

Die für den Witz charakteristische Sinnüberlagerung in der Pointe, die Doppeldeutigkeit führt nämlich nicht nur zu Gefährdungen des Verstehens, zu Unverständnis und Mißverständnis, sie kann auch die Aussagekraft einer Äußerung erheblich steigern, sie kann zur „Doppelbödigkeit" und „Doppelzüngigkeit" führen, zur Anspielung auf einen zunächst verborgenen Nebensinn, zur

Andeutung, Umbiegung oder Verschiebung eines Aussageinhalts, kurz: zum Doppelverständnis. Im Unterschied zum Mißverständnis gelten hier beide Lesarten, wird mit einer Aussage stets die zweite gemeint und/oder verstanden:

Was ist Elektrizität? Morgens mit Hochspannung aufstehen; mit Widerstand zur Arbeit gehen; den ganzen Tag gegen den Strom schwimmen; abends geladen nach Hause kommen und eine gewischt kriegen.

Die einleitende Scherzfrage des Erzählers an den Witzrezipienten lenkt dessen Aufmerksamkeit auf Fachausdrücke aus der Elektrotechnik, die in der „Lösung" erscheinen, dort aber jeweils einen Nebensinn tragen, der den Wörtern in der deutschen Standardsprache zukommt.

„Und nun habe ich noch eine große Überraschung für Dich, mein Liebling!"

Beide Witzfiguren sprechen den gleichen Satz, verstehen ihn, sowohl den eigenen als auch die Worte des Partners, freilich in eindeutiger Weise: Die Überraschung des anderen erwarten sie, weil sie ihn für unvorbereitet halten, weil sie annehmen, daß der andere mit einem solchen Geschenk nicht gerechnet hat. Der Zeichner erweitert den Gesichtskreis des Lesers zu dem des Betrachters. Man erkennt, daß die Überraschung der Figuren eine doppelte sein wird, sobald sie die noch verdeckten Geschenke erkennen: Überraschend ist nicht nur die Ausgefallenheit des Geschenkes, sondern noch mehr die Tatsache, daß beide sich gegenseitig das gleiche schenken. Für Sender und Empfänger des Bild-Sprach-Witzes ist aber diese Doppeldeutigkeit der Aussage aufgrund der Medienmischung von Anfang an gegeben, so intendiert und auch so verstanden.

Auch zwischen Witzfiguren ist solche „doppelzüngige" Rede möglich:
Der Arzt will ein Bild aufhängen. Erst schlägt er den Nagel krumm, dann haut er sich auf den Daumen, und schließlich läßt er das Bild fallen. Da sagt seine Frau: „Und du nennst dich praktischer Arzt!"

Ein Mißverständnis ist in diesem Fall wohl ausgeschlossen. Die Arztfrau spielt mit dem Doppelsinn des Wortes „praktisch", das in der Standardsprache etwa mit „geschickt" gleichzusetzen ist, in der Bezeichnung „praktischer Arzt" aber für „eine Praxis betreibender Arzt" steht, ironisch auf die handwerkliche Ungeschicklichkeit ihres Mannes an. Der Situationskontext macht diesen Doppelsinn auch für den Mann sofort verständlich.

Anspielungen gehen immer aus einer absichtlichen Verwendung von Zweideutigkeiten hervor, sollen dem Adressaten eine Wahrheit durch die indirekte Aussageweise schonend oder aber auch besonders deutlich mitteilen.

Der Friseurlehrling rasiert einen Kunden mit Beinprothese. Er hat ihn bereits dreimal geschnitten. Um sein Opfer abzulenken, fragt er: „Waren Sie schon öfter bei uns?" – „Nein. Das Bein hab' ich im Krieg verloren."

In diesem Fall benutzt der Kunde nicht nur die Situation, sondern auch die Frage des Lehrlings zur Pointenbildung. Erst vor diesem doppelten Hintergrund wird seine Anspielung verständlich.

Oft ergibt sich der Doppelsinn von Situation und/oder Partneräußerung durch eine eigenwillige Interpretation des Sprechers:

Ein Schotte, der mit seiner Frau eine Kreuzfahrt macht, gerät in Seenot. Er wird auf wunderbare Weise gerettet, seine Frau aber bleibt verschwunden. Nach einem Jahr erhält er folgendes Telegramm: „Leiche Ihrer Frau mit Muscheln und Austern bedeckt gefunden." Sofort telegraphiert er zurück: „Muscheln und Austern verkaufen – stop – Köder wieder auslegen."

Das Klischee vom geizigen Schotten wird hier benutzt, um den Fund der Wasserleiche mit Fischen und Köder zu vergleichen. Die ungewöhnliche Einschätzung der Ereignisse ermöglicht den makabren Scherz. Gelegentlich muß nicht nur eine Situation umgedeutet, sondern auch eine Aussage in ihrer Bedeutung umgebogen werden, damit sich die Pointe ergibt:

Eine Kundin verlangt Kartoffeln. „Ich habe holländische Kartoffeln", sagt der Gemüsehändler. „Ich möchte aber deutsche Kartoffeln haben", antwortet die Kundin. „Wollen Sie die Kartoffeln nun essen oder sich mit ihnen unterhalten?"

Hier liegt ein von der Kundin nicht beabsichtigtes Doppelverständnis vor. Sie meint Kartoffeln aus der deutschen Landwirtschaft. Der verärgerte Händler allerdings legt ihren Worten einen zweiten Sinn bei: „deutschsprachige Kartoffeln" nach dem Vorbild „deutsche Touristen" oder ähnlicher Wendungen.

Die Umbiegung richtet sich oft aggressiv gegen eine Witzfigur, kann aber auch von einer dritten vorgenommen werden:

Ein Angestellter zum anderen: „Der Chef hat mir eben gesagt, ich wäre sein bestes Pferd im Stall." – „Das wird schon stimmen. Du machst ja den meisten Mist."

Hier wird die wohl eindeutige Aussage des Chefs vom ersten Sprecher eindeutig verstanden, vom zweiten zweideutig gemacht.

In manchen Gesprächen gibt sich ein Sprecher selbst eine Blöße, bietet dem Partner durch ungeschickte Ausdrucksweise eine willkommene Gelegenheit zur Umbiegung:

Petra hat Krach mit ihrem Mann und schimpft: „Acht Männer wollten mich heiraten, bevor du gekommen bist, und alle waren klüger und vernünftiger als du." – „Ja. Das haben sie bewiesen."

Anders als bei der Anspielung „trifft" der Doppelsinn der Pointe bei unabsichtlicher Verwendung mehrdeutiger Aussagen meist den Sprecher selbst. Er hat sich sozusagen selbst überlistet:

Eine Frau hat auf den Grabstein ihres Mannes folgende Worte setzen lassen: „Ruhe in Frieden – bis wir uns wiedersehen."

Der spöttische Leser wird hinzufügen: Dann ist es mit deiner Ruhe und deinem Frieden vorbei! Der Friedensgruß verwandelt sich unversehens in eine Drohung.

„Ich werde dem Chauffeur kündigen!" tobt Direktor Mümmelmann. „Jetzt hat er mich schon zum drittenmal in Lebensgefahr gebracht." – „Aber Herbert", beruhigt ihn seine Frau, „gib ihm noch eine Chance!"

Die Frau will für den Fahrer ein gutes Wort einlegen. Mit „Chance" zielt sie wohl auf „Chance zur Bewährung durch besseres Fahren" ab. In den Ohren des Direktors kann sich das aber auch anders anhören, und der Witzempfänger liest ganz sicher verborgene Wünsche aus den Worten der Frau: „Chancen, beim viertenmal nun endlich zum Erfolg zu kommen und die Ehefrau vom Gatten zu befreien."

Auch der unabsichtlich zweideutig Sprechende kann das bemerken. Er wird dann versuchen, ihm unangenehme Zweitbedeutungen nachträglich auszuschließen, kann sich dabei aber verhaspeln:

Zwei Freunde, die sich seit Jahren nicht gesehen haben, treffen sich. Der eine fragt, wie es der Frau des anderen gehe. „Oh, natürlich, das kannst du ja nicht wissen", antwortet der andere, „Doris ist im Himmel." – „Das tut mir aber leid", sagt der erste, aber dann, weil er fürchtet, sein Freund könne die Bemerkung nun falsch deuten, fügt er hinzu: „ich meine natürlich, ich freue mich." Sein Freund ist über diese Bemerkung nun wirklich schockiert, deshalb sagt der erste schnell: „Also, ich meine natürlich, ich bin überrascht."

Jede Zusatzbemerkung macht die Sache eher schlimmer als besser. Der Freund hat sich hoffnungslos in den Fallstricken des jeweils voranstehenden Kontextes verfangen. Der beklagenswerte Tod der Frau, ausgedrückt aber in der Freude verheißenden Terminologie christlicher Heilserwartung „im Himmel sein": zwischen diesen Widersprüchen findet er sich nicht zurecht, weiß er nicht, ob er Freude oder Trauer zeigen soll. Sein letzter Rettungsversuch ist im Doppelverständnis die größte Beleidigung: Ich bin überrascht = Ich hätte sie eigentlich eher in der Hölle erwartet.

Untersucht man die sprachlichen Ausdrücke, die zum Doppelverständnis, zur Anspielung oder ungewollten Entblößung führen, so ergeben sich zunächst viele Berührungspunkte mit den Quellen des Mißverständnisses. Gleichklang verschiedener Wörter (Homonymie):

Der Kunde wünscht den spärlichen Rest seines Haupthaares gelockt. „Locken kann ich sie", sagt der Friseur, „aber ob sie kommen . . .?"

Vor allem aber Mehrdeutigkeit (Polysemie) einzelner Wörter oder komplexer Ausdrücke führen zum Doppelverständnis:

Der Arzt wird dringend zu einem Hausbesuch gebeten. An der Tür empfängt ihn eine schluchzende Frau: „Sie sind umsonst gekommen, Herr Doktor!" – „Nicht umsonst, nur vergebens."

Beamte werden neuerdings nicht mehr versetzt, sondern umgebettet.

Ihr einziger Reiz war der Hustenreiz.

Wie vermehren sich Mönche und Nonnen? Durch Zell-Teilung.

„Umsonst", „versetzen", „Reiz" und „Zelle" sind Ausdrücke, die in zweierlei Weise zu verstehen sind. Referenz und Prädikation weichen deshalb je nach Lesart voneinander ab. Das läßt sich auch an der Mehrdeutigkeit von Redewendungen und ganzen Sätzen demonstrieren:

„Wie geht's?" fragte der Blinde den Lahmen. „Wie Sie sehen", antwortete der Lahme dem Blinden.

„Papa, wie stellt man es an, daß man zu einem großen Vermögen kommt?" – „Ehrlich währt am längsten."

Ein Pfarrer besteigt die Kanzel und beginnt seine Ansprache mit den Worten: „Liebe Gemeinde, die Predigt fällt heute aus, denn ich habe euch etwas zu sagen."

Vielfach wird bei Anspielungen nicht mit mehreren im Sprachsystem angelegten Bedeutungen eines Ausdrucks jongliert, sondern die sprachlichen Ausdrücke sind je für sich betrachtet eindeutig. Erst ihre Zusammenstellung, ihre wechselseitige Kontextbeeinflussung ergibt Sinnüberlagerungen (siehe Abbildung S. 171). Je nachdem, welches Referenzobjekt mit dem Ausdruck „Feind" belegt wird, ist der Feind eine zu bekämpfende oder zu liebende Erscheinung. Vor dem Hintergrund des Antialkoholikers nimmt

sich das Schild des „christlichen" Werbers zweideutig aus: Werbung für die Nächstenliebe, aber auch für den Alkoholkonsum.

Der Dümmste in der Klasse bricht sich ein Bein. Als er nach drei Wochen wieder in die Schule kommt, fragt ihn der Lehrer: „Wie geht's?" – „Ich laufe besser als je zuvor." Der Lehrer: „Dann fehlt dir jetzt nur noch 'ne anständige Gehirnerschütterung."

Der situative und der verbale Kontext zusammen machen die Schlußbemerkung erst zur Anspielung; für sich genommen wäre sie nicht sehr sinnvoll.

Schließlich kann es sogar eine sprachliche Situation allein sein, die einer Äußerung nicht nur ihren Sinn, sondern auch ihren Doppelsinn verleiht:

Der Urlauber bekommt in seiner Pension zum Frühstück einen winzigen Klecks Honig. „Ach wie nett", wendet er sich an die Wirtin, „eine Biene halten Sie auch?"

Zur Technik der Anspielung gehört es aber auch, daß Aussagen implizit Voraussetzungen und „Vorgeschichten" oder Konsequenzen und „Nachgeschichten" einschließen, bestimmte Ursache-Folge-Zusammenhänge, die man erschließen kann, die stillschweigend „mitgesagt" werden, die man sich „ausmalen" kann.

„Komm weiter, Alma!"

Das Verhalten des Ehemannes in der Bildergalerie wirft ein bezeichnendes Licht auf das Verhältnis zwischen den Eheleuten. Das deutliche Interesse der Frau an dem abgeschlagenen Männerkopf in der Schale Salomes weckt Ängste im Manne, es könne in seiner Frau der Wunsch nach einer Analogie wach werden.

„Oh, habe ich heute nicht sehr schlecht gesungen?" – *„Aber nein, Gnädigste haben noch nie besser gesungen!"*

Der Direktor einer Irrenanstalt läßt einen Gast die Zellen besichtigen. In einer sitzt ein Mann und hält eine Holzpuppe im Arm, die er herzt und kost. Leise sagt der Direktor: „Der Mann liebte ein Mädchen, das ihn verschmähte und einen anderen heiratete. Darüber wurde er verrückt. In seinem Wahn hält er die Puppe für die Geliebte." Die nächste Zelle ist ausgepolstert. Darin läuft ein Mann unaufhörlich wie ein Tobsüchtiger gegen die Wand. „Das ist der andere", erklärt der Direktor.

Vierzig Galeerensklaven rudern fleißig. Da kommt der Aufseher und sagt: „Ich habe eine schlechte und eine gute Nachricht für euch. Die gute zuerst: Ihr bekommt eine Extraration Rum. Und nun die schlechte: Nach dem Essen will der Kapitän Wasserski laufen."

„Der Trottel hat keine Insassen-Versicherung – gestatten Sie, daß ich mich zu Ihnen lege?"

Manchmal werden im Anspielungswitz Aussagen vom Gesprächspartner aufgenommen und so fortgeführt, daß sich durch Assoziation einer Nebenbedeutung überraschende Sinnwendungen ergeben. Auf solche Weise können Aussagen in ihrem Inhalt total verändert, umgebogen werden: durch semantische Verschiebung, Wörtlichnehmen von Vergleichen und Metaphern, Unterstellung falscher Motive und falscher Zusammenhänge, Annahme einer Voraussetzung und Wertungen:

„Einmal rasieren! Ich sehe aus wie ein Stachelschwein." – „Die Stacheln werden wir gleich weg haben."

„Aber Herr Direktor, mit diesem Gehalt kann ich keine großen Sprünge machen." – „Das ist auch gar nicht nötig. Ich habe Sie als Buchhalter angestellt und nicht als Känguruh."

Ein Fremder bittet einen Berliner um Auskunft: "Ich möchte gern in den Zoo." – "Als wat?"

Nachdem die beiden lange auf das wogende Meer der Tanzenden hinabgeblickt haben, sagt der Ehemann versonnen: "Komisch, daß immer die größten Idioten die schönsten Frauen haben!" Umarmt ihn seine Frau: "O du Schmeichler!"

Ebenso kann ein Verhalten durch eine veränderte Einschätzung der Absichten und Wirkungen oder durch eine Verlagerung in eine andere Umgebung umgedeutet werden:

Ein Verkehrspolizist stoppt einen Autofahrer, der bei Rot über die Kreuzung gefahren ist, und reicht ihm seine Pistole. "Was soll das?" fragt der Verkehrssünder. "Nehmen Sie das", sagt der Polizist, "damit geht's schneller."

Der Direktor eines vornehmen Restaurants erstarrt, als er an einem der Tische einen Gast erblickt, der sich eben die Serviette um den Hals bindet. Er winkt den Ober heran und flüstert ihm zu: "Machen Sie dem Herrn dort klar, daß ein solches Benehmen bei uns nicht üblich ist! Aber mit Diskretion!" Darauf tritt der Ober an den Tisch des Gastes, verneigt sich und fragt: "Rasieren oder Haarschneiden?"

Schließlich sind auch Umdeutungen eines Sachverhalts möglich: Etwas wird unter Sinnverlagerung neu bezeichnet, überraschende Zusammenhänge werden behauptet oder aufgezeigt, die Blickrichtung auf einen Sachverhalt wird verändert, eine Erscheinung wird umgewertet:

"Wenn ich den Kopf nach unten halte", erklärt der Lehrer, "strömt mir das Blut hinein. Warum aber nicht in die Füße, wenn ich stehe?" – Fritzchen: "Weil Ihre Füße nicht hohl sind."

Ein Mann ist gestorben, der in seinem Leben sehr, sehr faul gewesen ist. "Bestattung oder Einäscherung?" fragt der Beerdigungsunternehmer. "Verbrennung", antwortet die Witwe, "und schicken Sie mir die Asche bitte ins Haus!" Als sie die Asche ihres Mannes erhält, füllt sie sie in die Eieruhr und sagt: "So, jetzt arbeite!"

Als einem griechischen Philosophen einmal nach einer Rede Beifall geklatscht wurde, fragte er zu seinen Freunden gewendet: "Was habe ich denn Dummes gesagt?"

Sofern die Anspielung ungewollt, unfreiwillig erfolgt, die Pointe "nach hinten losgeht" und der Sprecher sich selbst bloßstellt und lächerlich macht, weist die Technik der Witzaussage noch weitere Varianten auf. Der Sprecher übersieht die Mehrdeutigkeit einer Eigenaussage, merkt nicht, welche für ihn unangenehmen Rückschlüsse sie zuläßt, ja geradezu provoziert, oder er merkt es zu spät:

„Idioten, sen dat Tiere?" fragt Schäl. „Quatsch", antwortet Tünnes. „Mensche wie du ond ech."

„Da behaupten die Leute immer wieder", ereifert sich der katholische Pfarrer, „wir Geistlichen können keine Kinder erziehen, weil wir selber keine hätten – das ist aber gar nicht wahr!"

So kann auch eine vorangehende Äußerung durch eine folgende in ihrer Bedeutung umgebogen werden, ein Verhalten oder ein Sachverhalt dadurch umgedeutet werden, daß die Doppelbedeutung zunächst übersehen, dann aber ans Licht gerückt wird.

„Liebling", sagt der junge Mann, „ich glaube, im ganzen Ort gibt es nur eine einzige Frau, die ihrem Mann treu ist." – „Wirklich? Wer soll denn das sein?"

„Hast du gewußt, daß es so viele Mädchen gibt, die nicht heiraten wollen?" – „Nein. Woher weißt du das denn?" – „Ich habe sie gefragt."

Die Fenster müssen mal wieder geputzt werden: Frau Meier hat eine Idee und sagt zu ihrem Mann: „Du Franz, wir nehmen das Bügelbrett. Ich setze mich drinnen drauf und du stellst dich draußen drauf und putzt." So wird es gemacht. Plötzlich klingelt es. Frau Meier springt vom Bügelbrett und rennt zur Tür . . . und da sitzt ihr Mann auf dem Boden und stöhnt. Fragt sie: „Franz, hast du geklingelt?"

Enthüllt wird zumeist die Naivität, ja die Dummheit einer Person. Die Anspielung zielt darauf, daß jemand zerstreut ist, etwas nicht verstanden hat, Zusammenhänge nicht erfaßt oder eine unsinnige Umdeutung eines Sachverhalts vorgenommen hat. Dabei ist bedeutsam, daß doch stets ein Sinn im Unsinn enthalten, eine immanente Folgerichtigkeit vorhanden ist. So lacht man zwar über die „Kurzschlüssigkeit" des Denkens bei den Witzfiguren, wird aber auch sensibler für Ansätze eines entsprechenden Verhaltens der eigenen Person.

„Verzeihung, sind Sie vielleicht mit Professor Weingärtner verwandt?" – „Ich bin Professor Weingärtner." – „Ah – daher die verblüffende Ähnlichkeit!"

„Kennst du den Witz von der Frau, die eine Schere verschluckt hat, und der Ehemann sagt: ‚Macht nichts, ich kaufe dir eine neue'?" – *„Nee, erzähl' mal!"*

3.4 Wortbildungswitze

Reflexion über Sprache auf der Grundlage von Witzen erlaubt nicht nur eine pragmalinguistische Kommunikationsanalyse, also die Untersuchung komplexer Sprachhandlungen mit den jeweiligen Voraussetzungen und Bedingungen, wie sie in den voranstehenden Kapiteln beispielhaft an Mißverständnissen und Anspielungen vorgeführt wurde. Sie macht auch eine Verbindung mit „systemlinguistischen" Forschungsansätzen, Fragestellungen und Untersuchungsmethoden möglich, z. B. eine Verbindung von Pragmalinguistik und strukturalistischer Morphologie: handlungsorientierte und textbezogene Wortbildungslehre im Deutschunterricht.

Ein rein formales Vorgehen ist auch hier abzulehnen. Es kommt nicht so sehr darauf an, daß die Schüler die verschiedenen „Wortbausteine", freie und gebundene Morpheme, Präfixe und Suffixe, die verschiedenen Wortbildungsarten, Zusammensetzungen (Komposita) und Ableitungen (Derivate) und Präfigierungen unterscheiden und beim „Namen" nennen können. Die Beschäftigung mit Wortbildung im Unterricht muß zusammen mit der morphologischen Struktur zugleich die semantische Struktur komplexer Wörter erhellen und den Fragen nachgehen: Wie ist die Bedeutung des Gesamtwortes aufgebaut? Wie werden die Bedeutungen der beteiligten Morpheme in die Gesamtwortbedeutung integriert? Kommen zusätzliche Bedeutungskomponenten hinzu? In welchem semantischen Verhältnis steht das Gesamtwort zu verwandten Wörtern?

Wichtigster Grundbegriff der Wortbildungs-Semantik ist die Durchsichtigkeit (Motiviertheit oder Motivation) eines aus mehreren Morphemen aufgebauten Wortes. Morphologisch durchsichtig ist ein Wort, dessen Morpheme deutlich zu erkennen sind (z. B.: herr-lich), teilweise durchsichtig, wenn wenigstens eines der Morpheme erkannt werden kann (z. B.: gräß-*lich*). Semantisch durchsichtig ist ein Wort, dessen Morpheme nicht nur zu erkennen sind, sondern bei dem man auch ohne sprachgeschichtliche

Kenntnisse ahnt, wie die Gesamtwortbedeutung auf die Bedeutungen der Morpheme zurückzuführen ist, andersherum: wie sich die Morphembedeutungen zur Wortbedeutung zusammenschließen (z. B.: königlich = in der Art eines Königs; kindlich = in der Art eines Kindes).

Die Möglichkeit der Wortbildung erlaubt es, für neu zu benennende Erscheinungen unter Rückgriff auf bereits in der Sprache vorhandene Wörter/Morpheme Neuwörter zu schaffen. Von dieser sehr ökonomischen, das Gedächtnis entlastenden Möglichkeit wird seit Generationen ständig Gebrauch gemacht (heute besonders in den Sprachen der Werbung und der Wissenschaft und Technik). Zur Zeit der Neubildung, der erstmaligen Verwendung eines Wortes, ist es immer durchsichtig, morphologisch und semantisch auf seine Bestandteile zurückzuführen. Setzt sich ein Neuwort durch, d. h. wird es von anderen Sprechern und Schreibern übernommen, und in den allgemeinen Wortschatz der Standardsprache aufgenommen, dann verselbständigt es sich mit der Zeit, löst sich von seinen Morphemen, verdunkelt im Laufe der Geschichte: In welcher Hinsicht zum Beispiel ist die Großmutter „groß", die Himbeere „him"? Was haben „Zukunft" und „bequem" heute noch mit ihrem verbalen Grundmorphem „komm-" gemeinsam?

Der Deutschunterricht hat die Aufgabe, die rezeptive und die produktive Wortbildungs-Kompetenz der Schüler zu fördern. Die Schüler sollen also sensibilisiert werden für die morphologischen und semantischen Strukturen deutscher Wortbildung, für Wortbildungsmuster. Dann werden sie in die Lage versetzt, in ihrer Umgebung auftauchende Neuwörter schnell und mühelos zu entschlüsseln, d. h. zu verstehen. Außerdem wird das Repertoire der ihnen zur Verfügung stehenden sprachlichen Ausdrucksmöglichkeiten erheblich vergrößert, ihre sprachliche Kreativität angeregt.

Ist bei den Schülern erst einmal der Sinn für neue Wortbildungen geschärft, dann gehen ihnen mehr und mehr auch die Augen für die Bildungsweisen unseres überlieferten Wortschatzes auf. Sie entdecken Zusammenhänge, etymologische Verwandtschaften zwischen Wörtern, auf die sie vorher nicht gekommen wären. Schon halb verdunkelte Wörter werden wieder aufgehellt, werden aussagekräftiger und häufig aus dem nur rezeptiven („passiven") Wortschatz der Schüler in den produktiven („aktiven") übernommen. Einsichten in Bau und Funktion sprachlicher Zeichen verbinden sich mit Einsichten in deren Geschichte.

»Verzeihung, können Sie mir sagen, wo der Riesenslalom stattfindet?«

Der Witz zeigt deutlich, was im Unterricht über Wortbildungssemantik zunächst erarbeitet werden muß: 1. die partielle Motiviertheit komplexer Wörter; 2. die potentielle Vielfalt der Verknüpfungsmöglichkeiten von Morphembedeutungen; 3. die Möglichkeit, in spezifischer Situation und spezifischem Kontext zu konventionalisierten Bedeutungen alternative Ad-hoc-Lesarten zu bilden, die verständlich sind; 4. die semantische Zusatzkomponente, die das Verhältnis der von dem Morphemen übernommenen Bedeutungsmerkmale im Gesamtwort zueinander bestimmt.

Über ihre Bestandteile „Riese(n)" und „Slalom" ist die Zusammensetzung auf dem Wegweiser in ihrem Bedeutungsaufbau bis zu einem gewissen Grade durchsichtig, nicht völlig unbegründet und beliebig wie die Bedeutung des einfachen Wortes „Riese". Die Verbindung „Riesenslalom" ist von der Sprachgemeinschaft auf die Bedeutung „langer alpiner Abfahrtslauf für Skiläufer (genau: durch mindestens dreißig Flaggentore auf vorgeschriebener Strecke)" festgelegt. Dabei ist das selbständige Wort „Slalom" in der Bedeutung gebräuchlich: „Wettbewerb im Schi- und Kanusport, bei dem gekennzeichnete Tore auf einer kurvenreichen Rennstrecke zu durchfahren sind", das von „Riese" (= außergewöhnlich großer Mensch) abgeleitete Morphem „riesen-" in der Bedeutung „außerordentlich groß", wie in: Riesenanstrengung, Riesenappetit, Riesenblamage, Riesenerfolg, Riesenhunger und vielen anderen Wörtern. In dieser Reihe stehend ist „Riesenslalom" eben auch als „außerordentlich großer, langer Slalom" durchsichtig.

Der Bildwitz zeigt nun sehr anschaulich, daß es theoretisch auch eine andere, ebenfalls durchsichtige Bauform des Wortes gibt, die als Neuschöpfung aus der Situation heraus verständlich ist: Morphem „Riese" tritt über das Fugenmorphem „n" (= alte Flexionsendung) mit „Slalom" zusammen. Es ergibt sich die Bedeutung: „Abfahrtslauf für Riesen, d. h. für außerordentlich große Menschen".

Von der Möglichkeit, ungewöhnliche Lesarten in Konkurrenz zu schon vorhandenen gleichlautenden Wörtern zu bilden, macht auch folgender Witz Gebrauch:

„Ich trainiere: ich will Bauchtänzerin werden

Im Unterschied zum Beispiel „Riesenslalom" gibt es hier zwischen „Bauchtänzerin$_1$" und „Bauchtänzerin$_2$" gar keinen morphologischen Unterschied:

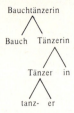

Der Unterschied besteht allein in der semantischen Struktur, in der inhaltlichen Verknüpfung von „Bauch" und „Tänzerin":
konventionelle Lesart 1: Tänzerin, die mit dem Bauch tanzt (genauer: Hüften und Bauchmuskeln rhythmisch bewegt);
neugebildete Lesart 2: Tänzerin, die auf dem Bauch (einer anderen Person) tanzt.

Bei gleicher Bedeutung der beiden Bestandteile „Bauch" und „Tänzerin" in beiden Lesarten ist der Bedeutungsunterschied allein auf die Zusatzkomponente zurückzuführen, die man andeutungsweise mit den Präpositionen „mit (dem Bauch)" und „auf (dem Bauch)" beschreiben kann. Allgemein gilt: Zu den Bedeutungen der Einzelmorpheme tritt oft noch eine inhaltliche Zusatzkomponente, die das Verhältnis der Morphembedeutungen zueinander bestimmt.

„*Das ist unser ältester Barhocker.*"

Die alternativen Inhaltsstrukturen kann man so beschreiben:
Lesart 1: Hocker an der Bar, auf dem man sich niederläßt;
Lesart 2: Hocker an der Bar, der sich dort niederläßt.

In „Barhocker" ist das mehrdeutige Morphem „Hocker" enthalten, das in einem Fall in der ersten Bedeutung „Sitzgelegenheit" (Gegenstand zum Draufniederhocken), dann in der zweiten Bedeutung „Mensch, der sich niederhockt" in die Gesamtwortbedeutung aufgenommen wird. Die Mehrdeutigkeit des Morphems führt zur potentiellen Mehrdeutigkeit des komplexen Wortes.

Blutprobe

Das Grundwort „Probe" besitzt als selbständiges Substantiv u. a. die beiden Bedeutungen: „Versuch, durch den festgestellt werden soll, ob eine bestimmte Eigenschaft einer Sache wirklich vorhanden ist" und: „Teil von etwas, aus dem die Beschaffenheit des Ganzen ersehen werden kann"[2]. Die lexikalisierte Bedeutung von „Blutprobe" baut auf Bedeutung 2 auf, ähnlich wie „Urinprobe", „Bodenprobe". Die Alternativbedeutung, die natürlich in pointenbildender Spannung zur Krankenschwester steht, übernimmt zusätzlich aus der Bedeutung 2 das Merkmal „Versuch" und lehnt sich analog zu „Weinprobe" an die spezielle Bedeutung von „probieren" (= Grundwort der Ableitung „Probe") an: „den Geschmack einer Speise, eines Getränkes prüfen, etw. kosten"[3].

„Selbstverständlich verdiene ich mehr als Sie – nur bekomme ich nicht mehr!"

Das aus dem Grundwort „dienen" und dem Präfix „ver-" bestehende Verb ist in beiden hier benutzten Bedeutungen gebräuchlich: verdienen$_1$ = „einen berechtigten Anspruch auf etwas haben"; verdienen$_2$ = „etwas, besonders Geld, für eine Tätigkeit erhalten; Arbeitslohn, Gehalt beziehen". Dabei scheint der Zusammenhang mit dem einfachen Wort semantisch nur noch schwach durch: dienen = „tätig sein" (und dadurch Ansprüche erwerben, Anspruch auf Entlohnung erwerben).

„Hilfe!!! – Einbrecher."

Die Ableitung „Einbrecher" (= jemand der einbricht/eingebrochen ist oder hat) kann auf verschiedene Bedeutungen des Verbs zurückgeführt werden: „gewaltsam und ohne Erlaubnis in verschlossenes Haus, Wohnung eines andern eindringen" und: „in etwas hineinstürzen", z. B. ins brechende Eis. Lexikalisiert ist die Bedeutung „Gewalttäter", zumal in einem Ruf wie: „Hilfe! Einbrecher!", mit dem Hilfe *gegen* Einbrecher herbeigerufen wird. So wird es auch jeder Hörer des Rufes spontan verstehen. Erst die Situationsangabe macht deutlich, daß hier jemand als Hilfe *für* einen ins Eis Hineingestürzten herbeigerufen werden soll.

Was Bildwitze anschaulich an notwendigen Informationen über den situativen Kontext liefern, ohne den die situationsbezogene Neu- und Alternativbildungen kaum verständlich wären, leisten Sprachwitze über ihre erzählerische Rahmenhandlung:
„Ohne Flaschenzug schaffen Sie das nicht", sagte ein Herr wohlwollend zu zwei Arbeitern, die sich abmühten, einen riesigen Steinblock zu bewegen. „Das wissen wir auch", war die brummige Antwort, „aber die Pulle ist leider leer."
Der Witz beruht auf einer Neumotivierung des Wortes „Flaschenzug". Man erkennt noch gut die morphologische Zusammensetzung aus „Flasche" und „Zug", semantisch ist die Bildung aber undurchsichtig geworden: Was hat die „technische Vorrichtung zum Heben schwerer Lasten, die aus einer oder mehreren miteinander verbundenen losen und festen Rollen besteht, über die nacheinander das Zugseil läuft" [4] mit Flaschen zu tun? Erst historische Nachforschungen ergeben, daß die flaschen(hals)förmigen Rollengehäuse dem Gerät im 18. Jahrhundert seinen Namen gegeben haben.

Synchronisch betrachtet liefert das Morphem „Flaschen" heute keinen Beitrag mehr zur üblichen Bedeutung der Zusammensetzung. In die Neuprägung dagegen ist die Bedeutung „zylindrisches Glasgefäß zum Aufbewahren von Flüssigkeiten, besonders „Getränken" voll aufgenommen, „Zug" allerdings nicht als Bezeichnung für das Mittel des Ziehens, sondern für den Vorgang: (mit dem Mund) an der Flasche ziehen = einen Schluck zu sich nehmen.

Man kann aus dem Beispiel die allgemeinere Erkenntnis ableiten: Es gibt die Möglichkeit der Neumotivierung bei historisch schon verdunkelter Bauweise eines Wortes. Außerdem müssen am Bau beteiligte Morpheme nicht immer ihre volle Bedeutung in das Neuwort mit einbringen. So wie durch Zusatzkomponenten Bedeutung hinzukommen kann, so kann auch Bedeutung der „Bausteine" verlorengehen oder doch an den Rand der Neuwortbedeutung gedrängt werden.

Der Arzt hat lange den alten Tippelbruder untersucht. Nun wendet er sich mit ernster Miene an ihn: „Tscha, mein Lieber, es gibt keinen Zweifel, Sie haben Wassersucht." Der Alte starrt den Arzt ungläubig an: „Doktorchen, keine Witze!"

„Sucht" ist eine Verbalableitung zu „siechen" (= krank sein) und in dieser Bedeutung „Krankheit" Bestandteil vieler Zusammensetzungen wie „Bleichsucht, Gelbsucht, Schwindsucht" und auch „Wassersucht" = „krankhafte Ansammlung von wasserähnlicher, aus dem Blut stammender Flüssigkeit in Körperhöhlen, Gewebsspalten oder Zellen"[5]. Wer diese Krankheitsbezeichnung jedoch nicht kennt, wird bei Wassersucht eher an Wörter wie Tobsucht, Selbstsucht, Herrschsucht, Eifersucht, Sehnsucht erinnert, in denen das Grundwort als „krankhaftes Verlangen" verstanden wird, oder an die medizinische Verwendung des einfachen Wortes „Sucht" in der Bedeutung „krankhaftes Verlangen nach Rauschgiften und dergleichen" (vgl. „süchtig"). In diesem Sinne erwartet der Tippelbruder vom Arzt eher die Diagnose „Alkoholsucht" als Wassersucht in der Bedeutung „krankhaftes Verlangen, Wasser zu trinken".

Wie vermehren sich Mönche und Nonnen? – Durch Zell-Teilung.

Der Chef überrascht den neuen Lehrling, als dieser gerade eine Stenotypistin küßt: „He, Sie Knabe, was denken Sie sich dabei? Sie sind hier Stift, aber nicht Lippen-Stift".

„Was studiert eigentlich Ihr Ältester?" – „Wirtschaftswissenschaften." – „Das ist vernünftig, getrunken wird immer!"

Bruno erzählt stolz seinem Freund: „Ich habe ein Angebot von der Firma Meier bekommen. Ich werde ein Zweiggeschäft übernehmen." – „Ein Zweiggeschäft? Ja, lohnt sich das denn? Wer kauft denn schon Zweige?"

„Ich bin Straßenhändler." – „Oh, das finde ich interessant. Wieviel muß man denn heute etwa für eine Straße anlegen?"

Treffen sich zwei alte Freunde. Fragt der eine: „Na, Karl, wie geht es dir denn?" – „Ich kann nicht klagen, ich habe ein Geschäft aufgemacht." – „Womit?" – „Mit einem Brecheisen."

"Los, los", *sagt der Müller*, *"noch gibt's nichts zu essen, noch ist Mahlzeit!"*

In Mahlzeit$_1$ und Mahlzeit$_2$ befinden sich freilich zwei verschiedene Morpheme: Mahl = „Essen"; mahlen = „zerreiben". Die Alternativ-Konstruktion ist also nur scheinbar vorhanden. In Wirklichkeit handelt es sich nicht um ein Wort mit zwei denkbaren Lesarten, sondern um zwei verschiedene Wörter (mit verschiedenen, etymologisch nicht verwandten Morphemen und deshalb natürlich auch mit zwei verschiedenen Bedeutungen), die nur lautlich und in der Schreibweise zusammenfallen (Hononyme).

Ein solches Spiel mit Hononymen gibt es auch im Bildwitz:

Natürlich haben „Wal-fisch" und „Wal-nuß" nichts als die ersten drei Buchstaben gemeinsam. Die Herkunft der Tierbezeichnung ist nicht sicher geklärt (vermutlich verwandt mit „Wels"). Die „Walnuß" dagegen geht auf „welsch" (= „romanisch") zurück und wurde als die aus Italien kommende Frucht bei uns noch bis ins 18. Jh. „welsche Nuß" genannt.

Wußten Sie schon, ...

... daß ein Staubsauger viel rentabler ist als ein Klopfsauger? Denn Staub kommt häufig vor, während Klöpfe relativ selten sind.

... daß Tannenzapfen wesentlich schwieriger ist als Bierzapfen?

... daß der Golfstrom für Elektrorasierer ungeeignet ist?

. . . daß eine Haftpflicht bei Zahnprothesen nicht besteht?
. . . daß Kunsthonig nicht von besonders begabten Bienen hergestellt wird?
. . . daß Schwerhörigkeit keineswegs eine besonders starke Form der Hörigkeit ist?
. . . daß Maulwürfe bei den Olympischen Spielen nicht anerkannt worden sind?

Die Scherzfragen beziehen ihre Wirkung alle aus der spielerischen Neukonstruktion des komplexen Wortinhalts. Die suggestive Parallelisierung von „Staubsauger" und „Klopfsauger" läßt an eine gleiche Bauweise denken, kann aber nicht darüber hinwegtäuschen, daß „Staub" als Nominalmorphem das Objekt des „Saugens" bezeichnet, während „klopf-" als Verbalmorphem den Vorgang angibt, der mit dem Saugen zugleich erfolgt (vgl. „Mähdrescher"). Auch „Zapfen/zapfen" erscheint einmal als Nominal-, dann als Verbalmorphem. „Golfstrom" bezieht sich auf den mehrdeutigen „Strom": fließendes Wasser – fließende Elektrizität, „Haftpflicht" auf „haften für etwas, bürgen" oder „haften an etwas, festkleben", „Kunsthonig" auf „künstlich geschaffen" (im Gegensatz zu „natürlich entstanden") oder „mit künstlerischer Betätigung verbunden".

Bei „Schwerhörigkeit" wird sogar mit der Doppeldeutigkeit beider Wortbestandteile gespielt: „schwer" = „schwierig, mit Anstrengung" oder: „Verstärkungspartikel ohne den Nebensinn des Unangenehmen: stark, in hohem Maße (wie in „schwerreich")"; „Hörigkeit" = Zustand, dem Willen eines anderen unterworfen, von ihm abhängig zu sein. Die Scherzfrage erwägt die Möglichkeit einer Zusammensetzung aus der zweiten Bedeutung von „schwer" und dem Nomen „Hörigkeit". Das bei uns gebräuchliche Wort ist jedoch gar keine Zusammensetzung, sondern eine Ableitung von „schwerhörig" mit dem Suffix „-keit". Das Adjektiv ist freilich zusammengesetzt aus der ersten Bedeutung von „schwer" und einem alten „hörig" im Sinne „hörend, mit dem Gehör wahrnehmend". In diesem Fall handelt es sich also nicht nur semantisch, sondern auch morphologisch um eine Alternativkonstruktion zu dem in unserem Wortschatz vorhandenen Lexem.

Mit „Maulwurf" haben wir sogar eine Pseudo- oder Volksetymologie vor uns, d. h. daß ein bereits verdunkeltes Wort durch Anlehnung an ein bekanntes Morphem nachträglich (und damit historisch falsch) durchsichtig gemacht wurde und sich so in der

Standardsprache durchgesetzt hat. Maulwurf hat ursprünglich gar nichts mit unserem Wort „Maul" (= „Tierschnauze", oder derber Ausdruck für „Mund") zu tun, sondern ist mit englisch „mow" (= Haufe) verwandt, hieß also „Haufenwerfer". Da das erste Morphem als selbständiges Wort nicht mehr vorkam, wurde das Gesamtwort schon im Althochdeutschen ein erstes Mal umgedeutet, nämlich an althochdeutsch „molta" = „Erde" angelehnt: „Erd(auf)werfer", später ein zweites Mal in Anlehnung an mittelhochdeutsch „mûl" = „Maul": „Tier, das Erde mit dem Maul aufwirft", was den wirklichen zoologischen Gegebenheiten natürlich nicht entspricht. Diese Bedeutung ist Grundlage für die witzige Neubildung in der Scherzfrage: „Wurf von irgendetwas mit dem Mund, als Sportart".

Wenn eine kleine Zahl von Wortbildungen im Unterricht einmal so genau besprochen worden ist, kann man den Schülern sicher eine größere Wortgruppe mit vielfältigen Besonderheiten zur selbständigen Analyse und Ordnung zumuten. Besonderes Vergnügen bereiten die auf viel Begleittext verzichtenden sogenannten „Definitionen", die auf den bunten Seiten mancher Illustrierten gar nicht selten sind:

Allgemeinheit: bösartiges Verhalten des Kosmos
Abteile: Hast eines Klostervorstehers
Blasebalg: pustende Göre
Durchzugsgebiet: windige Gegend
Dramatisch: von ernsten Dichtern benutztes Möbelstück
Feuerzeuge: Zuschauer bei einem Brand
Einreiher: Rangierer am Güterbahnhof
Kohlestift: Lehrling im Bergbau
Tauwerk: Anlage zur Entfrostung
Tonkünstler: Designer für Keramikwesen
Rockaufschlag: Zusatzgebühr für einen Modetanz
Hochland: Gebiet, in dem es immer schön ist
Adebar: Abschiedsgruß im Nachtlokal
Brustkasten: Ersatz für Büstenhalter
Garderobe: Amtstracht für Elitetruppen
Eiland: große Hühnerfarm
Spielhölle: Kindergarten für kleine Teufel
Luftaufnahme: Foto von Unsichtbarem
Strandgut: am Meer gelegenes Anwesen

Urheber: Sportler der Vorzeit
Wirbelsäule: rotierendes Bauelement
Barhocker: Dauergast im Nachtklub
Kantor: eckiges Gehörorgan
Papst: höfliche Kurzform für „Vater, sei still!"
Farbband: bunt gekleidete Tanzkapelle
Pastor: Kontrolldurchgang an der Grenze
Brechstange: Halterung für Seekranke
Preisrichter: ausgezeichneter Justizbeamter
Lakritze: beschädigter Autoanstrich
Kleinode: ganz kurzes Gedicht
Beamtenlaufbahn: Sportplatz für Festbesoldete
Kernforscher: Nußexperte
Naturkunde: Spaziergänger im Grünen
Backbord: Ablagebrett für Teigwaren
Mädchen: kleiner Wurm
Versehen: Heirat unter Poeten
Posaunen: finnische Dampfsitzbäder
Nachteile: nächtlicher Bewegungsdrang
Trampelpfad: schmaler Weg für unbeholfene Menschen
Streichquartett: vier Maler
Engelshaar: Kopfschmuck eines Marxisten
Tornister: in Hauseinfahrt brütender Vogel
Unwohlsein: Trinkspruch der Vereinten Nationen

Mit etwas mehr situativem und sprachlichem Kontext als Einkleidung gibt es solche Definitionswitze auch als Bildwitze:

„Also, sind das nun Parkanlagen oder nicht?"

„Was heißt hier: länger als eine Stunde?
Können Sie nicht lesen."

„Nur eine kleine
Stichprobe, gnädige
Frau, das ist Vor-
schrift."

*„Was heißt hier Wachskerzen?
Die werden doch immer kleiner!"*

Beim Versuch, das gesammelte Material zu ordnen, stößt man zunächst auf die schon bekannten Ausgangspunkte für die Bildung einer konkurrierenden Lesart:
1. Zu den Morphembedeutungen tritt eine andere Zuwachskomponente als bei der lexikalisierten Bedeutung. Sie legt die Beziehung zwischen den Morphembedeutungen fest. Beispiel: Luftaufnahme = Aufnahme *von* der Luft *aus* – Aufnahme *des Objekts* Luft.
2. Ein mehrdeutiges Morphem (oder Homonym) bringt in beide Lesarten je eine andere Bedeutung ein. Beispiele für das erste Morphem, für das zweite, für beide Morpheme: Tonkünstler (Ton = Klang – Sedimentgestein), Blasebalg (Balg = Ledersack – ungezogenes Kind), Tauwerk (Tau = in Tropfen niedergeschlagene Luftfeuchtigkeit – starkes Seil; Werk = Fabrik, Betrieb – Sammelbezeichnung für mehrere zusammengehörige oder gleichartige Gegenstände: Gefüge von Tauen, alle Taue eines Schiffes).
3. Die morphologische Bauweise, das Wortbildungsmuster ist in beiden Lesarten verschieden. Beispiel: Allgemeinheit = Ablei-

tung aus dem Adjektiv „allgemein" und dem Suffix „-heit" – Zusammensetzung aus Nomen „All" und Nomen „Gemeinheit".
4. Ein Morphem gehört in einer Lesart einer anderen Wortart an als in der anderen. Beispiel Wirbelsäule (Wirbel/wirbel- als Verb oder Substantiv).
5. Zwei verschiedene Morpheme erscheinen in einer Wortbildung als scheinbar homonym. Beispiel: Mädchen (Maid/Made).
Hinzu kommen einige weitere Möglichkeiten:
6. Durch verschiedene Morphemtrennung (Fuge an anderer Stelle) entstehen zwei Lesarten. Beispiel: Ver-sehen, Vers-ehen.
7. Fremdwortmorpheme werden falsch begrenzt. Beispiel: Dramat-isch, Drama-tisch.
8. Fremdwortmorpheme werden aufgrund gleicher Aussprache (homophon) oder gleicher Schreibweise (homograph) mit deutschen identifiziert. Beispiele: Kantor (lat. -or; Ohr) Farbband (engl. band; Band).
9. Ein Morphem wird aufgespalten. Beispiel: Pa-pst.

Für die Gruppe der ungewöhnlichen oder auch zulässigen Morphemtrennungen lassen sich noch andersartige scherzhafte Beispiele finden, an denen sich aber nichts wesentlich Neues demonstrieren läßt:

Trennungen

Bausch-lamm	Antrags-teller	Vers-tauchen	Freischwimm-erzeugnis
Uran-fang	Lachs-türme	Nacht-eile	Gene-sender
Tran-spar-ente	Studiosen-dung	Kontra-streich	

Wichtig ist bei der Analyse, daß die Schüler alle ungewöhnlichen Bildungen auf ihre mögliche Sinnhaftigkeit in einem bestimmten Kontext prüfen und so für ganz verschiedene Formen semantischer Merkmalverbindungen in komplexen Wörtern sensibilisiert werden. Das regt sie zu Eigenproduktionen nach den erarbeiteten

Vorlagen an, macht aber auch ganz allgemein ihre sprachliche Ausdrucksfähigkeit geschmeidiger und fördert ihre Fähigkeit, unkonventionelle Texte rasch zu verstehen.

Im Unterschied zur Meinung mancher Anhänger einer generativen Wortbildungslehre entstehen komplexe Wörter nicht durch Transformation aus Sätzen und Syntagmen („Die Frau, die putzt" → „die Putzfrau"). Vielmehr hält unsere Sprache beide Ausdrucksmittel mit unterschiedlicher Funktion nebeneinander bereit: das explizit die semantischen Beziehungen zwischen den Morphemen zum Ausdruck bringende Syntagma *und* das Wort, das die semantischen Beziehungen in seiner Kürze nicht an der Oberfläche erkennen läßt, das deshalb semantisch potentiell mehrdeutiger ist als ein Syntagma und auf eine Lesart festgelegt, damit lexikalisiert ist und mit seiner Bedeutung erlernt werden muß. Dem entsprechen *Erbens*[6] Unterscheidung von „tun-Prädikation" des Syntagmas und der semantisch viel dichteren „sein-Prädikation" des Wortes sowie *Dokulils*[7] Alternativen von „Aussagefunktion" des Syntagmas und „Benennungsfunktion" des Wortes: Die Putzfrau ist ja nicht eine Frau, die irgendwann einmal putzt (sie *tut* es; eine Aussage wird über sie gemacht), sondern eine beruflich putzende Frau (sie *ist* es; sie wird als solche benannt). Die Inhaltskomponente „beruflich" ist konventionalisierter Bestandteil des Wortinhalts, auch wenn sie an der Wortoberfläche nicht durch ein spezielles Morphem repräsentiert ist. Wenn schon Bedeutungsgleichheit zwischen Wort und Syntagma postuliert wird, dann noch am ehesten zwischen „Putzfrau" und „Frau, die beruflich putzt".

Für die Sprachdidaktik legen solche Überlegungen die Schlußfolgerung nahe: Der rezeptive und produktive Umgang mit komplexen Wörtern ist in der Primärsprache schwieriger und muß in der Schule mehr geübt werden als der Gebrauch syntaktisch gefügter Wortgruppen. Die in größerem Grade expliziten Syntaxregeln (z. B. werden Präpositionen verwendet) beherrscht ein Schüler schneller als die versteckten und für das Einzelwort lexikalisierten Regeln der Wortbildungssemantik. Der Ausdruck „Ladenverkauf!" ist mißverständlicher als „Verkauf im Laden!" oder „Verkauf eines Ladens". Zu einer Zeit, die stark zum komprimierten sprachlichen Ausdruck (z. B. Nominalstil) neigt, ist es besonders wichtig, Schülern das Verständnis und den Gebrauch semantisch komplex strukturierter Wörter zu erleichtern.

4 Witzrezeption und Witzproduktion

(Lernbereich: Umgang mit Texten/Lese- und Literaturunterricht)

„Witz ist eine Explosion von gebundenem Geist."
Friedrich Schlegel

Die literaturdidaktische Grundfrage schlechthin: Wozu Literatur in der Schule? läßt sich weiter einengen auf die Frage: Wozu Trivialliteratur im Unterricht? In unserem Zusammenhang heißt das: Wozu massenhaft verbreitete und noch dazu meist mündlich überlieferte Witze im Deutschunterricht?

Die Ausführungen in den vorangegangenen Kapiteln dürften gezeigt haben, daß der Witz trotz seiner massenhaften Verbreitung formal und inhaltlich kein simples Gebilde ist, sondern ein Text, der an seine Rezipienten, seien es Hörer oder Leser, erhebliche Anforderungen stellt. Seine nicht ganz einfache Bau- und Funktionsweise fordern vom verstehenden Leser ein *abbreatives und assoziatives Denken*, die Fähigkeit zur raschen Einschätzung einer oft nur angedeuteten ungewöhnlichen Situation, einen Sinn für das Komische, geistige Beweglichkeit beim schnellen Erfassen ungewöhnlicher Zusammenhänge und Gedankenverbindungen, beim überraschenden „Umkippen" des Textinhalts, das einem neuen Sinnverständnis Platz macht.

Dabei ist der Witz das Musterbeispiel für eine Textsorte, die beim Leser in der Regel mit positiven Erfahrungen und Erwartungen, mit angenehmen Gefühlswerten besetzt ist. D. h.: Der Witz besitzt eine sehr hohe Motivationskraft, führt zu lustvollem Lesen, weckt und stärkt die Lesefreude. Erste Aufgabe jedes Literaturunterrichts ist es aber gerade, die *Lesemotivation* zu fördern, das Lesen nicht als eine lästige Pflichtübung im Unterricht erscheinen zu lassen, sondern als eine angenehme und nützliche Betätigung auch außerhalb der Schule.

Zweites Ziel jedes Literaturunterrichts ist die *Einübung in verstehendes Lesen*. Lesen heißt stets Sinnentnahme, verstehendes

Aufnehmen einer Textaussage und insofern Verständigung eines Lesers mit einem Autor über räumliche und zeitliche Abstände hinweg. Es ist Kontaktaufnahme mit einem Kommunikationspartner, zugleich ein Deutungsprozeß im Blick auf die zum Text „geronnenen" Gedanken: Was steht in dem Text? Was sagt, was meint der Autor?

Schüler müssen lernen, mit recht verschiedenen Texten und Textsorten des täglichen Lebens umzugehen. Sie müssen verschiedene Lesehaltungen einnehmen können, z. B. beim informativen Lesen in einem Fahrplan den Text überfliegen und nur die gesuchte Einzelinformation entnehmen, bei einer Gebrauchsanweisung viele Details genau herauslesen; andererseits beim interpretierenden Lesen (etwa eines poetischen oder philosophischen Textes) an wichtigen Textstellen verweilen, verborgene Sinnbezüge entdecken und in den Gesamtzusammenhang des Textes integrieren.

Die Beschäftigung mit dem Witz im Unterricht vermag die Schüler für die Formen indirekter Aussage und Mitteilung zu sensibilisieren. Der Witz ist durch die Pointe kein leichter, sondern ein für das Verständnis oft schwieriger Text, dessen Sinn sich manchmal gar nicht, oft nur nach längerem Nachdenken erschließt: gewollte oder ungewollte Mehrdeutigkeiten, Anspielungen, Ironie, Paradoxie, schlagfertige Argumentation mit geistreichen Schlußfolgerungen, aber auch mit verdeckten Verstößen gegen die Regeln der Logik. Als Text mit nur geringer Ausdehnung und starker inhaltlicher Komprimierung eignet sich der Witz besonders gut als Lektüre, mit der beispielhaft rasche Sinnentnahme bei komplizierter Aussagetaktik und ungewöhnlicher Gedankenführung geübt werden soll.

Hat man als Leser einen Text verstanden, so ist man auch in der Lage, sich mit ihm auseinanderzusetzen. Verstehendes Lesen soll in *distanziert-kritisches* Lesen übergehen. Schüler sollen frühzeitig lernen, eine naive „Textgläubigkeit" (alles Gedruckte ist wahr) abzulegen, Textaussagen nicht einfach als gegeben und „wahr" hinzunehmen, sondern sie aus der Distanz zu prüfen, sie mit der eigenen Lebenserfahrung, mit den eigenen Meinungen und Überzeugungen zu vergleichen, um ihnen dann bewußt zuzustimmen oder ihnen zu widersprechen. Einübung in kritisches Lesen zielt also durchaus nicht immer auf Ablehnung und Widerspruch, schon gar nicht auf Kritiksucht, also die Neigung, alles um jeden Preis

„herunterzumachen". Als Leser soll der Schüler nicht nur den Text und dessen Autor, sondern auch sich selbst als Adressaten ernst nehmen, selbstbewußt den eigenen Standpunkt reflektieren, ihn durch den Text in Frage stellen lassen, aber auch den Text durch die eigene Position in Frage stellen.

Über die Beschäftigung mit Witzen ist eine Anleitung zum kritischen Lesen besonders gut möglich. Die meisten Witze stellen nämlich eine Herausforderung eines bestimmten Personenkreises dar, auf dessen Kosten gelacht wird. Viele Witze greifen „Klischeevorstellungen" und Vorurteile in der Bevölkerung auf und verstärken sie. Auch gibt es natürlich zahlreiche schlechte Witze, dumme, fade, blöde Witze. Der kritische Leser sollte deshalb nicht über jeden Witz lachen, sondern prüfen, ob ihm Technik und Tendenz des Witzes anspruchsvoll genug sind und seine Zustimmung verdienen. Wenn nicht, so soll er aus seiner Ablehnung keinen Hehl machen.

Der Rezeptionsvorgang ist oft auch mit der kritischen Auseinandersetzung des Lesers mit dem Text noch nicht abgeschlossen. Es gibt so etwas wie ein *produktiv-kreatives Lesen*. Viele Texte regen den Leser an, etwas mit dem Gelesenen anzufangen, nicht in der bloßen Empfängerhaltung zu verharren, sondern als Spontanreaktion einfallsreich und originell etwas zu tun.

So kann der gelesene Witz zum Weitererzählen auffordern, zum Erzählen und Erfinden anderer Witze, zur Veränderung der Vorlage, zur Umsetzung in einen anderen Text oder in ein Bild oder eine Bildfolge. Schließlich kann, wie gezeigt wurde, der Witz auch als Spielvorlage dienen und zur Grundlage für ein darstellendes Spiel gemacht werden.

So verbinden sich Textrezeption und Textproduktion. So geht die Arbeit mit dem Witz von einem Lernbereich des Deutschunterrichts in den anderen über.

4.1 Literarische Verstehenslehre

Geht man davon aus, daß die Kenntnis literarischer Bauformen, Gattungen und Textsorten das Verständnis einzelner Texte erleichtert, so wird die Fähigkeit zur angemessenen Rezeption, zum sachgemäßen Umgang mit diesen einzelnen Texten auch über eine elementare Theoriebildung im Unterricht zu vermitteln sein.

Mit wachsender Kenntnis von Einzeltexten werden allmählich Regularitäten sichtbar, die den Einzeltext übersteigen: Strukturzusammenhänge werden erkennbar.

Von einer „werkimmanenten Gattungspoetik" sollte sich die Theoriebildung im Bereich der Literatur in mehrfacher Hinsicht unterscheiden. Zum einen darf sie nicht formal bleiben, zu einem Formalismus entarten, der sich mit der Aufzählung wichtiger Gattungsmerkmale und anderer Formmerkmale des Einzeltextes begnügt. Sie muß statt dessen funktional sein, die Leistung der Formmerkmale im Rahmen der gesamten Textaussage bestimmen, ihren Anteil an der Wirkung des Textes auf den Leser prüfen.

Zum zweiten darf die Theoriebildung sich nicht auf die Untersuchung „hoher Literatur" beschränken. Es muß ein erweiterter Literaturbegriff zugrunde gelegt werden. Die Schüler sollen in einen sachangemessenen Umgang mit sämtlichen Textsorten eingeführt werden, die ihnen in verschiedenen Lebenssituationen begegnen, also auch mit Gebrauchsliteratur und „Trivialliteratur". Gerade die von den Schülern freiwillig in der Freizeit gelesene, massenhaft verbreitete Literatur sollte ohne Diskriminierung durch den Lehrer für die Schüler besser durchschaubar gemacht werden.

Zum dritten darf die Theoriebildung den Text nicht aus seinem außerliterarischen Zusammenhang lösen, aus seinem gesellschaftlichen und geschichtlichen Kontext. Sie muß bei der Interpretation jedes Textes dessen Verhältnis zum Autor, zur Entstehungszeit und deren gesellschaftlichen Bedingungen, zu geistigen Traditionen mit berücksichtigen.

Zum vierten schließlich muß die Theoriebildung im Literaturunterricht den Schüler als Leser, als den vom Autor und durch den Text Angesprochenen mit umgreifen. An wen ist der Text gerichtet? Welche Wirkungen soll er beim Leser erzielen? Welche Wirkungen erzielt er tatsächlich? Warum liest der Leser einen Text gern oder ungern, stimmt ihm zu oder lehnt ihn ab? Die Beantwortung solcher Fragen kann den Übergang von einem unreflektierten Literaturkonsum zu einem „selbstbewußten", auf nachprüfbaren Erkenntnissen fußenden Leserverhalten erleichtern.

Im Blick auf den Witz bedeuten diese vier Forderungen zur literarischen Theoriebildung, daß die im Kapitel „Theorie des

Witzes" in diesem Buch beschriebenen Merkmale je nach Altersstufe und Fassungsvermögen der Schüler, möglichst nicht deduktiv, sondern im „entdeckenden" Verfahren, erkannt und auf den Begriff gebracht werden sollten.

So können Witze schon in der Grundschule als beliebte Freizeitlektüre in den Unterricht hereingenommen werden. Von Beispiel zu Beispiel werden vorbewußte Erfahrungen mit dem Witz (besondere Einstimmung und Erwartung beim Hörer/Leser, gewöhnliche Reaktion des Lachens oder Schmunzelns) zusammengetragen und zur Sprache gebracht: Was macht eigentlich einen Witz zum Witz? Was unterscheidet ihn von anderen Texten? Mit welcher Erwartung hören oder lesen wir Witze? Wann finden wir einen Witz gut, wann schlecht?

Sehr schnell merken die Schüler, daß der Witz etwas mit (erwarteter) Überraschung (deshalb darf er nicht bekannt sein, also „einen Bart haben") und ungewöhnlicher, widersprüchlicher Situation oder Tatsache zu tun hat (die Einbildungs- und Vorstellungkraft reizt), nicht zu lang sein darf (sonst verliert er an Spannkraft), bestimmte (oft tabuisierte) Themen und Stoffe aufgreift, kaum verändert werden darf (sonst gehen Spannung und Überraschung verloren), mit Lachen beantwortet werden will, dabei meist bestimmte Personen lächerlich macht.

Schritt für Schritt können dann in der Sekundarstufe I besonders die Merkmale: gedrängte Kürze, Komik, Pointiertheit herausgearbeitet werden, das Grundschema des Witzaufbaus, die Formen „indirekter" Sprachverwendung sowie Einzelheiten der besonderen Aussage- und Darstellungstechnik (z. B. Mehrdeutigkeit und ihre Funktionen bei Anspielung und Mißverständnis, Übertreibungen bis zur Groteske und Absurdität).

In der Sekundarstufe II kann man in umfassenderen Unterrichtseinheiten dem Komischen in der Literatur nachgehen (Vergleich mit Komödie, Tragikomödie, Schwank, Burleske, Volksstück) und Theorien über das Wesen der Komik wie auch Erklärungsmodelle für die Erscheinung des Lachens untersuchen. Man kann sprachwissenschaftliche und literaturwissenschaftliche Deutungen der Pointe und pointierter Texte (Vergleich mit Aphorismus) vornehmen. Man kann Einteilungskategorien auf ihre Plausibilität hin prüfen. Man kann schließlich mit Hilfe von Witzen Grundbegriffe der Logik und der Argumentationslehre erarbeiten (Verwechslungen von Ursache und Wirkung, Grund

und Folge, Zweck und Mittel; Systematik der Denkfehler und Fehlschlüsse).

Mag man auch sonst der Behauptung skeptisch gegenüberstehen, literaturtheoretisches Wissen erweitere die Verstehensmöglichkeiten der Schüler (Kenntnis der Gattungsmerkmale der Kurzgeschichte z. B. führe zu einem schnelleren und intensiveren Erfassen der Aussage einer bestimmten Kurzgeschichte), so kann für den Witz doch geltend gemacht werden, daß er selten ohne deutlichen Hinweis auf die Textsorte dem Adressaten vermittelt wird („Kennst du schon den neuesten?" – typische Einleitungsformeln wie „Hein und Fietje . . .", „Ein Elefant und eine Maus . . ." – witztypisches Layout auf Witzblättern und in entsprechenden Sammlungen). Dem Hörer oder Leser wird also angekündigt, daß er einen Witz zu erwarten hat, er wird in die Textsorte eingestimmt. Das ist sicher kein Zufall. Für die Witzrezeption scheint es notwendig zu sein, daß man von vornherein mit den Wesensmerkmalen der Textsorte rechnet; das setzt voraus, daß man sie kennt. Eine Erhellung dieser Merkmale durch Reflexion wird die Empfangsbereitschaft und Sensibilität für witztypische Aussagen sicher nicht beeinträchtigen, eher verstärken, so daß auch schwierigere Beispiele dieser ohnehin schwierigen Textsorte verstanden werden.

Es lohnt sich auch, im Unterricht den Fragen nachzugehen, welche Witze von wem produziert und reproduziert werden, wer über welche Witze lacht oder nicht lacht, bei welchen Gelegenheiten häufig Witze erzählt werden, warum sich in einer „Witz-Runde" die Erzähler im Laufe eines Abends immer weiter vorwagen und schließlich auch die „gewagtesten" Witze zum besten geben, ob es individualtypische wie auch zeit- und gesellschaftstypische Vorlieben für bestimmte Witze gibt, wodurch sich Kinderwitze von Erwachsenenwitzen unterscheiden, ob es neben aggressiven auch „harmlose" Witze gibt. Freuds tiefenpsychologische Witzdeutung läßt sich für die Untersuchungen mit heranziehen. Rezeptionsästhetische Fragestellungen verbinden sich mit individualpsychologischen und sozialpsychologischen. Damit geht das verstehende Lesen von Witzen notwendigerweise in ein kritisches Lesen über.

4.2 Wirkungsanalyse und Ideologiekritik

Was motiviert eigentlich zum Lesen und Erzählen von Witzen? Läßt sich der Witz-Produzent oder Witz-Reproduzent von bewußten oder unbewußten Absichten leiten? Welche Wirkungen gehen vom Witz auf die Rezipienten aus? Sind solche Wirkungen allgemein und im schulischen Erziehungsprozeß insbesondere erwünscht oder unerwünscht? Kann man sich unerwünschten Wirkungen auch entziehen?

Man findet in der Literatur zum Witz unterschiedliche, ja widersprüchliche Antworten auf diese Fragen. So gilt der Witz einerseits als gemeinschaftsstiftend, denn er führt Erzähler und Lacher in emotionaler Übereinstimmung zusammen, andererseits als gemeinschaftsverweigernd, denn er schließt die Verlachten wie die nicht mitlachenden Rezipienten aus[1]. So wird der Witz als „gesellschaftskritisch"[2] bezeichnet, da er „tendenziös – kritisch, oft mit der Intention des Ändernwollens" in die Bereiche des Familiären, Sexuellen, Ethnischen, Politischen, Konfessionellen usw. eingreife; gleichzeitig gilt er als gesellschaftsstabilisierend, da in ihm die Vorurteile der Mehrheit gegenüber Minderheiten aufgenommen und verbreitet würden[3], Stereotype (Dummheit, Faulheit, Geiz, Unsauberkeit) als Witzinhalte zur Diffamierung und Diskriminierung gesellschaftlicher Gruppen beitrügen, sprachliche, kulturelle, körperliche, religiöse Abweichungen vom „Normalen" verurteilt würden. So wird dem Witz einerseits eine „emanzipatorische" Kraft zugesprochen, da er von vielen Denk- und Realitätszwängen befreie, von spielerischer Veränderung und Umgestaltung der Wirklichkeit geprägt sei; andererseits zieht er sich den Vorwurf der Emanzipationsfeindlichkeit zu, da die Außerkraftsetzung der gültigen Normen nur spielerisch und kurzfristig sei, in Wirklichkeit die Geltung der Normen bestätigt werde, der Witz meist affirmativ ein Konformitätsdenken fördere[4] und so an der Lage sozial benachteiligter und politisch unterdrückter Gruppen nichts ändere.

Insgesamt ist also strittig, wie sich Witze auf Denkstrukturen, Verhaltensmuster und Bewußtseinsbildung der Rezipienten auswirken. Empirische Untersuchungen zur sozialwissenschaftlichen Wirkungsanalyse des Witzes sind zu fordern. Immerhin ist zu vermuten, daß die scheinbar widersprüchlichen Feststellungen sich durchaus vertragen, von Fall zu Fall nur in unterschiedlicher Verteilung und Dominanz zutreffen.

So gibt es nicht nur minderheitenfeindliche, sondern auch, sozusagen als „rekriminierende" Reaktion, mehrheitenfeindliche Witze:

Ein avancierter Neger mäht vor seinem luxuriösen Bungalow den Rasen. Ein Weißer ruft über den Zaun: „He Nigger, wieviel kriegst du denn in der Stunde?" – „Nichts, aber die Besitzerin läßt mich bei sich schlafen."

Das Stereotyp der Weißen vom faulen und geilen Neger dient hier einer Attacke der Minorität gegen die Majorität (in den USA): Es zeugt von Stolz und Selbstbehauptungswillen, wie der Neger hier geschickt das eine Stereotyp gegen das andere ausspielt und sich als dem Weißen überlegen erweist.

Es gibt Angriffswitze, und es gibt Verteidigungswitze. Die einen sind geprägt vom Willen nach Veränderung, die anderen vom Willen zur Bejahung des Bestehenden. Dabei ist im Einzelfall oft schwer zu entscheiden, ob ein Witz Produkt psychischer Unsicherheit, individueller oder kollektiver Angst und Schwäche ist, die „überspielt" werden sollen (z. B. Überkompensation männlicher Versagensängste durch Potenzwitze), oder ob ein Witz dem Gefühl selbstbewußter Überlegenheit und der Lust an der Verspottung des Unterlegenen entstammt.

Nicht zu bestreiten ist, daß die meisten Witze parteilich und aggressiv sind. Nicht zu übersehen ist, daß eine sehr große Zahl von Witzen ihrer Aussage nach als frauenfeindlich angesehen werden kann, mindestens frauenfeindliche Tendenzen enthält. Die angesprochene Problematik der Wirkung und Funktion von Witzen soll deshalb beispielhaft am „frauenfeindlichen Witz" ein Stück weiter verfolgt werden. Damit wird zugleich angedeutet, wie eine ideologiekritische Untersuchung der Textsorte Witz im Literaturunterricht der Sekundarstufe II angelegt sein könnte.

Im 3. Programm des Fernsehens, Regionalprogramm Südwest, gab es im Sommer 1978 eine Sendung mit dem Titel „Wer muß hier lachen? Das Frauenbild im Männerwitz" [5], in der die Moderatorin Huffzky konstatierte: „In jedem Lebensalter: vom kleinen Mädchen bis hin zur Oma, in jeder sozialen Funktion, die die Frau innehat, wird sie bewitzelt. Sei es die stets schrullige Tante, sei es die durchweg böse Schwiegermutter. Sei es die Schwangere oder sei es die kinderlose Frau. Ehefrau zu sein, ist das schon dem Mädchen sehr früh eingehämmerte einzige und edelste Lebensziel. Aber hat sie dieses Ziel erreicht, dann schlägt der Herrenwitz brutal zu. Dann wird der Mord zur reinen Lust [6]. Dann gibt es was zu lachen unter Ehemännern. Im Witz erleben Männer ihren Traum von der Überlegenheit. Manchmal träumen sie gar von der Allmacht über alle Frauen zugleich. Besonders der feindselig brutale Witz bestätigt den Männern ihre Distanz zu Frauen." [7].

Die Autorin behauptet weiter, der Mann sei der Herr der Pointe, weil er der Herr der Aggression sei, speziell der sexuellen Aggression. Die Frau werde im Witz zur Minderheit gemacht und als solche diskriminiert, obwohl sie statistisch gesehen keine Minderheit sei. Der frauenfeindliche Witz sei zugleich Vorform und Folge der in unserer Gesellschaft vorhandenen Frauendiskriminierung. Obendrein müsse sich die Frau humorlos nennen lassen, sei dem Vorwurf der Überempfindlichkeit und Hysterie ausgesetzt, wenn sie über frauenfeindliche Witze nicht lache, sondern sich gegen sie wehre.

Treffen diese Behauptungen zu? Ist der Witz Männersache?[8] Lachen nur solche Frauen über Witze, die die herrschende Frauenfeindlichkeit, den Haß auf das eigene Geschlecht verinnerlicht haben?

Tatsache ist – jeder Blick in eine beliebige Witzsammlung bestätigt das –, daß es weit mehr Witze mit einer Frau als solche mit einem Mann als Zielscheibe der Aggression gibt. Der Witz greift grundsätzlich gern Klischeevorstellungen auf, insbesondere zahlreiche frauenspezifische Negativklischees, die ihren Ursprung in Vorurteilen gegenüber der Frau haben. So erscheint die Frau vor allem als sexuelles Lustobjekt (besonders in den beiden „Standardberufen" der Sekretärin, die an die Stelle des Hausmädchens getreten ist, und der Prostituierten), als intellektuell beschränktes und technisch unbegabtes Wesen, als zänkische und unattraktive Ehefrau.

Auch auf Kosten von Männern wird im Witz gelacht. Aber man gewinnt den Eindruck, daß dann nicht über die Männer als solche, sondern über männliche Minderheiten wie den geizigen Schotten, den faulen Beamten, den vergeßlichen Professor oder den geldgierigen Arzt gelacht wird, oder auch über allgemeinmenschliche, nicht geschlechtsspezifische Schwächen. Demgegenüber scheint in vielen Witzen eine ambivalente Einstellung des Mannes gegenüber der Frau als Frau zum Ausdruck zu kommen: Sie übt erotische und sexuelle Anziehungskraft aus und wird deshalb fasziniert betrachtet und emporgehoben; sie wird aber andererseits herabgesetzt, verächtlich gemacht und erniedrigt.

Auch die Ehefrau wird ganz mit den Augen des Mannes gesehen, aus seiner Interessenlage heraus dargestellt. Im einzelnen erscheint sie als Unterdrückerin des Mannes („Hausdrachen"):

Treffen sich zwei Freunde auf der Straße. „Ich habe gehört, daß du vor zwei Wochen geheiratet hast. Wie fühlt man sich so als Ehemann?" – „Von Tag zu Tag jünger. Jetzt bin ich schon wieder so weit, daß ich heimlich rauche.",
als Ausbeuterin des Mannes:

Zwei Freundinnen unterhalten sich. „Ich habe schöne Geschichten von deinem Mann gehört", sagt die eine. „Erzähl schnell", sagt die andere, „ich wünsche mir nämlich einen Pelzmantel.",
als Dauerrednerin, die ihrem Mann keine ruhige Minute läßt:

„Sag mal", fragt Heinz seinen Freund, „redet deine Frau immer noch so viel?" – „Und ob! Im Urlaub hat sie sich einen Sonnenbrand auf der Zunge geholt.",
und immer recht behalten will:

Egon zu seiner Frau: „Du hast ja immer eine andere Meinung als ich" – „Zum Glück, Egon. Sonst hätten wir beide Unrecht.",
als dümmlich:

Müller ist zum elften Mal Vater geworden und sagt zu seiner Frau: „Jetzt ist Schluß. Ab heute schlafe ich auf dem Heuboden." Da meint seine Frau: „Wenn du glaubst, daß das hilft, dann komme ich auch mit rauf.",
als unattraktiv:

Karls sehr dicke Frau steigt auf die Waage des Apothekers – ein Wunder der Technik. Da hört man eine Stimme: „Immer nur eine Person!",
als gefühlskalt gegenüber dem Ehemann:

Der Richter fragt den Scheidungskandidaten: „Wann haben Sie gemerkt, daß Ihre Frau Sie nicht mehr liebt?" – „Vor einem Jahr, Herr Richter, als ich die Kellertreppe heruntergefallen bin." – „Und?" – „Meine Frau hat nur gerufen: „Gustav, wo du schon mal unten bist, bring doch gleich einen Eimer Kohlen rauf!",
aber auch als triebhaft und zum Ehebruch bereit:

Als der Ehemann eines Tages früher als sonst nach Hause kommt, findet er seine Frau völlig verstört und heftig atmend im Bett vor. "Ursula, was ist los?" fragt er. "Ich glaube, ich habe einen Herzanfall", keucht sie. Schnell läuft er die Treppe hinunter zum Telephon. Er wählt die Nummer des Arztes – da kommt sein kleiner Sohn weinend angerannt und schreit: "Vater, im Wandschrank ist ein nackter Mann!" Als er den Schrank öffnet, kauert sein bester Freund darin. "Verdammt nochmal, Jürgen", tobt der Ehemann, "meine Frau liegt oben mit einem Herzanfall, und du treibst dich hier herum und erschreckst die Kinder!"

Der Mann legt dazu ein komplementäres Rollenverhalten an den Tag. Er ist meist Opfer, Opfer der Unverschämtheit, Dummheit, Heiratswütigkeit, den Schimpfkanonaden und Unterdrückungen hilflos ausgeliefert. Hat er lange genug ausgehalten, so wird er erst versteckt, dann offen gewalttätig und erscheint als Rächer. So ist brutale Gewalt gegen Frauen in vielen Witzen üblich:

"Warum schlägste denn immer deine Olle?" – "Na, weil det Aas sagt, sie is unglücklich verheiratet."

Verständlich ist es also durchaus, wenn Frauen angesichts solcher Befunde zu folgendem Ergebnis kommen: Der Witz spiegele die Frauenfeindlichkeit unserer von Männern beherrschten Gesellschaft, festige die überkommenen Machtstrukturen durch das Festhalten an Rollenklischees und Vorurteilen, schreibe die Funktion der Frau als Lustobjekt des Mannes fest und stehe einer Gleichberechtigung und Emanzipation der Frau und damit einer positiven Veränderung und Weiterentwicklung der zwischenmenschlichen Beziehungen im Wege [9].

Ist es denn nur eine faule Ausrede, ein Ablenkmanöver, wenn Männer darauf hinweisen, daß solche Aussagen nicht unabhängig davon zu sehen sind, in welcher Textsorte sie erscheinen? Oder darf man eine Witzaussage als solche nicht einfach ernst nehmen, nicht als ernst gemeint verstehen? Gelten für sie andere Bedingungen, da sie in einer fiktiven Welt der Übertreibung und Zuspitzung bis zum Absurden angesiedelt ist [10]? Oder macht die Tatsache, daß sie im anscheinend harmlosen Witz erscheint, diese Ideologie nur unangreifbar, aber unterschwellig desto wirkungsvoller?

Wie verhält man sich, wie verhält sich insbesondere der Mann, wenn Witze ideologiekritisch betrachtet worden sind? Vergeht einem dann das Lachen? Lacht man mit schlechtem Gewissen? Oder stellt man sich auf den Standpunkt, daß das Lachen über einen Witz nicht unbedingt als Befürwortung seiner inhaltlichen Aussage und Tendenz angesehen werden kann? Kann man etwa die Technik eines Witzes ästhetisch genießen, ohne seine Tendenz sonderlich zu beachten, oder wirkt nur beides zusammengenommen als Lustspender und Auslöser von Lachen?

Wie man diese Fragen auch beantworten mag, man kann es keiner Frau verübeln, wenn sie sich Witze mit frauenfeindlicher Tendenz verbittet. Das gilt entsprechend für alle minderheitenfeindlichen Witze und die von ihnen Betroffenen. Es bedarf schon eines besonders ausgeprägten Selbstbewußtseins und der Fähigkeit zur Selbstironie, um einen Witz gut zu finden, der auf Kosten der eigenen sozialen Gruppe gemacht wird. Es sei denn, es ist Selbsthaß mit im Spiel.

Literaturdidaktisch hat das Konsequenzen: Eine Erziehung zum Umgang mit Witzen schließt ein, daß man den Schülern Mut macht, bei bestimmten Witzen nicht mitzulachen, den Vorwurf der Humorlosigkeit zurückzuweisen. Ein fauler, blöder, schlechter Witz ist eben nicht nur der technisch unvollkommene, primitive Witz, der Witz von geringem Anspruchsniveau, sondern auch der Witz, der dem Hörer/Leser „gemein" erscheint, weil ihn dessen inhaltliche Aussage verletzt. Erziehung zum kritischen Lesen von Witzen ist insofern auch Einübung in literarische Wertung, in ästhetischer und ideologischer Hinsicht.

Anhang: Witzbeispiele

Diese Materialsammlung bezieht sich auf Kapitel 2 und enthält Witze, die insbesondere jüngere Schüler ansprechen.

**Komik des Unanständigen
(Verstöße gegen Reinlichkeit und Anstand)**

Mäxchen fährt mit seinem Opa in der Straßenbahn. Da sagt Mäxchen: „Opa, ich muß mal aufs Klo." Der Opa schüttelt den Kopf und antwortet: „Sag nicht so laut, daß du aufs Klo mußt. Das müssen ja nicht alle Leute hören. Das nächste Mal sagst du: „Ich muß mal singen, klar?" Mäxchen nickt. Am Abend, als Mäxchen mit seinem Opa im Bett liegt, sagt er: „Opa, ich muß mal singen." Opa antwortet: „Aber mitten in der Nacht singt man doch nicht!" – „Doch Opa, ich muß dringend singen." – „Na, wenn es unbedingt sein muß, dann singe mir ins Ohr!"

Fritzchen sagt zum Lehrer: „Ich muß mal austreten." – „Kannst du das denn schon allein?" fragt der Lehrer. „Natürlich", sagt Fritzchen und verläßt die Klasse. Nach einiger Zeit kommt er zurück, naß von oben bis unten. „Wie ist denn das passiert", fragt der Lehrer, „du sagtest doch ..." – „Ja, Ja", unterbricht ihn Fritzchen, „bei mir ist es gutgegangen, aber da kam der Rektor, und der hat mich übersehen."

Herr Müller macht Ferien auf dem Bauernhof. Bei Tisch läßt eines der Bauernkinder geräuschvoll einen Wind abgehen. Meint Herr Müller: „Dürfen die Kinder das vor Ihnen?" Darauf der Bauer: „Och, wir nehmen das nicht so genau, manchmal vor mir, manchmal nach mir."

Herr Bender hat es immer sehr eilig. Wieder einmal stürzt er des Mittags ins Haus und ruft: „Was gibt es zu essen? Was machen die Kinder?" Meint seine Frau: „Schnitzel und Durchfall!"

Fritzchen passiert etwas Allzumenschliches. Die Mutter schimpft: „Daß mir das nicht nochmals passiert!" Fragt Fritzchen: „Ach, dir is det passiert? Un ick dachte schon, det war ick!"

Ein Mann, der mit der Eisenbahn fuhr, litt bedauerlicherweise an Blähungen. Jedesmal trat er im gegebenen Falle ans Fenster, befeuchtete seinen Daumen und ließ ihn über die Fensterscheibe gleiten. Rrrrrrrrrrr Tarngeräusch. Nach einer Weile versucht es ein anderer mit seinem Daumen an der Scheibe. Schließlich wendet er sich an den ersten und meint: „Das Geräusch habe ich raus, nur mit dem Geruch, wie machen Sie das?"

Ein dauernd in die Hände klatschender Herr fällt den Reisenden auf die Nerven. Auf entsprechende Frage antwortet er: „Damit ich nicht vergesse, in Klatschhausen umzusteigen." Meint der andere Reisende: „Da haben wir ja Glück gehabt, daß es nicht Pforzheim ist."

Antek und Frantek sind in Barcelona beim Stierkampf. Da der Matador erkrankt ist, springt Antek unter tosendem Beifall des Publikums ein. Schon beim ersten Anlauf des Stiers fliegt Antek im hohen Bogen in den Sand und kann sich nur mit Mühe hinter die Barriere retten. Zitternd steigt er wieder in die Arena. Beim zweiten Anlauf rutscht der Stier aus, und Antek sticht ihn mausetot. „Tolle Leistung!" bewundert ihn Frantek, „soviel Mut hätte ich dir nicht zugetraut! Ich selbst hätte vor Angst in die Hosen gemacht!" – „Was glaubst du wohl", erwidert Antek überlegen, „auf was der Stier ausgerutscht ist?"

Heinz hat von seinem Vater ein neues Fahrrad geschenkt bekommen. Er läßt auch einmal seinen Freund fahren. Der fährt davon und kommt nicht wieder. Da ist Heinz um sein Fahrrad besorgt und sagt zu einem Schutzmann, der gerade vorbeikommt: „Herr Schutzmann, ich habe einen fahren lassen, und der kommt nicht zurück."

**Komik des Absurden
(Verstöße gegen Erfahrung und Logik)**

„Dein Goldfisch würde bestimmt auch ohne Gutenachtkuß einschlafen, Ralf!"

Ein Herr verlangt in einer Drogerie ein Haarwuchsmittel. „Und es hilft wirklich?" – „Sicher! – Gestern sind mir ein paar Tropfen auf meinen Bleistift gefallen, heute benutze ich ihn als Zahnbürste."

Der Gast fragt mißtrauisch: „Ist das Ei auch wirklich frisch?" Der Kellner ist ganz empört: „Aber, mein Herr! Frisch ist gar kein Ausdruck. Das Huhn vermißt es noch gar nicht!"

„Herr Ober, warum ist der Teller so naß?" – „Mein Herr, das ist die Suppe!"

„Ist ihre Wohnung wirklich so feucht?" – „Und ob! Heute morgen fanden wir einen Fisch in der Mausefalle!"

Klein Ilse am Frühstückstisch: „Mutti, mein Ei ist schlecht." – „Schweig und iß! Am Essen nörgelt man nicht herum. Das Ei ist gut!" Nach ein paar Augenblicken: „Mutti, muß ich den Schnabel auch mitessen?"

„Heini, warum wäschst du dich denn nicht ordentlich, bevor du in die Schule kommst? Ich kann ja noch sehen, was du heute früh gegessen hast." – „Was habe ich denn gegessen?" – „Ei." – „Nee, Fräulein, falsch geraten – das war vorgestern!"

„Ich glaube, unser Opa hört neuerdings wieder besser!" – „Wieso!" – „Als gestern der Blitz in unser Haus einschlug, rief er: ‚Herein!'"

„Was liest du da, Heini?" – „Ich weiß nicht, Mutti." – „Aber du hast doch sogar laut gelesen!" – „Ja, aber ich habe überhaupt nicht zugehört!"

„Ich möchte um die fünf Schillinge bitten, die Sie als Belohnung ausgeschrieben haben, wenn man Ihren Kanarienvogel wiederbringt", sagte Herr Tavich zu der alten Dame. – „Aber das ist doch kein Kanarienvogel, das ist doch eine Katze, was Sie mir da bringen!" Herr Tavich beteuerte: „Die Katze ist nur drum herum!"

Zwei Frauen unterhalten sich: „Hast du schon gehört von unserem neuen Doktor? Er ist so gut zu seinen Kindern, daß er ihnen aus lauter Mitleid eine Betäubungsspritze gibt, bevor er ihnen den Hintern versohlt . . ."

Eine Hausfrau sitzt müde und abgespannt auf einem Sessel und ist am Einschlafen. Da nähert sich ihre Tochter auf Zehenspitzen, doch ihre Mutter merkt es, schlägt die Augen auf und sagt: „Was willst du denn, Ingrid?" – „Ich möchte nur etwas wissen. Wenn deine Füße eingeschlafen sind, fallen dann deine Hühneraugen zu?"

Der Lehrer erklärt den menschlichen Körper. „Wozu?" fragt er, „sind die Ohren wichtig?" – „Damit wir sehen können", antwortet Richard. „Das ist doch Unsinn. Mit den Ohren kann man doch nicht sehen!" – „Das nicht", meint Richard, „aber wenn wir sie nicht hätten, würde uns die Mütze über den Kopf rutschen!"

„Reibung erzeugt Wärme", erklärt der Lehrer. „Reibt mal eure Hände aneinander. Ganz fest. So, was bemerkt ihr jetzt?" Fritzchen: "Schwarze Krümelchen."

Jimmi soll sich die Hände waschen, und die Mutter fragt: „Sag mal, sollen das gewaschene Hände sein?" – „Nun warte doch erst mal ab", sagt Jimmi vielversprechend, „warte doch erst mal ab, bis ich sie abgetrocknet habe."

„Was kaust du denn da, Thomas?" – „Kaugummi, Mutti." – „Geh sofort hinaus und spuck ihn aus!" – „Das geht nicht, Mutti, der gehört Susi."

Klaus ist empört: „Herr Ober, in meiner Suppe schwimmt eine Fliege!" Der Kellner beschwichtigt ihn: „Das ist doch nicht so schlimm. So ein kleines Tier frißt nicht viel!"

Britta und Inga baden den Säugling und pudern ihn anschließend. Inga fragt: „Warum werden Babies eigentlich gepudert?" Antwort von Britta: „Damit sie nicht rosten."

Der Mäusevater geht mit seinen beiden Söhnen spazieren. Plötzlich kommt eine Katze. Der Mäusevater versteckt die Söhne unter einer Kommode, springt selbst auf einen Stuhl und bellt aus vollem Hals. Die Katze dreht sich erschreckt um und läuft davon. Stolz klärt der Mäusevater seine Söhne auf: „Seht ihr, wie wichtig es ist, daß man wenigstens eine Fremdsprache spricht!"

Während der Kreuzzüge entdeckt ein Löwe einen Ritter in der Rüstung – eingeschlafen unter einer Palme. „Verdammt", knurrt der Löwe, „schon wieder Konserve!"

„Was, der komische Köter soll ein Polizeihund sein?" – „Psst. Der verstellt sich . . . Geheimpolizei!"

Die Nachbarin sagt ganz empört: „Was habt ihr gestern auf eurer Gartenparty bloß für verrückte Tänze getanzt." Marlene kann nur mühsam sprechen: „Wieso Tänze? Der blöde Harry hat den Bienenkorb umgeworfen."

„Papi", heult der kleine Stefan, „Herr Langer hat mit seiner Fensterscheibe meinen Fußball kaputtgemacht!"

Peter füttert seine Fische. Tante Meta kommt dazu und will wissen, was er da tut. „Ich geb den Fischen Wasserflöhe ins Wasser", erklärt Peter der Tante. Empört reißt sie ihm das Glas weg: „Pfui, du Tierquäler. Wo sich Fische doch nicht kratzen können!"

Eva betrachtet nachdenklich den Vater und entdeckt an seinen Schläfen die ersten weißen Haare. Da sagt sie erschrocken: „Papa, du fängst an zu schimmeln."

Der Fahrer eines Kleinwagens verlangt vom Tankwart: „Drei Liter Benzin und ein bißchen Öl." Darauf der Tankwart sehr höflich: „Soll ich auch mal kurz in die Reifen husten?"

Wer hat den Charleston erfunden? Eine elfköpfige Familie. Sie hatte nur eine Toilette.

Eine Frau erzählt ihrem Arzt: „Herr Doktor, jedesmal beim Kaffeetrinken habe ich solch ein Stechen im rechten Auge." Natürlich weiß der Arzt Rat: „Nehmen Sie das nächstemal den Löffel aus der Tasse!"

„Vati, was ist schneller, ein Rennpferd oder eine Brieftaube?" – „Wenn beide zu Fuß laufen: das Rennpferd!"

Frau Müller trifft den Freund ihres kleinen Sohnes auf der Straße: „Oje, Karlchen, hast du aber eine dicke Backe. Hast du Zahnschmerzen?" – „Nein", strahlt Karlchen, „da sind nur die Regenwürmer zum Angeln drin."

Ein Radfahrer kommt angefahren. Ein Jemand ruft ihm nach: „Hallo, Ihr Schutzblech klappert!" – „Ich kann Sie nicht verstehen!" ruft der radelnde Fahrer zurück. – „Ihr Schutzblech klappert!" – „Was haben Sie gesagt?" – „Ihr – Schutzblech – klappert!" – „Ich kann Sie nicht verstehen!" schreit es von ferne, „mein Schutzblech klappert so!"

Marion kauft in der Drogerie fünf Packungen Mottenkugeln. Der Drogist wundert sich: „Sie brauchen aber viel. Gestern haben Sie doch schon zehn Packungen geholt." – „Ja", sagt Marion seufzend, „die Biester sind aber auch schwer zu treffen."

Moritz kommt zu spät in die Schule: „Herr Lehrer, es ist so ein Glatteis draußen, daß ich bei jedem Schritt vorwärts zwei zurückgerutscht bin." Lehrer, skeptisch: „Ja, wieso bist du dann da?" – „Ich hab mich umgedreht und bin heimwärts gegangen."

„Vati, hast du ein gutes Gedächtnis für Gesichter?" – „Ich denke schon, Heini." – „Dann hast du aber Glück, Vati, denn ich habe vorhin deinen Rasierspiegel zerbrochen."

Vater pflückte mit seinem kleinen Sohn Fritz im Tegeler Forst Brombeeren. Fritze fragt: „Vata, ham de Brombeeren ooch Beene?" – „Nee, dummer Bengel." – „Denn ha'k ehm 'n Mistkäfer jefressen."

Mutter: „Das viele Windelwaschen macht mich noch ganz verrückt!" Klein-Hedi: „Gib dem Karli doch Trockenmilch, dann brauchst du ihn nur noch abzustauben!"

Müllers machen Urlaub auf dem Bauernhof, und weil Paulchen unartig ist, wird er in den Hühnerstall gesperrt. Störrisch sagt er zu seiner Mutter: „Einsperren könnt ihr mich, aber das sag ich euch gleich – Eier leg ich nicht!"

Mutti ist böse auf das Peterle: „Anstatt vor dem Fernseher zu hocken, könntest du eigentlich dem Papi bei deinen Schularbeiten helfen."

Ein kleiner Junge fährt mit seinem Fahrrad langsam vor der Straßenbahn her. Schließlich ruft der Straßenbahnfahrer empört: „Lausebengel, kannst du nicht von den Schienen runter?" – „Ich schon", grinst der Knirps, „aber du nicht!"

„Mutter, darf ich im Bett noch etwas lesen, bis ich einschlafe", bettelt Gustel. – „Meinetwegen. Aber das sage ich dir: Keine Minute länger."

„Mutter, darf ich ins Strandbad gehen?" – „Meinetwegen, komm aber nicht nach Hause und bist ertrunken!"

Herbert und Josef verabreden sich. Herbert: „Wann sollen wir uns treffen!" Josef: „Mir ist es egal." Herbert: „Und wo?" Josef: „Das liegt ganz bei dir." „Um wieviel Uhr denn?" Josef: „Wann du willst." Herbert: „Ist gut, ich bin pünktlich da."

„Papa, warum ist der Elefant so groß?" – „Das weiß ich nicht." – „Papa, warum hat der Löwe eine Mähne?" – „Das weiß ich nicht." – „Papa, stören dich meine Fragen?" – „Nein, Kind, frag ruhig weiter, sonst lernst du ja nichts."

Die gnädige Frau verlangt Fasanen. – „Aber bitte nicht wieder so zerschossene." – „Ich bedaure sehr, aber Fasanen, die sich totgelacht haben, sind zur Zeit nicht da."

Tante Uschi kommt zu Besuch. Die Kinder spielen Auto. Nur der kleine Dieter steht in einer Ecke und rührt sich nicht. Mitleidig fragt die Tante: „Darfst du nicht mitspielen?" – „Doch", sagt Dieter, „ich bin ein Benzinkanister. Ich muß stinken."

Zabels machen eine Reise. Herr Zabel schläft bereits, als der Zug noch im Bahnhof steht. Als er aufwacht, fragt er erstaunt: „Fahren wir schon?" Antwortet Frau Zabel giftig: „Denkst du deinetwegen ziehen sie draußen die Landschaft vorbei?"

Wie viele Ostfriesen braucht man, um eine Kuh zu melken? 24: Vier halten die Zitzen, zwanzig heben die Kuh rauf und runter.

Ein Mann hatte drei Haare. Er ging zum Friseur, um sie schneiden zu lassen. Der Friseur fragt ihn, ob er einen Mittel- oder Seitenscheitel wolle. Der Mann entschied sich für einen Seitenscheitel. Da passierte dem Friseur ein Unglück. Ein Haar ging aus. Nun wollte der Mann einen Mittelscheitel. Plötzlich bemerkte der Friseur, daß nur noch ein Haar auf dem Kopf war. Der Friseur sagte es dem Kunden. Dieser machte sich nicht viel daraus. Er meinte nur: „Dann laufe ich halt verstrubbelt herum."

**Komik der Übertrumpfung
(Verstöße gegen die Wahrscheinlichkeit)**

„Du stellst Fragen! Warum vier Ausgänge? Natürlich für Vollmilch, Buttermilch, Sauermilch und Rahm."

Zwei Buben streiten sich darüber, wer von ihnen den stärkeren Vater habe. Paul sagt zu Maxi: „Kennst du den Bodensee?" – „Natürlich!" – „Siehst du, und für den hat mein Vater das Loch gegraben." Sagt der Max: „Hast du schon vom Toten Meer gehört?" – „Natürlich!" – „Siehst du", triumphiert Max, „mein Vater hat es umgebracht."

„Stell dir vor", sagt Kurt zu Fred, „mein Vater ist mit unserem Pkw so schnell gefahren, daß ich die Kilometersteine wie eine Mauer sah." – „Das ist noch gar nichts", tut Fred geringschätzig, „mein Bruder ist einmal so gerast, daß ich sogar das hintere Nummernschild von unserem Wagen vor mir gesehen habe."

Drei kleine Jungen streiten sich: „Mein Onkel ist Pfarrer. Alle Leute sprechen ihn mit Hochwürden an!" – „Das ist gar nichts.

Mein Onkel ist Kardinal, und man sagt Eminenz zu ihm." – „Na und? Mein Onkel wiegt hundertfünfzig Kilo, und wenn die Leute ihn sehen, sagen sie: großer Gott!"

Zwei Biologen fachsimpeln. Der erste berichtet: „Mir ist es gelungen, einen Igel mit einem Regenwurm zu kreuzen. Das Ergebnis war 20 Meter Stacheldraht." – „Kolossal!" meint der andere bewundernd. „Aber meine letzte Kreuzung war auch nicht schlecht: Sau mit Briefkasten gekreuzt. Das Ergebnis war ein Sparschwein."

**Komik des Sprachspiels
(Verstöße gegen Regeln der Sprache)**

*„Von wegen Wachskerzen!
Kleiner werden sie, immer kleiner!"*

Die Kinder sollen in der Schule einen Aufsatz vom Paradies schreiben. Fritz schreibt: „Eva eßte den Apfel." Der Lehrer sagt:

„Falsch! Das heißt ‚aß'." Da schreibt Fritz: „Eva, das Aß, eßte den Apfel!"

„Vati, heißt es: schlage mir oder schlage mich?" – „Das solltest du doch schon selbst wissen? Natürlich heißt es: schlage mich!" – „Vati, dann schlage mich bitte den Atlas auf!"

Ein Kleiner kommt in einen Laden: „Für einen Pfennig gemischte Bonbons!" – „Hier hast du zwei", sagt der Verkäufer, „misch sie dir alleine!"

Es weihnachtet sehr. In der Malstunde müssen die Kinder ein Weihnachtsbild malen. Fritzchen zeichnet Maria und Joseph, das Kindlein in der Krippe, die Heiligen Drei Könige und die Hirten, den Ochsen, den Esel und viel Stroh. Zwischen Maria und Joseph malt er noch ein kleines Männchen mit einem kugelrunden Bauch, kurzen Beinchen und Ärmchen. Besonders gut gelingt es ihm, das fröhliche Lachen des kleinen Mannes darzustellen. Der Lehrer stellt fest, daß Fritzchens Bild wirklich gut gelungen ist, nur weiß er dieses Männchen nicht in der Weihnachtsgeschichte unterzubringen. „Wer ist denn das?" fragt der Lehrer Fritzchen. „Das ist Owi." – „Wer?" – „Der Owi", antwortet Fritzchen noch einmal. „Hmm, und wer ist ... Owi?" – „Wie?" Fritzchen ist erstaunt. „Sie kennen das Lied nicht? ‚Stille Nacht, Heilige Nacht, Gottes Sohn, Owi lacht."

Ein Amerikaner kommt aufs Postamt und sagt: „Fräulein, haben Sie eine Wiege, ich will etwas wagen?"

Meta hüpft auf 'n Schulhof mit 'n Springtau. Klein Erna: „Laß mir mal springen!" Die Lehrerin hört es und verbessert: „Laß mich mal!" – „O ja", sagt Klein Erna, „laß ihr mal!"

Kommt ein ziemlich kahler Mann zum Friseur. „Können Sie mein Haar wohl locken?" – „Tja", sagt der Friseur nachdenklich, „locken kann ich es schon, aber ob es herauskommt?"

Eine Schulklasse besucht eine Fabrik, in der Schuhwichse hergestellt wird. Nach der Besichtigung bekommt jedes Kind eine Dose mit Schuhwichse geschenkt. Auch der Lehrer. Dem kommt die

Dose so leicht vor. Er öffnet sie und findet darin einen Zettel: „Du bekommst Deine Wichse später!"

Petra: „Na Klaus, wie geht dein neues Fahrrad?" – Klaus: „Ein Fahrrad geht nicht, das fährt!" – Petra: „Na gut, wie fährt dein Fahrrad?" – Klaus: „Es geht!"

Franz soll für seine Mutter auf dem Rückweg von der Schule in einem Geschäft einen Spiegel abholen. „Soll ich ihn ein bißchen einschlagen?" fragt die Verkäuferin. – „Ach nein", sagt Franz, „lassen Sie ihn bitte lieber ganz."

„Mutti, wo geht das Feuer hin, wenn es ausgeht?"

Welche Tiere sind die lustigsten? – Die Pferde. Sie veräppeln die ganze Straße.

Petra hat in der Schule gelernt, daß das Pferd fohlt und die Kuh kalbt. Nun ist sie neugierig geworden und fragt ihren Lehrer: „Und wann eiert unser Kanarienvogel?"

„Wo lebte Elias?" – „In der Wüste." – „Es ist richtig, mein Kind; „und wie nannte man solche frommen Männer, die in der Wüste wohnen?" – „Wüstlinge."

In Jupps Haus brennt es. Zu allem Unglück ist Jupp noch allein im Hause. Eine Nachbarin verständigt die Feuerwehr. Als die Feuerwehr eintrifft, sieht einer der Männer, wie Jupp immer wieder ein Blatt Papier in die Flammen wirft. Entsetzt ruft der Mann: „Bist du denn verrückt? Du kannst doch nicht Papier ins Feuer werfen?" – „Warum denn nicht?" sagt Jupp, „es ist doch Löschpapier!"

Fragt der Lehrer: „Was ist ein Ketzer?" Antwortet Klein-Frieda: „Ein Ketzer ist ein Mann von einer Katze."

Fritzchen ist eifrig bemüht, die verschiedenen Pferdearten kennenzulernen. Rappe, Fuchs, Schimmel und Brauner werden ihm allmählich ganz geläufig. Eines Tages sieht er auf dem Spaziergang einen Hengst, der vorn weiß und hinten schwarz gefleckt ist.

„Rudi", staunt Fritzchen, „was es nicht alles gibt! Das Pferd ist vorn schimmlig und hinten rapplig."

Die Lehrerin erklärt, daß Wörter mit der Vorsilbe „Un" immer etwas Schlechtes, Unangenehmes bedeuten, z. B. Ungeziefer, Unfug, Unrat usw. „Und wer kann mir von euch noch ein Beispiel sagen?" Heidi antwortet schnell: „Unterricht, Frau Lehrerin!"

Der Lehrer: „Max, nenne mir Tiere." Max: „Das Schweinchen, das Pferdchen, das Entchen..." Der Lehrer: „Was soll die Verkleinerungsform? Laß das ‚chen' weg!" Max: „Das Hündchen, das Kätzchen..." Der Lehrer: „Du sollst das ‚chen' weglassen!!" Max: „Das Kanin..."

„Wie heißt das Land, das jahrhundertelang von Kalifen regiert wurde?" fragt der Lehrer. „Kalifornien", erklärt Ulrich.

Ein Fremder fragt im Dorf einen Buben: „Sag mal, bist du ein Eingeborener?" – „Nein, ich bin ein Zwillingsbruder."

„Wie unterscheidet man die Schlangen, Dieter?" will sein Freund auf der Wanderung vorsichtshalber wissen. „Wenn sie gut sehen, dann sind es Seeschlangen, wenn sie schlecht sehen, Brillenschlangen, und wenn sie gar nichts sehen, dann sind es Blindschleichen", klärt ihn Dieter auf.

Fragt der Lehrer: „Wer kann mir das Morgengrauen erklären?" Meldet sich der Franz: „Das Morgengrauen ist das Grauen, das man hat, wenn man morgens in die Schule muß."

Auf einem verkehrsreichen Platz steht ein Schutzmann. Mit der einen Hand regelt er den Verkehr, mit der anderen kratzt er sich den Rücken. Ein Knirps, der gerade vorüberkommt und das bemerkt, ruft ihm zu: „Au, det war sicher 'n Floh. Den müssen Sie verhaften, Herr Wachtmeister, wegen Beamtenbestechung."

Am ersten Schultag fragt der neue Lehrer die Kinder nach dem Namen. „Ich heiße Sepp", sagt der erste. „Sepp? Das heißt Josef", verbessert der Lehrer. „Hannes", sagt der zweite. „Das heißt Johannes. Und wie heißt du?" – „Jokurt."

Die junge Mutter geht mit dem fünfjährigen Klaus ins Warenhaus. „Wo ist die Kinderabteilung?" fragt sie eine Verkäuferin. Noch ehe die antworten kann, zupft Klaus seine Mutter am Rock und sagt: „Mutti, bitte, sei vernünftig und kauf nicht noch eins. Die Wohnung ist doch so schon eng genug!"

Komik des Mißverständnisses
(Verstöße gegen Regeln der Verständigung)

„Los Papa, worauf warten wir denn noch?"

„Streich mal die Fenster!" sagt der Meister zum Lehrling und geht telefonieren. Als er wiederkommt fragt der Lehrling: „Die Rahmen auch, Meister?"

„Komm doch 'rein!" fordert Jörg seinen Freund auf. „Ach nee, lieber nicht", meint Heinz, „ich habe ganz schmutzige Füße." – „Aber das macht doch nichts, Du kannst ja deine Schuhe anbehalten."

Franz hat zum Geburtstag einen jungen Schäferhund geschenkt bekommen. Als er mit ihm die Baumallee entlangspaziert, trifft er Leo. Der meint: „Das ist aber noch ein kleines Tier. Ziehst du ihn groß?" – „Nein", widerspricht Franz, „ich lasse ihn wachsen!"

Im Frühling muß die Klasse einen Aufsatz schreiben über das Thema: „Alle Vögel sind schon da." Marlies darf ihren Aufsatz vorlesen. Bei dem Satz: „Fleißig schleppen die Vögel Würmer und Käfer herbei und füttern ihre Jungen", fängt Hannes laut an zu lachen. Streng fragt der Lehrer: „Was gibt es da zu lachen?" Hannes kichert: „Weil die Mädchen nichts gekriegt haben."

Georg geht an einem Wurststand vorbei. Der Verkäufer ruft: „Heiße Würstchen, heiße Würstchen!" Da verbeugt sich Georg vor ihm und grüßt zurück: „Sehr angenehm, heiße Müller!"

Hildchen strahlt: „Schön, daß du kommst, Tante Lene, heute morgen hat Vati gesagt: ‚Tante Lene fehlt uns gerade noch!'"

Karin und Ute haben fleißig beim Schmücken der Aula für das Schulfest geholfen. „Das habt ihr schön gemacht", lobt sie die Klassenlehrerin. Dann sieht sie sich die beiden näher an, deren Kleidung bei der Arbeit ziemlich schmutzig geworden ist, und sagt: „Es wäre gut, wenn ihr beide die Pullover wechseln würdet." Auf dem Heimweg sagt Ute zu Karin: „Was verspricht sie sich davon, wenn du meinen Pulli anziehst und ich deinen?"

Ein Mann verkauft seine Dogge. Der neue Besitzer fragt: „Mag der Hund kleine Kinder?" – „Sehr. Aber kaufen Sie ihm lieber Hundekuchen, die sind billiger."

„Was hat der Bub gegessen?" fragt der Arzt. „Gurkensalat!" – „Hat er in der Nacht phantasiert?" – „Ja, aber sehr dünn, Herr Doktor!"

„Die ganze Schule ist Schwindel!" – „Aber weshalb denn, Peter?" – „Da steht auf einer Tür: ‚I. Klasse.' Ich schau hinein und was seh ich? – Lauter Holzbänke."

Fritzchen guckt über den Zaun. Der Nachbar karrt Mist durch den Garten. „Wo kommt denn der Mist hin?" – „Auf die Erdbeeren!" – „Ui", sagt Fritzchen, „wir tun immer Sahne darauf!"

„Und wo haben Sie die Schmerzen zuerst gespürt?" – „In der Lessingstraße, Herr Doktor!"

Lehrer: „Matthias, was stellst du dir unter einer Hängebrücke vor?" Matthias: „Wasser, Herr Lehrer."

Lehrer zum Schüler: „Was versteht man unter einer Bahnunterführung?" – Schüler: „Wenn gerade ein Zug darüber fährt – kein Wort!"

„Anton, wenn ich sage: ‚Ich habe zu Mittag gegessen', was ist das für eine Zeit?" – „Eine Mahlzeit, Herr Lehrer."

Mutter zu Hänschen: „Man bohrt nicht mit dem Zeigefinger in der Nase!" – „Welchen Finger nimmt man denn?"

„Du sollst nicht immer über den Tisch greifen! Hast du denn keinen Mund?" – „Doch, Mutter, aber mit der Hand komme ich besser hin!"

„Du sollst nicht immer mit dem Stuhl wackeln, Fritzchen", rügt der Vater seinen Sprößling schon zum zehnten Male, „hast du denn keine Ohren?" – „Doch, Papa, aber damit bringe ich es noch nicht fertig."

In der Rechenstunde schreibt der Lehrer 2:2 an die Wandtafel und fragt: „Was bedeutet das?" Der kleine Max meldet sich eifrig: „Unentschieden, Herr Lehrer."

Beim Essen mahnt die Mutter: „Karlchen, du sollst nicht immer die Ellenbogen auf den Tisch stützen!" – „Vati tut das auch!" – „Was Vati kann, kannst du noch lange nicht!" „Ich übe ja auch noch!"

Leopold sagt zum Vater: „Papa, kann ich heute mal zu Hause bleiben? Ich fühle mich nicht wohl." Vater: „Wo denn, mein Junge?" Leopold: „In der Schule."

„Na, Fritz, wer haut dir eine runter, wenn du ungehorsam warst, Vater oder Mutter?" – „Beide!" – „Und bei wem tut es am meisten weh?" – „Bei mir!"

Werner ist ausgerutscht und hingefallen. Teilnahmsvoll kommt Ulrich auf ihn zu und fragt: „Du hast dir doch nicht am Ende weh getan?" Werner erwidert: „Nein, da nicht, am Kopf."

Tante Mathilde trifft ihren Neffen beim Milchmann. „Aber Klaus", sagt sie mißbilligend, „in dieser schmutzigen Hose willst du Milch holen?" – „Nein, Tante Mathilde, in der Kanne!"

Die Lehrerin: „Es heißt: ‚Ich rufe, du rufst, er, sie, es ruft, wir rufen, ihr ruft, sie rufen.' Bärbel, wiederhole!" Bärbel: „Alle brüllen."

„Morgen kommt der Herr Schulrat", bereitet der Lehrer seine Klasse auf den hohen Besuch vor. „Ihr habt ihn nicht etwa mit ‚Du' anzureden, sondern mit ‚Herr Schulrat'." Der Schulrat kommt und fragt Fritz nach dem siebenten Gebot. „Herr Schulrat sollen nicht stehlen!" antwortete Fritz.

„Heini, ich habe von deiner Lehrerin gehört, daß es ihr unmöglich ist, dir etwas beizubringen . . ." – „Na also, Vati, das habe ich doch immer schon gesagt: sie ist ihrer Aufgabe nicht gewachsen!"

„Warum bekommst du eigentlich so oft Prügel von deinem Vater?" – „Weil er stärker ist, du Dussel!"

Der Lehrer fragt: „Kläuschen, bist du zu Hause der Älteste?" – „Nein, mein Vater ist älter."

Die Mutter einer Schülerin kommt in die Schule zur Sprechstunde. Der Hausmeister begegnet ihr und ermahnt die Mutter: „Seien Sie ganz leise im Haus!" – „Wieso denn? Schlafen die Kinder?"

Frau Meier zum Bahnbeamten: „Muß ich für die Kinder auch bezahlen?" – Beamter: „Unter sechs nicht!" – „Sehr gut, ich habe nur drei."

Werner übernachtet in einer amerikanischen Kleinstadt in einem Hotel. Mitten in der Nacht wird er unsanft geweckt. Auf der Straße steht ein Mann und schreit: „Feuer! Feuer!" – Ärgerlich steht Werner auf, wirft eine Schachtel Streichhölzer aus dem Fenster und murrt: „Sitten sind das hier!"

Ein vornehmer Herr sitzt in einem Lokal und fragt den Ober: „Haben Sie Frosch-Schenkel?" Der Ober errötet und sagt: „Nein, ich laufe immer so."

Paulchen wird von seiner Mutter zum Bäcker geschickt. Der Bäcker merkt, daß er dauernd angestarrt wird, und fragt: „Na, Paulchen, was starrst du mich denn immer so an?" – Paulchen: „Mutter hat gesagt, ich soll gucken, ob Sie Schweinsohren haben!"

Leo schreibt bei einem Diktat das Wort „Löwe" einfach klein. Der Lehrer sieht das und sagt zu ihm: „Wie kannst du das Wort ‚Löwe' denn klein schreiben, obwohl ich euch gerade vorher gesagt habe, alle Dinge, die man sehen und anfassen kann, werden groß geschrieben." Darauf Leo: „Herr Lehrer, dann fassen Sie mal einen Löwen an!"

Ein Wachtmeister hält Raimund an und sagt: „An deinem Rad brennt die Lampe nicht, du mußt absteigen!" – „Hab' ich schon versucht, Herr Wachtmeister", lächelt Raimund, „aber dann brennt sie auch nicht!"

Im Abteil saß Bruno und kaute Kaugummi. Sein Mund war in heftiger Bewegung. Ihm gegenüber saß eine ältere Dame. Sie betrachtete ihn einige Zeit wohlwollend, dann sagte sie freundlich: „Es ist ja nett von dir, mein Junge, daß du mir etwas erzählen willst, aber leider verstehe ich nichts. Ich bin nämlich taub!"

Mutter schimpft mit Karl: „Ich hab' dir doch gesagt, du sollst aufpassen, wenn die Milch überkocht." – „Hab' ich, Mutter, es war gerade 12 Uhr 12."

Die besorgte Mutter ruft den Arzt an: „Herr Doktor, mein Zehnjähriger hat meinen Kugelschreiber verschluckt; was soll ich bloß machen?" – „Schreiben Sie solange mit einem Bleistift!"

Tante Eulalie geht noch am Abend einkaufen. Da steht jemand vorm Käseladen. Als sie näherkommt, glaubt sie ihre Nichte Gisela zu erkennen. Sie geht hin und fragt: „Gisela, bist du es?" Gisela stottert: „Nein, das kommt aus dem Laden."

Der Vater schlägt Fritzchen mit dem Stock. Hinterher fragt er: „Weißt du jetzt, warum ich dich geschlagen habe?" – „Na so was", heult Fritzchen los: „Erst haust du mich, und dann weißt du nicht einmal, warum."

In der Straßenbahn sitzt ein kleiner Junge einem älteren Herrn gegenüber. Dieser sieht etwas besorgt zu, wie dem Kleinen die Nase läuft und fragt schließlich: „Sag mal, mein Junge, hast du denn kein Taschentuch?" – „Doch", antwortet der hoffnungsvolle Knabe, „aber nicht zum Verleihen!"

In der Schule sagt die Lehrerin: „Also, wenn ich auf einen Stuhl zwei Eier lege und auf den anderen Stuhl drei Eier – wieviele Eier habe ich dann insgesamt gelegt?" Da meldet sich das Fritzle: „Fräulein Lehrerin, was soll ich das erst ausrechnen? Ich glaube ja doch nicht, daß Sie Eier legen können."

Zeitformen
Der Lehrer behandelt im Grammatikunterricht die Zeitformen der Gegenwart und der Vergangenheit. Zum Schluß fragt er den kleinen Simmerl: „Wenn ich dir nun sage: Ich bin krank. Was ist das für eine Zeit?" Darauf die Antwort: „Das ist eine schöne Zeit, Herr Lehrer."

„Vati", fragt der Knirps, „wie kommt es eigentlich, daß sich die Erde immerfort dreht?" – „Junge, Junge, du wirst mir doch nicht an die Kognakflasche gegangen sein?"

Lehrer: „Also, die Sinne vieler Tiere sind schärfer als beim Menschen. Wer sieht z. B. besser als der Mensch?" Schüler: „Der Adler." Lehrer: „Wer hört besser?" Schüler: „Die Katze." Lehrer: „Wer riecht besser als der Mensch?" Schüler: „Das Veilchen."

**Komik des Närrischen
(Verstöße gegen Regeln der Vernunft)**

„Aber nicht auspacken! Sonst ist die ganze Überraschung weg."

„Unsere Nachbarn müssen sehr arme Leute sein", meint Thomas. „Wieso?" fragt die Mutter. „Na, ihr kleiner Junge hat einen Groschen verschluckt, und nun sind alle ganz aufgeregt und wollen ihn sofort wieder rausholen."

Tante Klara, Mutters ältere und unverheiratete Schwester, ist zu Besuch gekommen. „Tante", fragt der fünfjährige Otto, „hast du keine Kinder?" – „Nein, Otto." – „Wann kriegst du denn welche?" – „Überhaupt nicht, mein Junge." – Da wendet sich Otto zu seiner Schwester: „Siehste, was hab ich dir gesagt . . . Sie ist ein Männchen . . .!"

Dick und Doof sind im Urwald. Dick sieht zwei Papageien, die auf einer Palme sitzen. Dick: „Doof, bitte, hol' mir den roten und den grünen Papagei herunter." Doof klettert hoch und kommt mit dem roten Papagei zurück. Dick: „Warum hast du nur den roten gebracht?" Doof: „Der grüne Papagei ist noch nicht reif!"

In der Schule fragt der Lehrer die Kinder: „Wer ist denn nun wichtiger, die Sonne oder der Mond?" Da meldet sich der Hansi und sagt: „Das ist doch ganz klar, Herr Lehrer, der Mond ist viel nützlicher. Die Sonne scheint, wenn es sowieso hell ist."

Frau Tortenbein beschwert sich beim Elektriker: „Seit drei Wochen flehe ich Sie an, die Klingel zu reparieren, aber Sie kommen nicht!" – „Gestern war ich bei Ihnen, ich habe geklingelt und geklingelt, aber es hat niemand aufgemacht!"

Zwei alte Männer begegnen sich im Park. Sagt der eine: „Eben habe ich erfahren, daß der Herr Rösner gestorben ist. Der Tod hat ihn im Schlaf überrascht." Sagt der andere: „Schrecklich, dann weiß er ja gar nicht, daß er tot ist."

Der Farmer macht nachts die Runde durch seinen Hof. Als er an dem Hühnerstall vorbeikommt, meint er drinnen ein Geräusch zu vernehmen und fragt: „Ist jemand drin?" Da bekommt er die Antwort: „Nein, nur wir Hühner!"

Die Mutter sagt zu Erich: „Wenn ich verreist bin, hast du die Aufgabe, jeden Tag die Eier aus dem Nest zu holen. Schreib aber bitte auf jedes Ei, das du aus dem Nest holst, wann es gelegt ist." – „Mach' ich, Mutter", versichert Erich. Und als die Mutter wiederkommt, steht auf jedem Ei „heute".

In der großen Pause steht Waltraud mit ihrer Freundin auf dem Schulhof und tritt von einem Fuß auf den anderen. „Was hast du denn?" – „Ich muß dringend aufs Klo. Aber ich bin doch nicht blöd und geh jetzt in der Pause!"

Heinz: „Aber Egon, wie siehst denn du aus, hast ja an braunen und an schwarzen Stiefel an!" Egon: „Ja, furchtbar; und denk dir, daheim hab ich noch so an Paar!"

„Der wievielte ist denn eigentlich heute?" – „Weiß ich nicht. Schau doch in der Zeitung nach!" – „Aber die ist doch von gestern!"

Am Strand tropft etwas Eis aus der Tüte eines kleinen Jungen direkt auf den dicken Bauch eines schlafenden Kurgastes. Der schreckt auf: „Junge, Junge, die Möwe muß aus Alaska gekommen sein!"

Der Lehrer erzählt von den Maulwürfen: „Der Maulwurf ist ein sehr nützliches Tier, denn er frißt jeden Tag so viele Insekten, wie er selber wiegt." – „Aber woher weiß denn ein Maulwurf, wieviel er wiegt?" fragt Klein Heini.

Klein Heini kommt aus der Schule nach Hause. Im Wohnzimmer stellt er sich in die Ecke. Seine Mutti fragt ihn: „Was soll denn das bedeuten, Heini?" – „Das habe ich heute in der Schule gelernt!" verkündet Heini stolz.

Heinis Mutter nimmt das Söhnchen in die Stadt zum Einkaufen mit. Im Menschengewühl verliert Klein Heini die Mutter. Weinend steht er am Straßenrand. Ein freundlicher Herr fragt ihn: „Nun, Kleiner, warum weinst du denn so?" – „Onkel", schluchzt Heini, „ist hier wohl eben meine Mutti vorbeigekommen ohne einen kleinen Jungen, der so aussieht wie ich?"

Vor der Gastwirtschaft hält ein Bierwagen, der mit zwei hübschen Apfelschimmeln bespannt ist. Klein Heini freut sich über den ungewohnten Anblick, und als der Fahrer wieder aus der Kneipe herauskommt, sagt Heini zu ihm: „Du, Herr Kutscher, deine Pferde können jetzt aber nicht mehr laufen." Verwundert fragt der Bierfahrer: „Aber warum denn nicht, mein Junge?" Stolz erklärt Klein Heini: „Weil eben das ganze Benzin ausgelaufen ist!"

Über eine Stunde stehen Heini und Peter auf der Straße und sehen dem Dachdecker zu. Schließlich sagt Heini: „Komm, Peter, gehen wir – der fällt ja doch nicht runter!"

Klein Heini hat von seinem Onkel Theo einen niedlichen kleinen Hund geschenkt bekommen. Eines Abends kommt Heini ganz aufgeregt in die Küche gelaufen und ruft: „Du, Mutti, mein kleiner Fido hat ein neues Kunststück gelernt! Er steht auf drei Beinen an der Fernsehtruhe und hält sich mit dem vierten daran fest!"

Klaus ist in den See gefallen. Ein Mann rettet ihn im letzten Augenblick und fragt ihn: „Warum bist du nicht geschwommen?" – „Weil am Ufer steht: Schwimmen verboten!"

Am Sonntagvormittag geht Heinis Vater mit seinem Söhnchen, das gerade vier Jahre alt geworden ist, spazieren. Plötzlich fällt dem Vater ein, daß er wohl fragen muß: „Gehe ich auch nicht zu schnell, Heini?" – „Nein", keucht Heini, „du nicht, Vati, aber ich!"

Klein Heini ist gemeinsam mit seiner Mutti zu Tante Frieda gefahren, die in der Nähe der Stadt ein kleines Haus bewohnt. Abends sieht Heini zu, wie die Tante ein Huhn rupft. Aufgeregt rennt Heini zu seiner Mutter und fragt: „Du Mutti, zieht die Tante alle Hühner jeden Abend aus?"

Der verrückte Kasimir steigt in letzter Minute in den Zug. Die Bahnhofsuhr zeigt genau sechs Uhr. Doch auf der nächsten Station zeigt sie fünf vor sechs und auf der übernächsten sogar zehn vor sechs. „Donnerwetter", schreit Kasimir, „der Zug fährt in entgegengesetzter Richtung!"

Bei Müllers sind Zwillinge angekommen. Frau Schnellmann von gegenüber macht einen Besuch. „Nein", schreit sie, „wie die sich ähnlich sehen! Besonders der eine."

Margot stellt ihren Bruder Rolf auf die Probe: „Wieviel Brötchen kannst du auf nüchternen Magen essen?" – „Na, sagen wir mal fünf." – „Falsch! Wenn du eins gegessen hast, bist du ja nicht mehr nüchtern." Der Spaß gefällt mir, denkt Rolf. Ich will einmal den Kurt damit anführen. Gleich nachmittags sagt er zu ihm: „Du Kurt, wieviel Brötchen kannst du auf nüchternen Magen essen?" – „Drei." – „Ach, wie schade! Wenn du fünf gesagt hättest, könnte ich dir jetzt einen schönen Witz erzählen."

Klaus kommt strahlend nach Hause: „Du, Mutti, heute war ich mal der Beste in der Klasse im Rechnen." „So", fragt die Mutter, „was mußtet ihr denn rechnen?" – „9 mal 9." – „Und was kommt da raus?" fragt die Mutter. „80!" – „Aber das ist doch falsch!" – „Ja, sicher, aber ich war am nächsten dran!"

Eine reizende alte Dame macht ihre erste Seereise. Der Steward erkundigt sich, ob sie zufrieden sei. „Vielen Dank! Es ist alles wunderbar!" erklärt sie begeistert und zeigt auf das Bullauge. „Der Wandschrank ist einfach fabelhaft. Was da alles reingeht!"

Fritz hat einen Tag schulfrei, weil seine Mutter Zwillinge bekommen hat. „Was hat dein Lehrer denn gesagt, als er hörte, daß du jetzt Zwillingsbrüder hast?" fragt sein Vater. – „Vom zweiten habe ich ihm noch nichts erzählt, den hebe ich mir für die nächste Woche auf."

Die Oma singt dem Enkelchen ein Schlaflied. „Omi", sagt die Kleine nach einer Weile, „kannst du nicht draußen weitersingen, ich möchte jetzt schlafen!"

Der kleine Klaus sieht sich alte Familienfotos an. „Wer ist denn der große Dünne mit den langen Haaren da, Mami?" – „Aber Klaus, das ist doch Papi!" – „So! Und wer ist der Dicke mit der Glatze, der jetzt bei uns wohnt?"

„Hast du schon überlegt, wovon der Tee süß wird: vom Zucker oder vom Umrühren?" – „Vom Zucker natürlich." – „So? Hast du schon Tee getrunken, der nicht umgerührt war? War der Tee etwa süß? Na also?" – „Ja – aber wozu dann der Zucker, wenn es nur auf das Umrühren ankommt?" – „Um zu wissen, wie lang."

Es Knoddeljäbche kommt in die Drogerie: „Ich hätt' gär Lausepulver!" – „Für wieviel?" – „Ei, mir hann se noch nett gezählt."

Ewald: „Was möchtest du denn zum Geburtstag haben, Hans?" – „Eine Trompete!" Das hört der Vater und protestiert: „Was, und ich soll mir den ganzen Tag den Radau anhören?" – „Nein, Vater", beschwichtigt Hans, „ich verspreche dir, daß ich nur dann blase, wenn du schläfst."

Die ängstliche alte Dame fragt den Kapitän: „Geht so ein Dampfer öfters unter?" – „Nein, gnädige Frau, nur einmal, und dann bleibt er meistens unten."

Hansi hat den ersten Schultag glücklich überstanden. Aufgekratzt kommt er nach Hause. „Na", fragt ihn die Mutter, „wie war's denn?" – „Ganz gut", antwortet Hansi, „aber ich muß morgen noch einmal hin, wir sind nicht ganz fertig geworden."

„Aber, Herr Graf! Sie liegen ja verkehrt herum im Bett!" „Gott sei Dank", meint Graf Bobby, „dann sind es ja nur die Füße – ich dachte schon, ich hätte Kopfschmerzen!"

Die Eltern haben ihrem Jungen beigebracht, nach dem Essen ein Dankgebet zu sprechen. Eines Tages hören sie ihn im Badezimmer beten. „Das brauchst du nicht", ruft die Mutter, „nur nach dem Essen!" – „Ich weiß", ruft der Junge zurück, „aber ich habe ein Stück Seife verschluckt."

In der Naturkundestunde werden die Stelzvögel durchgenommen. „Den größten kennt ihr alle", sagt der Lehrer, „den Storch." Eines der Mädchen fängt an zu kichern. „Was ist daran so lustig, Gabi?" fragt der Lehrer. „Aber, Herr Tiedgen", antwortet Gabi und wird rot, „glauben Sie wirklich, wir wüßten noch nicht, daß es gar keinen Storch gibt?"

Eine Fliege sitzt auf dem Horn eines Ochsen, der einen Pflug zieht. Da kommt eine zweite Fliege dazu und fragt: „Was machst du denn hier?" Antwortet die erste Fliege stolz: „Stör uns nicht. Wir pflügen."

Krischan geht zur Bank. Dort hat er ein Konto. „Ich wollte mein Geld haben", sagt Krischan. – „Alles?" – „Jawohl!" – Er bekommt sein Geld auf Heller und Pfennig. Dann sagt er: „Nu nehmen Sie's man wieder rein, ich wollte nur mal sehen, ob noch alles da ist."

Ein Mütterchen schreibt einen Brief, klebt eine Marke drauf, bringt ihn zur Post. Der Beamte wiegt ihn: „Der ist zu schwer, da muß noch eine Marke drauf!" Das Mütterchen ist erstaunt, denkt nach, staunt wieder. „Noch eine Marke drauf? Aber da wird er ja noch schwerer!"

„Mutti, wir spielen Schule. Kannst du uns jetzt wohl mal helfen?" – „Ja, gerne, Heini, was möchtet ihr denn wissen?" – „Mutti, wenn eine Katze an einem Tage sieben Junge bekommt, wieviel sind das dann in einer Woche?"

„Herr Huber, der Stock, den Sie da tragen, ist doch viel zu lang." – „Das weiß ich, aber ich kann ihn nicht kürzen lassen wegen des silbernen Griffes." – „Lassen Sie doch unten ein Stück wegschneiden!" – „Unmöglich ... unten paßt er ja!"

Heini geht mit seinem Freund Peter ins Museum. Sie betrachten ein Skelett, unter dem die Nummer HU 73842 angebracht ist. „Was soll denn die Nummer bedeuten?" fragt Peter. „Das weißt du nicht", wundert sich Heini. „Das ist doch die Nummer von dem Auto, das den Mann totgefahren hat."

Die Lehrerin spricht über die Monatsnamen und deren Witterungscharakter: „So sagen wir beispielsweise ‚Der launische April' oder ‚Der trübe November'. Wer kann mir noch ein Beispiel nennen? Nun, du, Heini?" – „Ja, der dumme August, Fräulein."

Brumm erteilt folgenden Auftrag: „Fertigen Sie bitte eine Kiste an, die fünf Zentimeter hoch, drei Zentimeter breit und 30 Meter lang ist." Fragt die erstaunte Schreinerei zurück: „Haben Sie sich nicht verrechnet?" Brumm erzürnt: „Aber nein, ich will ja nur meinen Gartenschlauch verschicken."

„Papi, ich hab' das Geld gar nicht gebraucht, das du mir gegeben hast!" – „Wieso nicht? Du solltest davon doch Briefmarken kaufen." – „War nicht nötig! Ich hab' ihn in den Briefkasten gesteckt, als keiner hingeguckt hat."

Fritzchen verlangt einen ganz großen Bogen Papier in einem Schreibwarengeschäft. Die Verkäuferin holt das Gewünschte, aber Fritzchen winkt traurig ab: „Viel zu klein, ich möchte doch eine Giraffe malen!"

Die kleine Jutta hat durch das Schlüsselloch ins Badezimmer geguckt und kommt aufgeregt in die Küche: „Mami, Mami, hast du gewußt, daß Papi ein Junge ist?"

Karlchen schenkt seinem Vater eine Packung Blitzbirnen zum Fotografieren. „Keine ist kaputt", verkündet er stolz. „Ich habe sie alle ausprobiert."

Abendgebet einer 8jährigen: „Lieber Gott, beschütze meine Eltern und die Tante Finny und – bitte, bitte, bitte – laß Paris die Hauptstadt von England sein, sonst ist mein Schulaufsatz falsch!"

Der Lehrer spricht über die Nächstenliebe: „Wir sind auf der Welt, um den anderen zu helfen." Fragt Karlchen: „Und wozu sind die anderen da?"

Frage: Wie heiß der Teufel mit Vornamen? Antwort: Pfui.

Komik der unfreiwilligen Entblößung
(Verstöße gegen Gebot der Geistesgegenwart)

„Paßt du auch immer gut auf, wenn du über die Straße gehst?"

Drei Einbrecher wollen aus dem Gefängnis ausbrechen. Sie springen aus dem Fenster, unter dem ein Heuwagen steht. Der erste Einbrecher springt – das hört ein Wärter und fragt: „Wer ist da?" Macht der Einbrecher: „Miau!" Der zweite Einbrecher springt, und der Wärter fragt wieder: „Wer ist da?" Antwortet der zweite Einbrecher: „Miau!" Der dritte Einbrecher springt. Der Wärter fragt wieder: „Wer ist da?" Antwortet der dritte Einbrecher: „Noch eine Katze!"

„Vater, unser Lehrer Müller kennt nicht einmal ein Pferd." – „Wieso denn nicht?" – „Heute hatten wir in der Schule Zeichenunterricht. Da habe ich ein Pferd gemalt, und er hat mich gefragt, was das sei."

„Hilfe. Hilfe!" ruft Toni beim Geländespiel, „ich habe einen Gefangenen gemacht, aber er will nicht mit." – „Dann laß ihn laufen, damit wir die anderen fangen können." Erwidert Toni: „Ich kann nicht, er hält mich fest."

„Du, Papa", erzählt Karlchen, „wir waren gestern im Zoo und da habe ich einen Affen gesehen, der war genauso groß wie du." – „So ein Blödsinn", sagt der Papa, „so einen großen Affen wie mich gibt es überhaupt nicht."

Der Lehrer hat gerade die Klasse verlassen, da gibt es einen unheimlichen Radau. Er läuft zurück und sieht, wie Otto Mayer quer über die Bänke springt. Der Lehrer schimpft: „Mayer, du bist der größte Lümmel in der Klasse, wenn ich nicht da bin."

„Idioten, sen dat Tiere?" fragt der Schäl. „Quatsch", antwortet Tünnes. „Mensche wie du ond ech."

Peter kann die schwere Frage nicht beantworten. „Der Lehrer ist ein ekelhafter Mensch!" flüstert Fritzchen ihm zu. „Nicht vorsagen!" ermahnt der Lehrer. „Er wird schon von selbst drauf kommen."

„Na, Fritzchen, läßt du deine kleine Schwester auch mal rodeln?" – „Freilich, wir wechseln ab! Sie fährt immer hinauf, und ich fahr hinunter."

Sagt der Werner zum Vater: „Hast du nicht 20 Pfennig für mich?"
Antwortet der Vater: „Schon wieder?" – „Ja, für einen alten Mann
an der Ecke." Fragt der Vater: „Wohl ein Bettler?" Antwortet
Werner: „Nicht direkt. Er verkauft Eis."

Fritzchens Schwester beklagt sich bei der Mutter, daß ihr Bruder
den Pfirsich, den er mit ihr teilen sollte, ganz für sich behalten hat.
„Das ist nicht wahr!" schreit Fritzchen. „Ich habe ihr den Kern
gegeben, damit sie sich einen ganzen Baum im Garten pflanzen
kann!"

„Wie listig doch der Fuchs ist", behauptet Bauer Brumm. „Ach",
sagt sein Freund Franz, „das sagt man doch nur so." „Nein, nein",
sagt Bauer Brumm, „der Fuchs ist listig. Neulich verfolgte ich einen
Fuchs – mehrere Stunden lang –, und als ich ihn schließlich erlegen
konnte, da war es nur ein rothaariger Hund."

Elke hat zum Geburtstag eine Schachtel Pralinen bekommen.
Artig geht sie herum und bietet der Verwandtschaft an. Alle
lehnen freundlich ab. „Elke", sagt die Mutter, „du hast Onkel Fritz
übersehen." – Da flüstert die Kleine: „Nein, der nimmt!"

Der Lehrer bringt die Hefte mit den Klassenarbeiten zurück und
sagt: „Es gibt gute, mittlere und schlechte Leistungen. Ich mache
jetzt vor mir drei Haufen ..." Die Schüler fangen an zu lachen.
Ärgerlich fährt der Lehrer fort: „... und wenn ihr nicht ruhig seid,
dann setze ich noch einen vor die Tür!"

Wutschnaubend stürzt der Vater eines Abiturienten ins Büro des
Direktors. „Wie können Sie behaupten, mein Sohn hätte bei der
schriftlichen Arbeit abgeschrieben? Ihnen fehlt doch jeder Beweis." – „Meinen Sie? Ihr Sohn saß neben der Klassenbesten und
hat die ersten vier Fragen genauso beantwortet wie sie." – „Na
und? Er hat eben gelernt." – „Mag sein", meint der Direktor.
„Aber die nächste Frage hat das Mädchen beantwortet mit: ‚Weiß
ich nicht.' Und Ihr Sohn schrieb: ‚Ich auch nicht!'"

Komik des gelungenen Streichs
(Verstöße gegen Gebot der Aufrichtigkeit)

„Siehste, er fällt darauf rein!"

„Paß mal auf", sagt Franz zu Toni: „Zwei Luftpassagiere sprangen aus einem Flugzeug. Der eine hatte ein großes Loch in seinem Fallschirm, der andere Fallschirm war unversehrt. Wer war zuerst auf der Erde?" Toni braucht nicht lange zu überlegen und antwortet: „Natürlich der mit dem großen Loch im Fallschirm." – „Nein", erwidert Franz, „Adam und Eva!"

Eugen: „Eine Frage, Karl. Mit welcher Hand wischst du dir auf dem Lokus immer deinen Allerwertesten ab?" Karl: „Mit der rechten!" Eugen: „Kaum zu glauben! Ich nehme Papier!"

Fritz und Heini geben sich Rätsel auf. Fritz fragt zuerst: „Wie heißt das Weibchen vom Papagei?" Heini weiß darauf keine Antwort. „Ist doch ganz einfach", sagt Fritz, „Mamagei!" – „Na, dann gebe ich dir auch eine einfache Frage auf", revanchiert sich Heini. „Es befindet sich auf der Wiese, ist grün und macht ‚muh'!" Fritz überlegt lange hin und her, gibt aber schließlich auf. „Ha, das weißt du nicht?" höhnt Heini, „es ist ein Frosch mit einem Sprachfehler."

„Mensch, stell dir vor", sagt Heinz zu Peter, „ich hab gestern eine Taube gesehen, die auf dem Kopf stand!" – „Im Zirkus?" fragt Peter. „Nein, auf dem Kopf vom Schiller-Denkmal!"

Hans hat einen Frosch gefangen. „Wenn du mir einen Groschen gibst, leck ich dran!" sagt Kurt. Hans gibt ihm sofort einen Groschen und hält Kurt den Frosch hin. „Reingefallen", grinst Kurt, „ich hab den Groschen gemeint."

„Du bist doch so klug", sagt Peter zu Albert, dem Klassenbesten. „Was meinst du, wie viele Eier konnte der Riese Goliath auf nüchternen Magen essen?" Geschmeichelt überlegt Albert und behauptet dann: „Mindestens hundert Eier!" – „Reingefallen!" grinst Peter. „Natürlich nur eins, dann war er ja nicht mehr nüchtern."

„Klaus Range", sagt der Richter zu dem Jungen, „knapp vor der Schlägerei hast du den Raufbold in seiner Wohnung gesehen. Schildere dem Gericht genau, was du da beobachtet hast." Klaus holt tief Luft und sagt dann: „Als ich in das Zimmer trat, stand er vor dem Spiegel, weiß im Gesicht, mit Schaum vor dem Munde und hielt ein Messer in der Hand . . ." – „Gut beobachtet", lobt ihn der Richter, „und was passierte dann?" Klaus: „Er begann sich zu rasieren."

Gerhard stellt Robert die Frage: „Was meinst du, was der dicke Butterhändler wiegt?" – „Keine Ahnung", sagt Robert. „Butter!" gibt Gerhard zur Antwort.

Es ist Mittagsrast beim Schulausflug. Ein Geizkragen sitzt in der Wirtschaft bei einem Glas Limonade. Da muß er dringend mal raus. Weil er Angst hat, es könne ihm jemand die Limonade austrinken, schreibt er auf einen Zettel: „Ich habe reingespuckt." Als er zurückkommt, steht darunter: „Ich auch!"

Theo steht an der Haustüre. Da kommt ein Mann und fragt ihn: „Ist deine Mutter zu Hause?" – „Ja!" Der Mann geht ins Haus, kommt aber bald wieder zurück und sagt verärgert: „Es ist kein Mensch im Hause. Du sagtest doch, deine Mutter sei da!" – „Klar, ist sie auch." – „Ja, wo steckt sie denn?" – „Wir wohnen nebenan", sagt Theo und verduftet schnell.

Die Zwillinge machen eine Radtour. Bei der Rast holt Tina zwei Äpfel aus dem Rucksack. Jutta ißt ihren Apfel mit der Schale und lacht Tina aus, weil diese ihren Apfel schält. „Weißt du", sagt Tina grinsend, „Vorhin ist einer der Äpfel in einen Kuhfladen gefallen. Aber ich weiß nicht mehr welcher."

In der Rechenstunde. „Uwe, ich schenke dir heute zwei Kaninchen und morgen drei Kaninchen, wieviel Kaninchen hast du dann?" – „Dann hab ich sechs!" – „Falsch, das sind doch nur fünf." – „Nein, das sind wirklich sechs." – „Wieso?" – „Ich hab schon ein Kaninchen."

„Du hast sechs Äpfel, Claudia", sagt die Lehrerin, „wenn du deiner Schwester die Hälfte abgibst, behälst du wie viele?" – „Fünf." – „Aber Claudia, du wirst doch wohl noch acht durch zwei teilen können!" – „Ich schon, aber meine kleine Schwester nicht."

„Nun, Heini, wie kann man es wohl am besten vermeiden, sich auf den Daumen zu hauen, wenn man einen Nagel in die Wand schlagen will?" fragt der Vati, der an die Benutzung einer Zange zum Halten gedacht hatte. „Ach, Vati, das ist doch ganz einfach! Ich rufe meinen Freund, den Peter, und der muß dann den Nagel halten."

Vater: „Klaus, du bist furchtbar langsam. Du machst langsam Schularbeiten, du ißt langsam, du trinkst langsam. Gibt es denn gar nichts, was bei dir ein bißchen schneller geht?" – Klaus: „Doch, ich werde immer ganz schnell müde."

„In welcher Schlacht wurde Karl der Kühne getötet?" – „In seiner letzten, Herr Lehrer!"

Ein Zehnjähriger steht im Schulhof und haut um sich. Kommt die Schulaufsicht und fragt ihn: „Was machst du denn da?" – „Ich fange Flunkiesu" – „Was ist denn das?" – „Kann ich erst sagen, wenn ich einen gefangen habe."

Auf der Klassenreise gibt es am Sonntag Kuchen. Der dicke Bert erkundigt sich bei der Herbergsmutter: „Kann ich zwei Stücke Kuchen haben?" – „Natürlich", meint diese lachend, „schneide dein Stück durch!"

„Heini, dein Aufsatz über das Thema ‚Unser Hund' ist Wort für Wort der gleiche wie der deines Bruders." – „Ja, Fräulein, es handelt sich ja auch um den gleichen Hund!"

„Der Aufsatz ist gut", sagt der Lehrer, „aber der Aufsatz von Fritz hat genau denselben Inhalt. Was soll ich daraus schließen?" – „Daß der Aufsatz von Fritz auch gut ist!"

Nimmt sich die Mutter ihre beiden Rangen vor: „Zu meinem Geburtstag wünsche ich mir weiter nichts als zwei artige Kinder." – „Fein", meint der Älteste, „dann sind wir ja vier."

Ein Fremder fragt den frechen August: „Kannst du mir nicht sagen, wie ich am schnellsten zur Polizei komme?" – „Wenn Sie es sehr eilig haben, dann schlagen Sie am besten den Feuermelder ein und warten drei Minuten, dann werden Sie mit dem Polizeiauto abgeholt."

Als die zwei Fahrtenbrüder den Bahnsteig erreichen, sehen sie gerade noch das Schlußlicht des abfahrenden Zuges. Wütend dreht sich Ulrich zu Rainer: „Wenn du nicht so langsam gewesen wärst, hätten wir den Zug noch erwischt." Der nie aus der Ruhe zu bringende Rainer entgegnet darauf nur: „Und wenn du nicht so gerast wärst, brauchten wir nun nicht so lange auf den nächsten zu warten."

„Gerlinde, jetzt iß aber endlich deine Suppe auf! Viele Kinder wären froh, wenn sie nur die Hälfte davon hätten." – „Ich auch!"

„Mensch", ruft Erna boshaft, „hast du aber krumme Beine. Da kann ja ein Ferkel durchlaufen!" – „Dann versuch's doch mal!"

In der Naturkundestunde erklärt der Lehrer die schädliche Wirkung des Alkohols. „Hier", sagt er, „habe ich ein Glas Schnaps, in das ich jetzt einen Wurm lege. Und in dieses andere Glas lege ich auch einen Wurm und fülle es mit reinem Wasser auf. Seht ihr jetzt, wie der Wurm im Wasser munter umherzappelt, während der Wurm im Schnapsglas sofort gestorben ist? Was könnt ihr daraus lernen?" Jaköbli streckt auf und sagt: „Wer genug Schnaps trinkt, bekommt nie Würmer!"

Mami hat Sabinchen zum xtenmal zu Bett gebracht und hat nun endgültig genug. Mit mühsamer Beherrschung sagt sie: „Wenn du noch einmal ‚Mami' rufst, kriegst du eine Tracht Prügel." Eine Weile ist es still, dann hört man ein Flüstern: „Frau Klein, kann ich was zu trinken haben?"

„Heini", sagt der Vater, „was meinst du wohl, was passieren würde, wenn du mir sagst, du gehst gerne in die Schule?" – „Ich bekäme von dir sicher eine Ohrfeige, Vati, weil ich dich angelogen habe."

„Du, Heini, jetzt müssen wir uns aber beeilen, daß wir nach Hause kommen!" – „Warum denn, Susi? Wenn wir jetzt gehen, kommen wir sowieso zu spät und es setzt Hiebe. Warten wir aber noch zwei Stunden, bis es richtig dunkel ist, kriegen wir von unseren Muttis einen Kuß, weil sie froh sind, daß wir überhaupt wieder da sind und uns nichts passiert ist!"

Heinis Eltern wohnen gegenüber der Schule. In der großen Pause kommt die Mutter zum Lehrer und fragt: „Warum haben Sie denn Heini wieder nach Hause geschickt?" – „Nun, er hat gesagt, daß sein großer Bruder die Masern bekommen habe. Stimmt das etwa nicht?" – „Doch, doch", sagt da die Mutter. „Aber der ist doch in der Schweiz im Internat."

„Herr Ober, ich finde, Ihre Küche ist sehr sauber." Der Ober strahlt über das Lob und fragt: „Warum?" – „Es schmeckt alles nach Seife."

Paulchen steht vor einer Haustür und blickt betrübt vor sich hin. Ein älterer Herr kommt des Weges und fragt: „Nun, mein Kleiner, warum schaust du denn so traurig drein?" – „Ich reiche nicht zur Klingel hinauf!" – „Da will ich dir gerne helfen!" sagt der freundliche Herr und hebt Paulchen hoch, damit er auf den Klingelknopf drücken kann. „Danke!" sagt der Kleine, „aber jetzt müssen wir beide rennen, damit sie uns nicht erwischen!"

„Kiek mal", sagt ein Berliner Junge zum andern, „der Olle sucht schon seit einer Stunde fünf Mark." – „Woher weißt du denn det?" – „Ich hab' se doch uffgehoben!"

Vater hat Geburtstag. Steffen erzählt seinen Geschwistern stolz: „Ich hab so viel für Vater, daß er es gar nicht auf einmal tragen kann." – „Toll", staunen die anderen, „was hast du denn alles?" – „Zwei Schlipse."

„Herr Müller", fragt Daniel den Klassenlehrer, „kann man für etwas bestraft werden, was man nicht getan hat?" – „Natürlich nicht. Das wäre ungerecht." – „Klasse. Ich hab nämlich meine Hausaufgaben nicht gemacht."

In der Eisenbahn sitzt ein großer, kräftiger Junge einem dünnen Brillenjungen gegenüber, der sich vergeblich bemüht, das Fenster zu öffnen. Der starke Angeber steht auf, ein Ruck, und das Fenster ist offen. „Ja", sagt der Angeber, „hier hat's", und tippt auf die Stirn, „aber da fehlt's!" Dabei zeigt er auf die Armmuskeln. Die Fahrt geht weiter. Da steht der dünne Junge plötzlich auf und versucht, scheinbar vergeblich, die Notbremse zu ziehen. Der Große grinst, greift zu, ein Ruck – der Zug steht. Der Schaffner kommt, und der Muskelprotz muß die Strafe bezahlen. Darauf zeigt der Dünne auf die Armmuskeln und sagt: „Hier hat's!" und dann auf die Stirn, „aber da fehlt's!"

Zur Traubenzeit klettern die Kinder immer in den Pastorengarten und stehlen dem Pfarrer die schönen reifen Trauben. Das wird dem Geistlichen zuviel. Er stellt ein Warnschild in den Garten: Gott sieht alles. Am nächsten Tag steht darunter geschrieben: Aber er verrät uns nicht!

Toni und Peter sind Zwillinge. Als Mutti Peter ins Bett bringt, schüttelt er sich vor Lachen. Sie fragt: „Was lachst du denn?" – „Du hast den Toni zweimal gewaschen und mich überhaupt nicht."

„Herr Meier, ist der Hund, den Sie verkaufen wollen, auch treu?" – „Ganz sicher! Ich habe ihn schon dreimal verkauft, und er ist immer wieder zu mir zurückgekehrt."

Drei Buben gehen in einen Krämerladen. Der erste verlangt für fünf Pfennig Sahnebonbons. Der Krämer steigt ächzend eine Leiter empor, entnimmt die Bonbons einer großen Glasflasche und steigt wieder herunter. Als er den ersten Buben bedient hat, fragt er den zweiten nach seinen Wünschen. Dieser sagt: „Ich möchte auch für fünf Pfennig Sahnebonbons." – „Das hättest du gleich sagen können!" rügt er den zweiten Buben. Wieder ächzt er die Leiter hinauf. Als er oben angelangt ist und die Bonbons aus der Flasche nimmt, fragt er den dritten Buben: „Bekommst du auch für fünf Pfennige Sahnebonbons?" – „Nein", erwidert der Gefragte. Als der Krämer wieder die Leiter hinabgestiegen ist und den zweiten Buben bedient hat, wendet er sich dem dritten zu: „Was bekommst du?" – „Für zehn Pfennig Sahnebonbons!"

**Komik der Anspielung
(Verstöße gegen Gebot der Unzweideutigkeit)**

„Nur eine Umfrage. Wir stellen fest, wieviele liebe Frauen hier wohnen, die Kindern gern mal Süßigkeiten schenken!"

„Hast du ein Loch im Kopf, Emil?" – „Nein, wie kommst du darauf?" – „Du hast die ganze Schulter voller Sägespäne!"

Erna kauft sich ein Paar neue Schuhe. Sie passen so ausgezeichnet, daß Erna ausruft: „Herrlich, ich fühle mich wie in meiner eignen Haut." – „Kein Wunder", sagt ihr Bruder, „es ist ja auch Ziegenleder."

Ein Junge, der von seinen Eltern in ein hochvornehmes Heim geschickt worden war, sollte jede Woche seinen Eltern schreiben, wie es im Heim sei und wie es ihm dort gefalle. Nach acht Tagen kam die erste Karte: „Hier im Heim sind 200 Jungen. Ich wünschte, es wären nur 199."

Horst und Olaf sitzen in der Gastwirtschaft und lesen die Speisekarte. Meint Horst: „Ochsenzunge esse ich nicht. Was andere im Mund gehabt haben – pfui." Olaf grinst: „Dann bestell dir doch ein Ei!"

„Papa, du hast Glück." – „Wieso?" – „Du brauchst mir für dieses Jahr keine neuen Schulbücher zu kaufen."

Der Gast blättert etwas unschlüssig in der Speisekarte. Der vorbeikommende Geschäftsführer zeigt sich hilfsbereit. „Unsere Spezialität", sagt er, „sind Schnecken." – „Ja, ich weiß", erwidert der Gast, „vorige Woche bin ich hier von einer bedient worden."

Der Vater stirnrunzelnd: „Peter, heute habe ich deinen Lehrer getroffen." – „Ja, komischer Kerl, was? Loben tut der keinen."

Fragt der kleine Paul den Besuch: „Darf ich dich etwas fragen, Tante?" – „Natürlich, Paul, das darfst du doch immer!" – „Du darfst mir aber nicht böse sein!" – „Ganz bestimmt nicht!" – „Sag, Tante, gehörst du wirklich zum schönen Geschlecht?"

Trudi: „Hat dich der liebe Gott gemacht?"
Tante: „Natürlich, mein Kind."
Trudi: „Und mich auch, Tante?"
Tante: „Ja, dich auch Trudi."
Trudi: „Findest du nicht auch, Tante, daß der liebe Gott in der letzten Zeit viel besser arbeitet?"

Egon druckst herum: „Du, Vati, heute ist in der Schule Elternabend, aber nur im ganz kleinen Kreis." – „Wie soll ich das verstehen?" – „Na ja, nur der Lehrer und du!"

In der ersten Klasse erklärt der Lehrer den Kleinen, daß es nicht schön sei, wenn man sich selbst lobe. Daher käme auch das Sprichwort: „Eigenlob stinkt." Da ruft plötzlich Magnus: „Der Markus lobt sich!"

Der Urlauber bekommt in seiner Pension zum Frühstück einen winzigen Klecks Honig: „Ach, wie nett", wendet er sich an die Wirtin, „eine Biene halten Sie auch?"

„Mutti, weshalb hat Vati überhaupt keine Haare?" – „Weil er so viel denkt, mein Kind." – „Und weshalb hast du so viel Haar, Mutti?" – „ – jetzt ist es aber wirklich Zeit, ins Bett zu gehen."

„Siehst du, Mäxchen", spricht der Vater, „so oft du ungezogen bist, bekomme ich ein graues Haar?" – „Aber Papi", fragt der hoffnungsvolle Sprößling, nachdem er ein wenig nachgedacht hat, „wie kommt es denn, daß Opa nur weiße Haare hat?"

„Heini, du sollst doch nicht mit den schlecht erzogenen Straßenjungen spielen. Warum spielst du nicht lieber mit den wohlerzogenen Kindern?" – „Das wollte ich ja, Mutti – aber deren Eltern erlauben es nicht!"

Hansl kommt dreckig nach Hause und riecht sogar. „Wo hast du denn deine Hose so schmutzig gemacht?" fragt seine Mutter. Darauf Hansl: „Ich bin ins Gras gefallen." – „Aber so sieht doch kein Gras aus." – „Es war ja solches Gras, das die Kuh schon gefressen hatte."

Vor der Schule wird ein Schild aufgestellt:
   AUTOFAHRER NEHMT RÜCKSICHT
   AUF DIE SCHULKINDER!
Am nächsten Tag klebt darunter ein Zettel:
   Wartet auf die Lehrer!

Gregor kommt aufgeregt aus der Schule und fragt: „Mutti, der Pfarrer hat gesagt, daß der Mensch nach dem Tode zu Staub wird. Ist das wahr?" – „Ja, das ist so." – „Aber Mutter, dann ist unter meinem Bett auch schon jemand gestorben."

Der kleine Fritz erzählt von seinen Erlebnissen in der Schule. „Papi, heut hat mir einer gesagt, daß ich dir ähnlich sehe." – „So, und was hast du gesagt?" – „Nichts. Er ist der Stärkste in unserer Klasse."

Karlchen kommt brüllend zu seiner Mutter: „Vati hat sich eben mit dem Hammer auf den Daumen gehauen." – „Aber da brauchst du doch nicht zu heulen." – „Zuerst habe ich ja auch gelacht."

Pieter kommt zur Mutter in die Küche und erzählt: „Mutti, im Treppenhaus stehen zwei Männer und singen." – „Na, dann gib ihnen einen Groschen und sag, sie sollen wieder gehen." – „Das trau ich mich nicht", sagt Pieter, „der eine ist nämlich Vati."

Margret ist ziemlich rundlich. Ihre flotte Tante Marga rät ihr: „Wenn du dünner werden willst, mußt du mit dem Kopf schütteln." Margret staunt: „Weiter nichts? Und wie oft?" – „Jedesmal, wenn du ein Stück Schokolade essen willst!"

Ein Missionar, der einen Seitenpfad durch den Dschungel eingeschlagen hat, sieht sich unvermittelt einem riesigen Löwen gegenüber. Er ist unbewaffnet, Flucht ist zwecklos. Da fällt er in die Knie und fängt an zu beten. Der Löwe sieht ihn lange und durchdringend an. Dann läßt er sich nieder und faltet seine Tatzen. Der Missionar will gerade erleichtert aufstehen. Da hört er das Gebet des Löwen: „Komm, Herr Jesus, sei unser Gast und segne, was Du uns bescheret hast."

Herr Lange sitzt ganz vorn am Boxring. Der Mann neben ihm sagt begeistert: „Boxen ist ein herrlicher Sport!" Herr Lange fragt ihn: „Sind Sie Boxer?" – „Nein!" ist die Antwort. „Ich bin der einzige Zahnarzt in der Stadt."

Ein Australier bekam zum Geburtstag einen neuen Bumerang. Als er versuchte, den alten wegzuwerfen, wurde er wahnsinnig.

Anmerkungen

Vorwort

[1] „Witze erzählen" als Beispiel bewußter Sprechgestaltung im 3./4. Schuljahr (Arbeitsanweisungen für die Grundschulen in Baden-Württemberg, Villingen-Schwenningen, 1975, S. 20).
[2] Eine dreiseitige Sequenz „übertrieben – falsch verstanden – reingelegt" in Westermann Texte Deutsch 4, Braunschweig 1978, S. 157–159.
[3] *Ulshöfer* 1975 und 1978, *Reger* 1975, *Ulrich* 1979.
[4] *Ulrich* 1976, *Hell* 1978.
[5] *Röhrich* 1977, S. 1.
[6] *Helmers* 1975, S. 145.
[7] *Hassenstein* 1976, S. 498.
[8] Siehe *Röhrich* 1977, *Sanders* 1975, *Marfurt* 1977, *Ulrich* 1977, 1978, 1979.

Kapitel 1

[1] *Kant* in seiner „Kritik der reinen Vernunft": „Der Witz paart heterogene Vorstellungen, die oft nach dem Gesetz der Einbildungskraft weit auseinander liegen, und ist ein eigentümliches Verähnlichungsvermögen, welches dem Verstande, sofern er die Gegenstände unter Gattungen bringt, angehört." – Kant in seiner „Kritik der Urteilskraft": „Es muß in allem was ein lebhaft erschütterndes Lachen erregen soll, etwas Widersinniges sein... Das Lachen ist ein Affekt aus der plötzlichen Verwandlung einer gespannten Erwartung in nichts."
[2] *Schopenhauer* in „Die Welt als Wille und Vorstellung": „... ist der Ursprung des Lächerlichen allemal eine paradoxe und daher unerwartete Subsumtion eines Gegenstandes unter einen ihm übrigens heterogenen Begriff, und bezeichnet demnach das Phänomen des Lachens allemal die plötzliche Wahrnehmung einer Inkongruenz zwischen einem solchen Begriff und dem durch denselben gedachten realen Gegenstand, also zwischen dem Abstrakten und dem Anschaulichen."
[3] *Jean Paul* in seiner „Vorschule der Ästhetik": Der Witz ist „der verkleidete Priester, der jedes Paar copuliert... mit verschiedenen Trauformeln." – „Kürze ist der Körper und die Seele des Witzes, ja er selber, sie allein isoliert genügsam zu Kontrasten."
[4] *Vischer* in „Über das Erhabene und das Komische": „Der Witz ist eine Fertigkeit, mit überraschender Schnelle mehrere Vorstellungen, die nach ihrem inneren Gehalt und dem Nexus, dem sie angehören, einander fremd sind, zu einer zu verbinden."
[5] *Hochfeld* in seinem 1920 in Potsdam und Leipzig erschienenen Buch „Der Witz": „Der Witz ist ein Satz, der auf Grund der Zweideutigkeit eines Wortes zwei Urteile, die nichts als den Wortlaut miteinander gemein haben, zugleich anspricht, doch so, daß das eine Urteil offen, das zweite verhüllt dargeboten wird. Die Wirkung jedes Witzes beruht auf der überraschenden Entdeckung des verhüllten Sinnes, im letzten Grunde auf der Tatsache, daß unsere dem vorwissenschaftlichen menschlichen Bewußtsein entstammende Sprache in ihren Wörtern und Redewendungen nicht eindeutig ist."
[6] *Freud* in „Der Witz und seine Beziehung zum Unbewußtsein": „Wo der Witz nicht Selbstzweck, d. h. harmlos ist, stellt er sich in den Dienst von nur zwei Tendenzen, die selbst eine Vereinigung unter einen Gesichtspunkt zulassen; er ist entweder feindseliger Witz (der zur Aggression, Satire, Abwehr dient) oder obszöner Witz (welcher der Entblößung dient)."

[7] *Wellek* in seinem Aufsatz „Zur Theorie und Phänomenologie des Witzes": „Der Witz – als das ‚geistig' Komische – erfließt aus einem pejorativen, mit Abstand erfaßten, letzten Endes sinnvollen, aber nicht naheliegenden (vorzugsweise unvermuteten) Unverhältnis, einem Verhältnis also, in welchem Sinn und Widersinn miteinander zu ringen scheinen, oder sich sozusagen aufeinander projizieren."
[8] *Plessner* in „Lachen und Weinen": „Nur auf die Überlagerung mehrfachen Sinnes, d. h. auf die Möglichkeit, durch sprachlichen Ausdruck in verschiedener Richtung auf etwas gebracht zu werden, kommt es beim Witz an." – „Die Lust am Witz haftet aber nicht nur an der Technik, sondern ebensosehr an der Tendenz."
[9] *Bausinger*: „Die Grundstruktur des Witzes ist bestimmt durch den Zusammenstoß verschiedener Normbereiche..." – „... der Wert eines Witzes bemißt sich am Widerstand, den er bricht; wo gültige und starke Tabus angegriffen werden, besteht zwar die Gefahr der Entgleisung, aber auch die Chance für besonders zündende Witze."
[10] *Röhrich:* „In der modernen Industriegesellschaft ist der Witz allenthalben die wichtigste und am meisten lebendige Gattung der Volkserzählung, vielleicht die einzig wirklich lebendige, die nicht vom Aussterben bedroht ist, sondern in immer neuen Ansätzen aufblüht." – „Nach gegenwärtigem Sprachgebrauch ist ein Witz eine kurze, Lachen erregende Erzählung, die in einer Pointe gipfelt."
[11] *Preisendanz:* „... zwischen der witzigen Denkstruktur und dem Adressaten, dem Hörer oder Leser, der den Witz erfassen soll, aktualisiert sich das Witzige durch eine spezifische Aussagetaktik."
[12] *Sanders:* „Man wird als Grundstruktur – unter Aufteilung der sog. Basis – zwischen drei Funktionsphasen des Witzes unterscheiden: 1. Erregung der Aufmerksamkeit (das ist der Punkt Interesse), 2. Darstellung der Situation (Aufbau der Wahrscheinlichkeit), 3. überraschende Lösung (die Pointe)."
[13] *Freud* 1975, S. 115f.
[14] *Freud* 1975, S. 115f.
[15] Nach *Preisendanz* (S. 18) ist die Pointe sogar „das einzig Unabdingbare, in jedem wirklichen Witz formal Wiederkehrende."
[16] *Plessner* 1950, S. 116f.
[17] *Wellek* 1949, S. 172.
[18] So schon bei *Aristoteles:* „Das Komische ist ein Fehler und Häßliches, das keinen Schmerz und Schaden bringt."
[19] *Plessner* 1950, S. 118.
[20] *Plessner* 1950, S. 117.
[21] *Wellek* 1949, S. 173.
[22] *Lipps* 1898, S. 90.
[23] *Sanders* 1975, S. 214.
[24] *Sanders* 1975.
[25] *Best* 1972, Stichwort „Schwank".
[26] *Wahrig* 1972.
[27] *Preisendanz* 1970, S. 18.
[28] *Preisendanz* 1970, S. 18.
[29] *Plessner* 1950, S. 138.
[30] *Freud* 1975, S. 20.
[31] *Freud* 1975, S. 26.
[32] *Freud* 1975, S. 31.
[33] *Freud* 1975, S. 41.
[34] *Freud* 1975, S. 48.
[35] *Freud* 1975, S. 56.
[36] *Freud* 1975, S. 58.
[37] *Freud* 1975, S. 59.
[38] *Freud* 1975, S. 71.
[39] Vgl. *Plessner* 1950, S. 134.

[40] *Freud* 1975, S. 81.
[41] *Freud* 1975, S. 96.
[42] *Plessner* 1950, S. 134.
[43] *Plessner* 1950, S. 130.
[44] *Plessner* 1950, S. 144.
[45] *Wellek* 1949, S. 182.
[46] *Preisendanz* 1970, S. 33.

Kapitel 3

[1] *Klappenbach/Steinitz* 1961.
[2] *Klappenbach/Steinitz* 1961.
[3] *Klappenbach/Steinitz* 1961.
[4] *Klappenbach/Steinitz* 1961.
[5] *Wahrig* 1972.
[6] *Erben* 1972, S. 259.
[7] *Dokulil* 1964, S. 223.

Kapitel 4

[1] *Wellershoff* in *Preisendanz/Warning* 1976, S. 335: „Das Lachen der Gruppe ist eine gegenseitige Verstärkung im Lachen, aber auch eine Drohung an die Nichtlacher."
[2] *Lixfeld* 1978.
[3] *Raeithel* 1972.
[4] *Wellershoff* spricht von „Konformitätsdruck des Gruppengelächters", vom Gelächter als „Unterdrückungsritual", das Einstellungen nicht lockert, sondern befestigt. In: *Preisendanz/Warning* 1976, S. 336.
[5] Buch: Karin Huffzky; Regie: Gerrit Neuhaus; Redaktion im Saarländischen Rundfunk: *Günther Halkenhäuser* und *Brigitte Schroedter.*
[6] Bemerkung bezieht sich auf vorher angeführte Ehe- und Vergewaltigungswitze.
[7] Drehbuch S. 27.
[8] Drehbuch, S. 9: „Witze, die Frauen erfunden hätten, gibt es nicht."
[9] So eine Arbeitsgruppe von vier Studentinnen *(Stutzmann, Stützle, Helber, Ellenberger-Marciniak)* in meinem Seminar im Wintersemester 1978/79 an der Pädagogischen Hochschule Reutlingen: „Linguistik und Psychologie des Witzes".
[10] *Wellershoff* spricht von „den entlastenden Bedingungen des Unernstes". In: *Preisendanz/Warning* 1976, S. 334.

Quellenverzeichnis
der Bildwitze

(o = oben, u = unten, r = rechts, l = links)

Seite

14		*F. K. Waechter* in: ZEIT magazin 46/1976
16		*Jals* in: Hör zu 24/1976
17	(o)	Schweizer Illustrierte 37/1972
17	(u)	Schweizer Illustrierte 8/1971
26	(o)	*Haitzinger* in: Südwestpresse 21. 10. 1978
26	(u)	Hör zu 22/1977
33		Die Welt 16. 10. 1971
34		*H.-G. Rauch* in: Hör zu 12/1972
35		Quick 14/1973
36		*Lettick* in: Schweizer Illustrierte 26/1972
37		Hör zu 48/1972
38	(l)	*W. Ulrich* 1977, S. 53
38	(r)	Hör zu 27/1970
39		Hör zu 1/1977
40	(o)	In: *Röhrich* 1977, S. 23
40	(u)	*Chaval* in: Knaurs lachende Welt, Hg. v. *W. Grabinger;* München und Zürich 1972, S. 90
42		*Bosc* in: Jasmin 18/1973
53		Quick 12/1972
54		Quick 23/1971
57		*P. Grove* in: Quick 10/1971
59		Quick 39/1969
61		Quick 1/1970
77		Schweizer Illustrierte 49/1979
78	(o)	Hör zu 7/1978
78	(u)	Hör zu 5/1978
79	(l)	Hör zu 38/1978
79	(r)	Eltern 12/1969
80	(o)	Hör zu 7/1978
80	(u)	Eltern 4/1972
81	(l)	Hör zu 48/1978
81	(r)	Hör zu 52/1976

Seite

82		Eltern 3/1972
83		Eltern 12/1973
84	(o)	Hör zu 28/1976
84	(u)	*Thelwell* in: Hör zu 52/1975
85	(o)	Hör zu 52/1977
85	(u)	Schule 2/1974
86	(o)	Quick 36/1974
86	(u)	Quick 19/1968
87		*Whiting* in: Brigitte 23/1975
88		Quick 40/1972
89	(l)	Schweizer Illustrierte 47/1970
89	(r)	Schweizer Illustrierte 44/1970
90		Quick 26/1972
91	(o)	Quick 4/1971
91	(u)	Hör zu 44/1977
93	(o)	Hör zu 16/1978
93	(u)	Schweizer Illustrierte 6/1971
94		Hör zu 29/1976
95		Eltern 5/1973
96		*G. Canzler* in: Arena Jugendkalender 1973, Würzburg
100	(l)	Schweizer Illustrierte 29/1970
100	(r)	*Iber* in: Hör zu 4/1978
101		*Sempé* in: Eltern 12/1971
102	(l)	*Petit* in: Hör zu 41/1978
102	(r)	Hör zu 15/1978
103	(o)	*O. Jacobson* in: Hör zu 4/1978
103	(u)	Hör zu 41/1978
104		Eltern 7/1969
105		*E. O. Plauen* in: Vater und Sohn. Südverlag, Konstanz 1951
106		Quick 35/1975
107		Eltern 6/1973
108		Die Welt 24. 10. 1959
110		Quick 53/1967
111	(o)	Die Welt 05. 02. 1966
111	(u)	Die Welt 17. 12. 1967
112		*E. O. Plauen* in: Vater und Sohn. Südverlag, Konstanz 1951
114		*Sempé* in: Schule 2/1974

Seite		
115		*Sempé* in: Eltern 10/1973
118		*Iber* in: Hör zu 47/1977
119		*Sempé* in: Eltern 10/1971
120		Für Sie 10/1972
121		Eltern 11/1971
122		*Sempé* in: Eltern 1/1972
125		*Sempé* in: Die Welt 07. 05. 1960
126		*P. Grove* in: Quick 6/1970
127		Quick 52/1974
128		Hör zu 32/1977
129		Hör zu 51/1977
137		Hör zu 27/1972
142		Die Welt 01. 11. 1969
143		Die Welt 18. 04. 1964
144		Hör zu 3/1973
145		Die Welt 19. 11. 1966
149		*W. Ulrich* 1977, S. 177
152	(o)	Quick 52/1974
152	(u)	Hör zu 16/1975
158		Schwarzwälder Bote 19. 07. 1975
166		Hör zu 52/1976
171		Hör zu 16/1972
172		Hör zu 43/1976
173		Quick 46/1971
178		*W. Ulrich* 1977, S. 177
179		Tina 32/1977
180		Quick 32/1972
181		*W. Ulrich* 1977, S. 146
182	(o)	Schwarzwälder Bote 20. 04. 1975
182	(u)	Hör zu 9/1976
185		Hör zu 1/1977
188		Funk-Uhr 16/1976
189	(o)	Quick 19/1971
189	(u)	Quick 32/1971
190		Funk-Uhr 51/1975
205		Hör zu 24/1977
207		Hör zu 5/1978
213		Quick 30/1972
214		Quick 50/1970

Seite
218 Hör zu 4/1976
224 Hör zu 49/1978
231 Hör zu 44/1976
234 Hör zu 3/1978
240 Hör zu 33/1977

Literaturverzeichnis

Bausinger, H.: Witz. In: *H. B.,* Formen der Volkspoesie. Berlin 1968, S. 131–141.

Bergson, H.: Das Lachen. Jena 1914.

Best, O. F.: Handbuch literarischer Fachbegriffe. Definitionen und Beispiele. Frankfurt 1972.

Dokulil, M.: Zum wechselseitigen Verhältnis zwischen Wortbildung und Syntax. In: TLP 1 (1964), S. 215–224.

Dor, M./Federmann, R.: Der politische Witz. München/Wien/Basel 1964.

Erben, J.: Deutsche Grammatik. Ein Abriß. München ^{11}1972.

Freud, S.: Der Witz und seine Beziehung zum Unbewußten. Leipzig/Wien 1905 (Taschenbuchausgabe, Frankfurt ^{14}1975).

Grotjahn, M.: Vom Sinn des Lachens. Psychologische Betrachtungen über den Witz, das Komische und den Humor. München 1974.

Hassenstein, F.: Minderwertige Literatur im Deutschunterricht. In: *Wolfrum,* E. (Hrsg.): Taschenbuch des Deutschunterrichts. Baltmannsweiler, ^{2}1976.

Helmers, H.: Didaktik der deutschen Sprache. Stuttgart ^{8}1975.

Hochfeld, S.: Der Witz. Potsdam/Leipzig 1920.

Hörmann, H.: Semantische Anomalie, Metapher und Witz. In: Folia Linguistica V (1971), S. 310–330.

Jolles, A.: Witz. In: A. J., Einfache Formen. Tübingen ^{5}1974, S. 247–261.

Klappenbach, R./Steinitz, W. (Hrsg.): Wörterbuch der deutschen Gegenwartssprache. Berlin (DDR) 1961 ff.

Koestler, A.: Der göttliche Funke. Der schöpferische Akt in Kunst und Wissenschaft. Bern/München/Wien 1966.

Landmann, S.: Der jüdische Witz. Olten/Freiburg ^{9}1973.

Legmann, G.: Der unanständige Witz. Theorie und Praxis. Hamburg 1971.

Lipps, Th.: Komik und Humor, eine psychologisch-ästhetische Untersuchung. Hamburg und Leipzig 1898.

Lixfeld, H.: Witz. Stuttgart 1978.

Marfurt, B.: Textsorte Witz. Möglichkeiten einer sprachwissenschaftlichen Textsorten-Bestimmung. Tübingen 1977.

Meyerowitz, J.: Der echte jüdische Witz. Berlin 1971.

Peters, U. H./Peters, J.: Irre und Psychiater. Struktur und Soziologie des Irren- und Psychiaterwitzes. München 1974.

Plessner, H.: Lachen und Weinen. Eine Untersuchung nach den Grenzen menschlichen Verhaltens. Bern/München ²1950.

Preisendanz, W.: Über den Witz. Konstanz 1970.

Preisendanz, W./Warning, R. (Hrsg.): Das Komische. München 1976.

Raeithel, G.: Lach, wenn du kannst. Der aggressive Witz von und über Amerikas Minderheiten. München 1972.

Reger, H.: Der Witz als Textkategorie und seine didaktische Bedeutung für den Literaturunterricht. In: Muttersprache 6/1975, S. 409–419.

Reik, Th.: Zur Psychoanalyse des jüdischen Witzes. In: Imago 15 (1929), S. 63–88.

Röhrich, L.: Der Witz. Figuren, Formen, Funktionen. Stuttgart 1977.

Sanders, W.: Wortspiel und Witz, linguistisch betrachtet. In: Gedenkschrift für *Jost Trier.* Köln/Wien 1975, S. 211–228.

Schöffler, H.: Kleine Geographie des deutschen Witzes. Göttingen ⁸1970.

Schweizer, W.: Der Witz. Bern/München 1964.

Ulrich, W.: Mißverständnisse. In: Praxis Deutsch 17 (1976), S. 49–52.

Ulrich, W.: Semantische Turbulenzen. Welche Kommunikationsformen kennzeichnen den Witz? In: Deutsche Sprache 4/1977, S. 313–334.

Ulrich, W.: Kommunikationsanalyse mit Hilfe des Witzes. In: Diskussion Deutsch 45 (1979), S. 73–90.

Ulrich, W.: Der Mißverständniswitz. Erscheinungsformen mißlingender Kommunikation, dargestellt an einer ausgewählten Textsorte. In: Muttersprache 2/1978.

Ulshöfer, R.: Witze – Verstöße gegen die Logik. In: Der Deutschunterricht 2/1975, S. 26–41.

Ulshöfer, R.: Versuche mit Witzen im 7. Schuljahr. In: Der Deutschunterricht 1/1978, S. 34–44.

Wahrig, G. (Hrsg.): Deutsches Wörterbuch. Gütersloh 1972.

Wellek, A.: Zur Theorie und Phänomenologie des Witzes. In: Studium Generale 2/1949, S. 171–182.

Notizen:

Notizen:

Notizen:

Notizen: